RESEARCH REPORT ON THE DEVELOPMENT OF
NON-GOVERNMENTAL EDUCATION IN BEIJING

北京民办教育发展研究报告
（2023~2024）

主　编　冯洪荣　郭秀晶
副主编　刘　熙　李　曼

社会科学文献出版社
SOCIAL SCIENCES ACADEMIC PRESS (CHINA)

主要编撰者简介

冯洪荣 北京教育科学研究院院长，中学高级教师，中国教育学会常务理事。曾任北京宏志中学书记、校长，北京市东城区委教育工委书记、教委主任，北京市教育委员会委员等职，长期从事各级教育行政管理工作。主要研究方向为教育发展战略、基础教育政策、课程教学、德育思政、创新人才培养。在《教育研究》《中国基础教育》《人民教育》等专业期刊上发表文章多篇，主持或参与全国和北京市学前教育、义务教育、高中教育等多个文件研制工作。

郭秀晶 博士，研究员，北京教育科学研究院教育发展研究中心主任，长期从事教育政策与法律研究，主要研究方向为战略规划、教育法治、教育管理与政策。

刘　熙 北京教育科学研究院教育发展研究中心副主任，长期从事民办教育政策与法律研究，参与北京市多项民办教育法律政策的制定。

李　曼 博士，北京教育科学研究院教育发展研究中心业务骨干、副研究员，长期从事民办教育政策研究、高等教育研究。

摘 要

民办教育是我国社会主义教育事业的重要组成部分，在扩展教育资源、丰富教育类型、推动教育变革、满足人民群众多样化教育需求以及服务地方经济社会发展等方面作出了重要贡献。北京市先后出台了《关于鼓励社会力量兴办教育促进民办教育健康发展的实施意见》《北京市民办学校分类登记实施办法》《北京市营利性民办学校监督管理办法》《北京市现有民办学校变更法人登记类型的实施办法（试行）》《关于加强民办义务教育学校收费管理的指导意见》等系列文件，构建了北京市民办教育的制度框架，形成了相对完备的政策体系。教育法治程度的提升，显著提高了民办教育的规范化程度，从法律层面巩固了民办教育的地位和发展方向，为民办教育高质量发展提供了保障。

近年来，民办教育领域的工作重点主要体现在党建引领、落实民办学校分类管理、民办普惠园助力托育服务、民办义务教育规范管理、开展民办高校年检评估、规范民办非学历高等教育机构招生行为等方面。北京民办教育在探索人才培养新模式、构建特色课程体系、数字化技术赋能民办教育、拔尖创新人才早期培养实践上都取得了较大的进展，但人口出生率下降、教育数字化时代、民办教育扶持政策难以在短期内落实等是民办教育面临的挑战。在新时代、新形势下，对北京市民办教育开展深入研究，为首都民办教育高质量发展提供理论支持和实践进路，对促进首都教育现代化具有重要的意义，能够为教育强国战略提供有力支撑。

为此，北京教育科学研究院策划出版了《北京民办教育发展研究报告（2023~2024）》，分为"主报告""分报告""专题报告""借鉴报告""学校案例报告"五部分，共计25篇报告。"主报告"站在全局高度，以北京市宏观教育战略和规划为指引，结合民办教育政策和发展实践，总结了各级各类民办教育发展现状和趋势，梳理了不同领域民办教育政策出台与工作进展情况，展现了各级各类民办教育发展的成效和亮点。"分报告"呈现了学前、义务、高中、高等教育、非学历高等教育机构整体发展情况。"专题报告"就北京市民办教育发展的热点和难点问题展开学理性探讨，为北京市民办教育政策制定提供有力论证。"借鉴报告"以比较借鉴的视角，研究了辽宁、广东、浙江三省民办教育政策制定以及实践发展取得的成绩。"学校案例报告"聚焦北京市各级各类民办学校办学实例，展现了北京市民办教育发展亮点与典型经验。

目　录

一　主报告

2023~2024学年北京市民办教育事业发展报告……………………… 003

二　分报告

2023~2024学年北京市民办学前教育发展报告……………………… 027
2023~2024学年北京市民办义务教育发展报告……………………… 046
2023~2024学年北京市民办高中教育发展报告……………………… 062
2023~2024学年北京市民办高等教育发展报告……………………… 076
2023~2024学年北京市民办非学历高等教育机构发展报告………… 090

三　专题报告

修法背景下北京市民办教育治理几对基本关系辨析………………… 109
北京市民办义务教育的价值、定位与发展空间研究………………… 123
北京市民办高中多样化发展的探索…………………………………… 136
北京市民办国际化特色学校发展研究报告…………………………… 154
北京市民办高职院校国际交流合作创新与实践……………………… 165

四 借鉴报告

2023~2024学年辽宁省民办教育发展报告……………………… 183
2023~2024学年广东省民办教育发展报告……………………… 202
2023~2024学年浙江省民办教育发展报告……………………… 217

五 学校案例报告

以儿童友好行动推进园所高质量发展
　　——启今集团儿童友好园创建研究与实践……………… 235
打造"世纪课程"，促进学生全面发展
　　——基于北京市二十一世纪学校的案例………………… 247
个性化体育特色教育在民办学校中的应用和实践
　　——基于北京市私立汇佳学校的案例研究……………… 257
党建和教育教学深度融合的研究
　　——基于北京市朝阳区将府实验学校的案例…………… 268
民办学校拔尖创新人才培养的系统化机制建设
　　——基于北京王府学校的案例研究……………………… 276
人工智能在民办学校中的应用和实践
　　——基于北京市新英才学校的案例研究………………… 287
学前教育产教融合的应用与实践
　　——基于北京科技职业学院案例研究…………………… 296
从传承到创新
　　——北京第二外国语学院中瑞酒店管理学院新教师培养的实践
　　　　与成效………………………………………………… 307
计算机类新工科人才培养模式创新与实践
　　——北京城市学院案例研究……………………………… 316

沉浸式经典阅读在老年大学中的应用与实践
　　——以"品读红楼，再现经典"社区读书活动为例 ………………… 327
职场实践检促教学、产教融合"双桨划船"
　　——以北京现代音乐研修学院办学为例……………………………… 336

后　记……………………………………………………………………… 345

一 主报告

2023~2024学年北京市民办教育事业发展报告

宋晓欣　李　曼　刘　熙　丁秀棠[*]

摘　要： 民办教育是我国社会主义教育事业的重要组成部分。近年来，北京市民办学校整体数量呈增长趋势，但招生数、在校生数、专任教师数均呈下降趋势。政策举措主要体现在党建引领、落实民办学校分类管理、民办普惠园助力托育服务、民办义务教育规范管理、规范民办非学历高等教育机构招生行为等方面。北京市民办学校不断探索特色化办学，包括：党建工作引领，红色文化赋能；探索人才培养新模式，培育创新型人才；构建特色课程，满足学生个性化需求；利用数字化技术，赋能民办教育。当前，面临的挑战包括人口出生率下降对民办幼儿园和义务教育阶段学校带来持续影响；人工智能时代对民办学校育人提出更高要求；对民办学校的扶持政策短期内难以全面落实等。建议：积极引导与规范民办教育健康发展；科学把握递次而来的学龄人口高峰；重视民办教育领域信用治理的作用；发挥民办教育体制优势，借助科技提升教育质量。

关键词： 民办教育　高质量发展　北京市

---

[*] 宋晓欣，北京教育科学研究院教育发展研究中心，助理研究员，主要研究方向为教育管理、教育政策；李曼，北京教育科学研究院教育发展研究中心，副研究员，主要研究方向为民办教育管理、高等教育管理；刘熙，北京教育科学研究院教育发展研究中心副主任，主要研究方向为民办教育政策与法治；丁秀棠，北京教育科学研究院教育发展研究中心，副研究员，主要研究方向为民办教育政策与教育治理。

民办教育是我国社会主义教育事业的重要组成部分,在扩展教育资源、丰富教育类型、推动教育变革、满足人民群众多样化教育需求等方面作出了重要贡献。党的二十大报告指出,要引导规范民办教育发展,为新时代民办教育治理定下了基调。北京市确定了"服务北京、优化结构,提高质量、规范发展"的工作思路,发挥了民办教育作为首都教育有益补充的重要作用。

一 北京市各级各类民办教育发展现状[①]

2023~2024学年,北京市共有民办学校1223所,专任教师3.05万人,在校生33.72万人,分别占全市学校数、专任教师数、在校生数的33.71%、10.99%、8.47%。民办学校的专任教师占民办学校教职工总数的比例为46.59%。

(一)民办学前教育:民办幼儿园总体数量呈增长趋势,以普惠性民办幼儿园为主;入园人数逐年递减,在园人数、专任教师数均在2023~2024学年减少

2023~2024学年北京市共有民办幼儿园1045所,在园幼儿21.3万人,分别占全市幼儿园数、在园幼儿数的52.49%、41.38%。其中,普惠性民办幼儿园705所,在园幼儿17.42万人,分别占全市民办幼儿园数、在园幼儿数的67.46%、81.78%。

民办幼儿园专任教师18172人,占全市幼儿园专任教师总数的38.56%。其中,普惠性民办幼儿园专任教师13262人,占民办幼儿园专任教师数的72.98%。专任教师占教职工总数的比例为41.43%。

从变化趋势来看:第一,民办幼儿园总体数量呈增长趋势,以普惠性民办幼儿园为主。民办幼儿园数量从2020~2021学年的934所增加至2023~

[①] 数据来源于2020~2021学年北京市教育事业统计资料、2021~2022学年北京市教育事业统计资料、2022~2023学年北京市教育事业统计资料、2023~2024学年北京市教育事业统计资料。

2024学年的1045所。普惠性民办幼儿园数量从2020~2021学年的612所增加至2023~2024学年的705所。可以发现，北京市四年间增加的111所民办幼儿园中有93所为普惠性民办幼儿园，占比83.78%。

第二，民办幼儿园离园人数呈增加趋势，入园人数逐年递减。民办幼儿园离园人数从2020~2021学年的4.73万人增加至2023~2024学年的9.14万人，增长率达93.23%。在园人数先增后减，从2020~2021学年的21.11万人增加至2022~2023学年的24.49万人后，2023~2024学年又降至21.32万人。入园人数逐年递减，四年间减少33.36%（见表1）。

表1 北京市民办幼儿园学生情况统计

单位：人

学年	民办幼儿园			普惠性幼儿园		
	离园人数	入园人数	在园人数	离园人数	入园人数	在园人数
2020~2021	47339	98164	211089	34657	79796	166375
2021~2022	54824	82528	239908	42094	65534	191529
2022~2023	68346	74267	244922	53381	59696	195928
2023~2024	91361	65420	213221	71962	53493	174208

第三，民办幼儿园专任教师减少。专任教师数从2020~2021学年的1.75万人逐年增加至2022~2023学年的1.93万人，在2023~2024学年又降至1.82万人。但近两年专任教师占教职工总数的比例未减反增，由2022~2023学年的41.13%增长至2023~2024学年的41.43%，占比略有提升。

（二）民办义务教育：民办义务教育学校数量、专任教师数呈下降趋势；招生数、在校生数均在前三年持续减少，2023~2024学年出现小幅增长

1. 民办小学

2023~2024学年北京市有民办小学38所，占全市小学数量的5.32%。民办小学在校生3.81万人，占全市小学在校生数的3.28%。民办小学专任

教师633人，占全市小学专任教师数的1.03%。

从变化趋势来看：第一，民办小学学校数量呈逐年下降趋势。民办小学数量从2020~2021学年的51所下降至2023~2024学年的38所，降幅为25.49%。

第二，民办小学招生数、在校生数均在前三年持续减少，2023~2024学年出现小幅增长。招生数、在校生数分别从2020~2021学年的7666人、43496人下降至2022~2023学年的5399人、37753人后，在2023~2024学年均出现增长，增长率分别为25.43%、0.94%（见图1）。

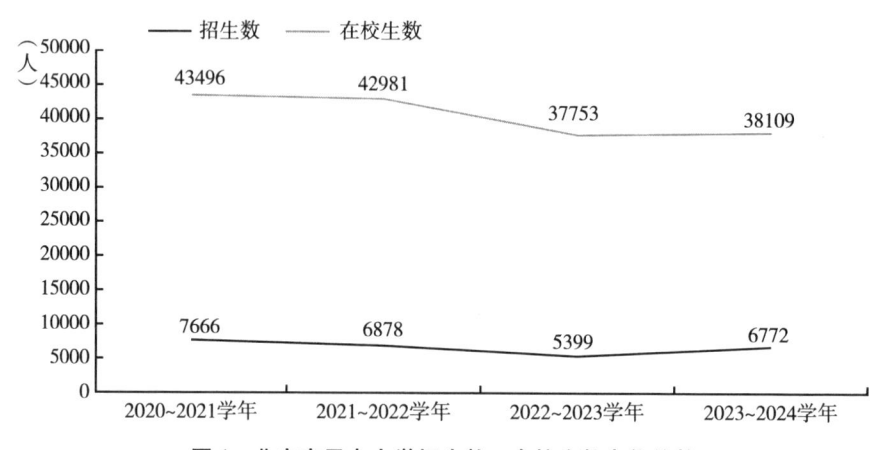

图1 北京市民办小学招生数、在校生数变化趋势

第三，民办小学专任教师数量呈逐年下降趋势。民办小学专任教师数量从2020~2021学年的1162人下降至2023~2024学年的633人，降幅为45.52%。与行政人员、教辅人员和工勤人员相比，专任教师数量降幅最大（见图2）。

2. 民办初中

2023~2024学年北京市共有民办初中22所，占全市初中学校数量的6.79%。民办初中在校生1.71万人，占全市初中在校生数的4.61%。专任教师数据缺失。

从变化趋势来看：第一，民办初中学校数量前三年保持稳定，均为25所，2023~2024学年减少至22所。

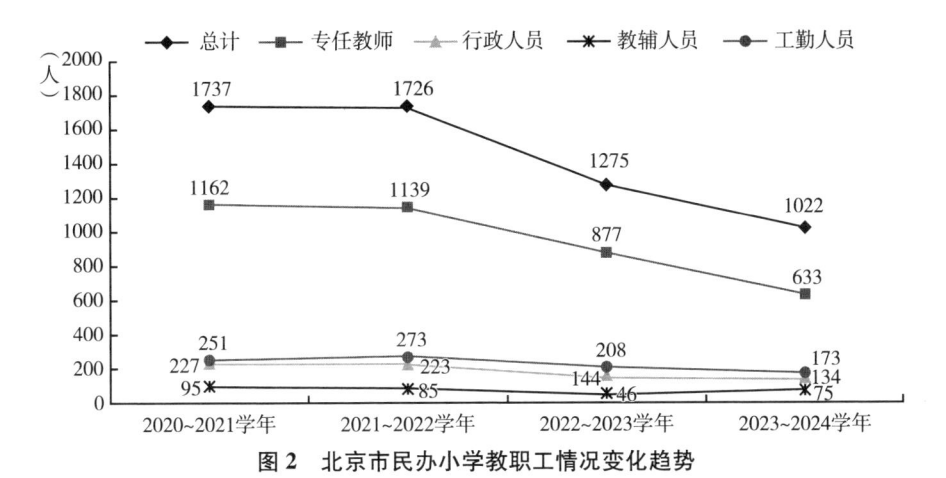

图 2　北京市民办小学教职工情况变化趋势

注：除专任教师、行政人员、教辅人员、工勤人员以外的其他人员未在图中列出。

第二，民办初中招生数、在校生数均在前三年持续减少，2023~2024学年出现小幅增长（见图3）。

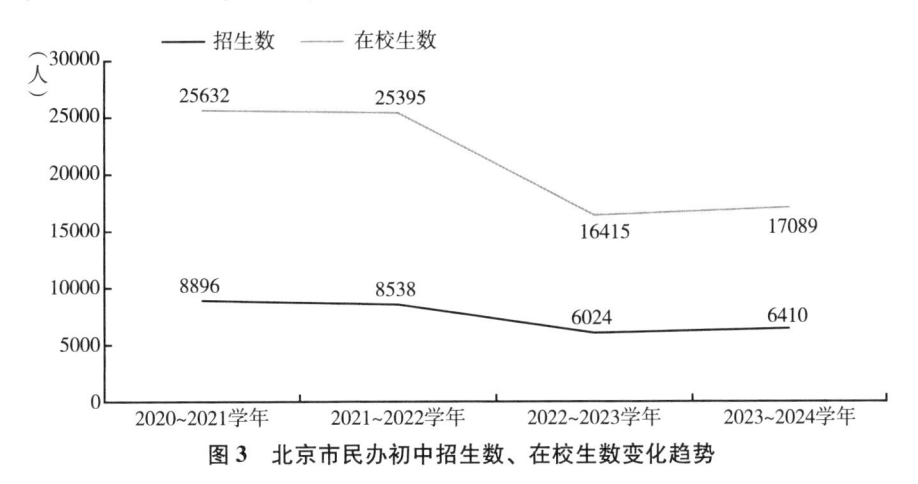

图 3　北京市民办初中招生数、在校生数变化趋势

（三）民办高中阶段教育：民办普通高中学校数量、招生数、在校生数均呈逐年递增趋势；民办中职学校数量略有减少，招生数、在校生数逐年递增，专任教师数逐年下降

1.民办普通高中

2023~2024学年北京市共有民办普通高中86所，占全市普通高中学校

数量的23.69%。民办普通高中在校生1.09万人，占全市普通高中在校生数的5.03%。其中，本市户籍在校生10487人，占民办普通高中在校生数的96.21%。民办普通高中专任教师8414人，占全市普通高中专任教师数的10.20%。

从变化趋势来看：第一，民办普通高中学校数量呈逐年递增的趋势。如图4所示，民办普通高中数量从2020~2021学年的71所增至2023~2024学年的86所。

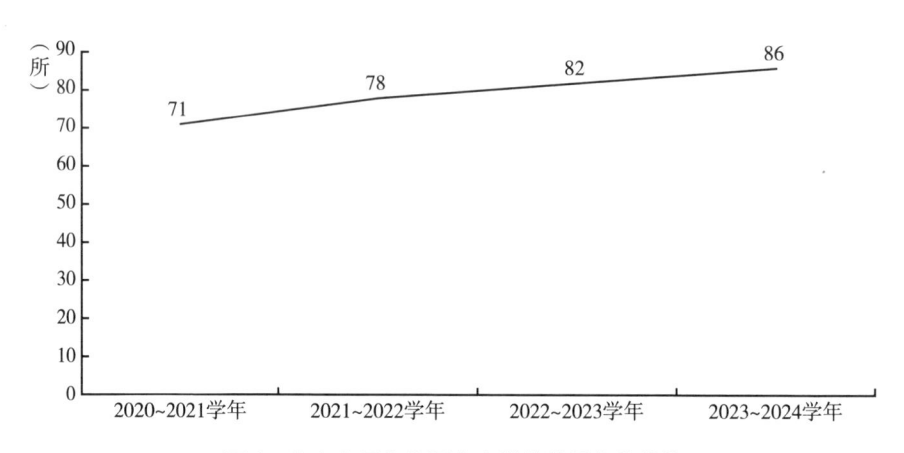

图4 北京市民办普通高中学校数量变化趋势

第二，民办普通高中招生数、在校生数呈逐年递增趋势。如图5所示，民办普通高中招生数、在校生数分别从2020~2021学年的2789人、6555人增至2023~2024学年的4604人、10932人，增长率分别为65.08%、66.77%。

第三，民办普通高中专任教师数量呈波浪式发展。如图6所示，民办普通高中专任教师数自2022~2023学年大幅减少后，2023~2024学年有所回升。

2.民办中等职业学校

2023~2024学年北京市有民办中等职业学校（以下简称"民办中职学校"）17所，占全市中职学校数的22.37%。民办中职学校招生数496人，在校生数1339人，分别占全市中职学校招生数、在校生数的2.40%、2.29%。民办中职学校专任教师226人，占全市中职学校专任教师数量

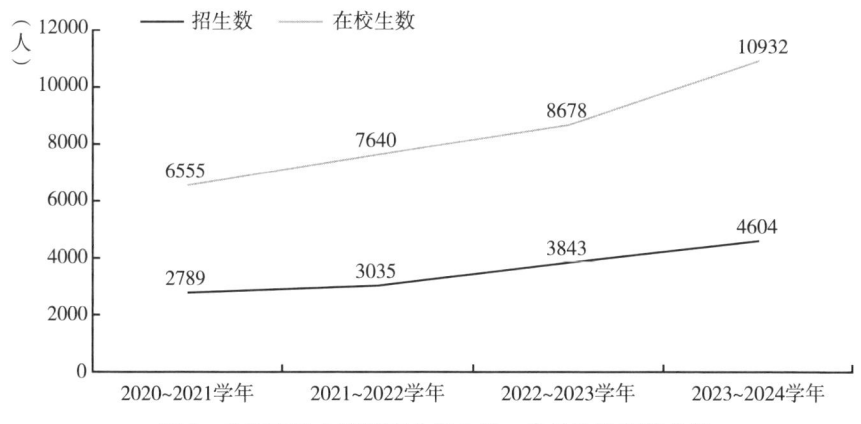

图 5　北京市民办普通高中招生数、在校生数变化趋势

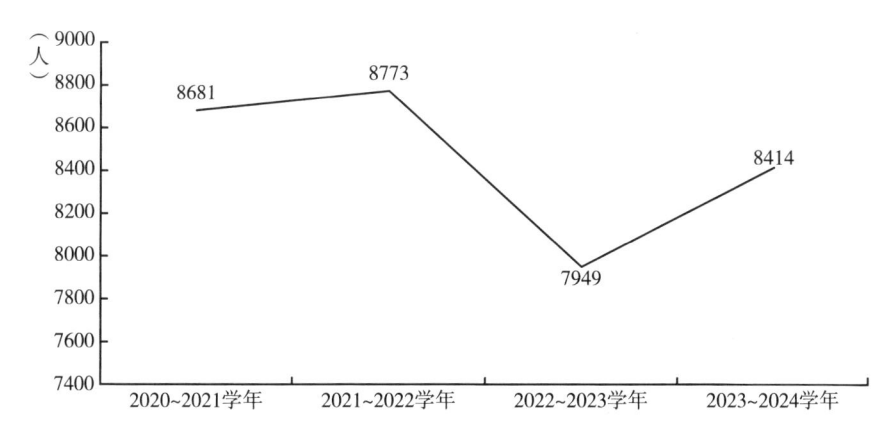

图 6　北京市民办普通高中专任教师数量变化趋势

的 3.95%。

从变化趋势来看：第一，民办中职学校数量基本稳定，四年间由 19 所减至 17 所，略有减少。

第二，民办中职学校招生数、在校生数呈逐年递增趋势；专任教师数逐年下降。如表 2 所示，民办中职学校招生数、在校生数逐年递增，分别从 2020~2021 学年的 262 人、866 人增至 2023~2024 学年的 496 人、1339 人，增长率分别为 89.31%、54.62%。但是，民办中职学校专任教师数逐年下降，从 2020~2021 学年的 299 人减少至 2023~2024 学年的 226 人。

009

表 2　北京市民办中等职业学校学生情况和教职工情况统计

单位：人

学年	中职全日制学生总计				教职工数					
^	毕业生数	招生数	在校生数	总计	总计	其中:专任教师				
^	^	^	^	^	^	正高级	副高级	中级	初级	未定职级
2020~2021	348	262	866	610	299	1	9	68	43	178
2021~2022	284	316	905	528	236	2	14	47	57	116
2022~2023	248	433	1089	496	230	2	18	52	47	111
2023~2024	257	496	1339	488	226	1	24	36	63	102

（四）民办高等教育：民办高校数量保持稳定，招生数、在校生数、专任教师数近三年总体呈增长趋势；民办非学历高等教育机构以非全日制、非京籍学生为主

1. 民办高校

2023~2024学年北京市共计民办高校15所，毕业生数15526人（其中专科学生4040人、本科学生11233人、研究生253人），招生数18094人（其中专科学生6055人、本科学生11769人、研究生270人），在校生数56529人（其中专科学生14035人、本科学生41815人、研究生679人），分别占全市高校毕业生数、招生数和在校生数的3.07%、4.42%和3.49%

民办高校教职工数共计5501人，其中专任教师3055人，分别占全市高校教职工数和专任教师数的3.41%和3.93%。专任教师占教职工的比例为55.54%。

从变化趋势来看：第一，民办高校数量保持稳定。2020~2021学年至2023~2024学年民办高校的数量均为15所，保持稳定。

第二，民办高校的招生数、在校生数近三年均呈逐年递增趋势。其中，专科在校生数近三年逐年递增，本科在校生呈波浪式发展，研究生在校生数

四年间稳步增加。如表3所示，民办高校的招生数、在校生数分别从2021~2022学年的1.49万人、5.37万人增至2023~2024学年的1.81万人、5.65万人，增长率分别为21.48%、5.21%。其中，研究生在校生呈逐年递增趋势，从2020~2021学年的576人增至2023~2024学年的679人，增长率为17.88%。

表3 北京市民办高校招生数、在校生数统计情况

单位：人

学年	招生数				在校生数			
	合计	专科学生	本科学生	研究生	合计	专科学生	本科学生	研究生
2020~2021	15129	4084	10787	258	53344	12035	40733	576
2021~2022	14916	4118	10533	265	53743	11619	41519	605
2022~2023	15537	4764	10508	265	53933	12034	41231	668
2023~2024	18094	6055	11769	270	56529	14035	41815	679

第三，民办高校专任教师数量呈逐年递增趋势。如图7所示，民办高校专任教师数量从2020~2021学年的2452人增至2023~2024学年的3055人，增长率为24.59%。

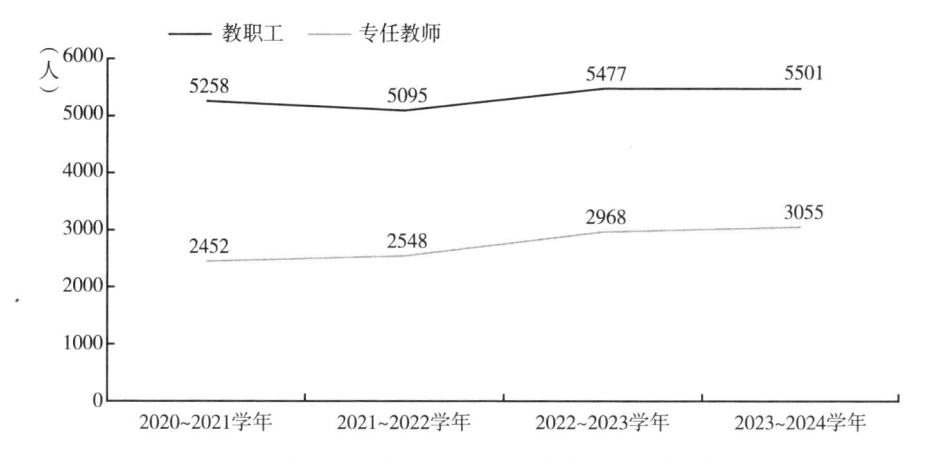

图7 北京市民办高校教职工、专任教师数量变化趋势

2.民办非学历高等教育机构

2023年北京市有民办非学历高等教育机构48所，其中全日制非学历高等教育机构（以下简称"单非机构"）20所，占比41.67%；非全日制非学历高等教育机构（以下简称"双非机构"）28所，占比58.33%。北京市民办非学历高等教育机构在校生5.92万人。按学生所在地划分，京籍在校生数量为2.07万人，占比34.97%，非京籍在校生数量为3.85万人，占比65.03%。按培养类型划分，全日制在校生数量为8561人，占比仅为14.48%，非全日制在校生数量为5.06万人，占比85.52%。北京市民办非学历高等教育机构教师总数为1537人，其中专任专职教师数量为698人，兼职教师数量为839人，分别占教师总人数的45.41%、54.59%。

二 北京市民办教育领域政策举措

为贯彻落实《国务院关于鼓励社会力量兴办教育促进民办教育健康发展的若干意见》（国发〔2016〕81号），促进北京市民办教育规范健康发展，2018年11月29日，《北京市人民政府关于鼓励社会力量兴办教育促进民办教育健康发展的实施意见》（京政发〔2018〕26号）发布，确定了"服务北京、优化结构，提高质量、规范发展"的工作思路，发挥民办教育作为首都教育有益补充的重要作用，并从加强党对民办学校的领导、创新体制机制、完善扶持政策、加快现代学校制度建设、提高教育教学质量、提升管理服务水平六个方面提出23条实施意见。

北京市民办教育分教育阶段管理与发展的基本思路为：鼓励社会力量举办普惠性幼儿园，增加学前教育服务供给；鼓励民办中小学探索创新，在教育理念、学校文化、特色课程、人才培养等方面形成特色，满足人民群众多样化的教育需求；鼓励民办职业院校融入区域经济和产业发展，深化产教融合、校企合作，提高技术技能型人才培养水平；鼓励民办高校适应首都产业转型升级需要，走内涵式发展道路；引导各类民办非学历教育培训机构有序健康发展，为建设学习型城市贡献力量。鼓励支持教育家办学，实施民办教育品牌战略，吸引社会资本和优秀人才公益办学。

北京市相关部门相继出台涉及基础教育、高等教育等民办教育各阶段的党建、分类管理等系列政策文件，引导民办教育规范、高质量发展。

（一）发挥党建工作引领作用

北京高度重视各级各类民办学校党建工作，2021年4月25日，中共北京市委组织部、中共北京市委教育工作委员会印发《北京市贯彻落实〈关于加强民办学校党的建设工作的意见（试行）〉实施方案》（京教工〔2021〕60号），从坚持和加强党对民办学校的领导、健全完善党组织发挥作用的有效途径、领导学校德育和思想政治工作、夯实民办学校党的组织基础、加强党员队伍建设和管理、优化激励约束和服务保障制度六个方面提出22条措施。

以高等教育领域为例，北京市着力抓"三个强化"，切实加强和改进民办高校党建工作：强化顶层设计，构建框架体系；强化制度建设，完善体制机制；强化基层基础，夯实组织根基。具体举措包括：一是市委教工委、市教委、市公安局等多部门联合制定《民办高校党建工作年度检查考核要点》，把党建工作纳入民办高校办学状况学年检查的必查必检内容。二是制定《北京市委教工委领导联系基层党组织制度》，每位领导确定"六个一"的联系点，加强对民办高校党建工作的经常性督查和指导。三是市委组织部、市委教工委、市教委、市民政局等部门联合印发《关于将党建工作有关要求纳入民办学校章程的通知》，增加"党的组织和党的建设"一章，确保党组织在学校法人治理结构中的地位。四是推进党组织班子成员进入学校决策层和管理层，有序提高党组织班子成员与行政领导班子成员的交叉任职比例。截至2018年，共有51所民办高校党组织书记兼任副校长或分管部分行政工作，占比为66.2%。五是推进书记选派，起草《北京市选派民办普通高校党组织书记工作实施办法》，确保实现党组织书记应派尽派。六是加强教师党支部书记队伍建设，市财政给予每人每月1000元工作激励经费，提高党支部书记履职能力和工作积极性。加强思想政治工作队伍建设，市财政给予每位民办普通高校辅导员每月1000元岗位补贴，并纳入高校辅导员培训基地进行常态化轮训。七是加强党员发展工作，市委组织部每年将民办高校党员发展计划单列，新增发展计划名额，专门用于发展民办高校优秀大学生和青年教师入党。

（二）加强与完善民办教育管理

为落实国家层面民办学校分类管理工作的要求，2018年11月26日北京市教育委员会等部门印发《北京市民办学校分类登记办法》（京教民〔2018〕11号），对非营利性民办学校、营利性民办学校登记，以及现有民办学校分类登记办法作出明确规定。当天，北京市教育委员会、北京市人力资源和社会保障局、北京市市场监督管理局同时印发《北京市营利性民办学校监督管理办法》（京教民〔2018〕12号），从学校设立、组织机构、教育教学、财务资产、变更与终止、监督与责任六个方面对营利性民办学校监督管理作出规定。在实际落地过程中，北京坚持分类管理基本原则，从财政支持、税收、土地、监管方式等入手，细化落实上位法中分类管理、差别化扶持的引导性政策。对民办学校按照非营利性和营利性进行分类管理，破解了困扰民办教育发展的学校法人属性不清、财产归属不明、支持措施难以落实等问题，拓展了民办教育发展的空间，明确了民办教育的发展形式，有利于政府加大扶持力度，落实差别化的扶持政策，促进非营利性和营利性两类民办学校各安其位。

此外，北京市连续17年开展民办高校年检，将党建和思政工作、法人治理、财务管理、办学质量、校园安全、师生权益保障等纳入考核体系；多部门联动，重点对学校诚信招生、财务监管、校园安全等事项进行专项检查。早在2007年，北京市就颁布了《民办教育发展促进项目管理办法》，其中扶持引导项目按照市财政资金项目预算规定管理，每年申报一次，项目资金来源于市财政专项拨款，项目单位对资助的专项经费单独核算，专款专用。2019年4月成立北京市民办教育工作联席会议，成员单位包括市委编办、市发改委、市公安局、市市场监督管理局、市教委、市人力资源和社会保障局、市民政局等19家委办局。

（三）推动学前教育普惠发展

2022年9月5日，北京市教育委员会等十一部门印发《北京市"十四五"学前教育发展提升行动计划》（京教学前〔2022〕4号），基本原则确定为"坚持党的领导、坚持公益普惠、坚持内涵发展、坚持规范提升"，从优化学前教育资源布局，巩固普及普惠成果；提升学前教育治理能力，健全管理体制机制；推动学前教育内涵建设，促进园所全面优质发展；创新学前教育队伍建设，提升干部教师能力素养四个方面提出举措。

在学前教育公益普惠原则的指引下，北京市积极扶持普惠性民办园，早在2019年2月发布的《北京市普惠性幼儿园认定与管理办法（试行）》（京教学前〔2019〕2号）中就明确了北京市普惠性民办幼儿园的认定条件，构建以公办幼儿园和普惠性民办幼儿园为主体、公办民办并举的多种形式的学前教育公共服务体系。2017年出台的《北京市市级财政支持学前教育事业发展补助资金管理使用实施细则（暂行）》（京财教育〔2017〕2566号）明确公办性质非教育部门办园和普惠性民办园按照实际在园儿童数给予市级生均定额补助、租金补助和综合奖励补助等。2021年《北京市"十四五"时期教育改革和发展规划（2021—2025年）》提出，改革教育经费体制，投入市级财政资金150多亿元引导民办幼儿园转成普惠园，让更多老百姓受益。2018年出台《关于进一步加强学前教育管理的意见》（京政办发〔2018〕34号）等一系列政策举措。

引导民办普惠园助力托育服务体系建设。针对优质学前教育资源供给不足这一问题，亟须增加普惠园学位供给，健全普惠性学前教育保障机制。通过数据分析可知，民办幼儿园离园人数呈增加趋势，入园人数呈减少趋势。随着幼儿园生源持续减少，民办幼儿园的空余学位将增多。而当前托育供给力量相对薄弱，亟须多方供给。托育服务成本相对较高，北京市通过为民办普惠幼儿园提供优惠政策，共同助力托育服务体系建设。2024年5月，北京经济技术开发区管理委员会印发的《北京经济技术开发区关于开展普惠托育服务试点工作的实施方案》（京技管发〔2024〕11号）明确民办普惠幼儿园参与试点，收费标准实行市场调节价，根据办托成本、补助标准等因素与社会事业局协商确定收费标准，并与家长签订服务协议。

（四）规范管理民办义务教育

一是加强民办义务教育学校收费管理。2023年1月，北京市教育委员会、北京市发展和改革委员会、北京市市场监督管理局印发《关于加强民办义务教育学校收费管理的指导意见》（京教民〔2023〕2号），从严格执行学校收费项目、合理确定学校收费标准、强化学校办学成本核算工作、规范学校收费决策程序、严格执行收费公示制度、落实学校退费管理制度、完善学校财务管理制度、加强学校办学经费管理、落实收费监管责任、加大违规收费行为的查处力度十个方面提出意见，重点体现非营利性和成本补偿原则，对收费项目、收费标准、收费周期、收费定价程序及机制，以及学校办学成本核算的内容和程序等做出明确规定，进一步规范民办义务教育学校收费行为，坚决防止过高收费。设区的市一级政府也结合本地实际进一步出台相关细则，比如，2023年12月北京怀柔区发布《怀柔区民办义务教育学校收费管理实施细则（试行）》（京怀教发〔2023〕14号）。

二是"公参民"学校治理。北京市各区结合"公参民"学校举办形式、发展现状等有关情况，在把控风险、确保稳定的前提下"一校一案"，针对不同的学校采取不同的治理措施。截至2022年9月，北京市22所"公参民"学校全部确定了治理路径。其中，确定转为公办学校的有8所（海淀区7所、顺义区1所），继续举办民办学校的有14所（朝阳区5所、海淀区3所，丰台区6所）。2022年5月，海淀区教委率先公布中国人民大学附属中学分校等7所"公参民"学校转为公办学校（或并入公办学校），同时按照公办学校招生政策进行招生，免收义务教育阶段在校生学费。保留民办性质的"公参民"学校，按照"六独立"要求，在完成规范名称、对举办者及实际控制人予以规范调整、与部属院校脱钩等工作程序后，将继续举办民办学校。比如，"北京市朝阳区清华附中国际学校"按照名称规范相关要求，更名为"北京市朝阳区清森学校"等。

（五）规范民办非学历高等教育机构招生行为

近年来，北京市进一步规范民办非学历高等教育机构的招生工作，2023年7月7日北京市教育委员会发布《北京市教育委员会民办高等学校 民办非学历高等教育机构2023年秋季招生政策的通告》（京教民〔2023〕4号），2024年7月12日发布《北京市教育委员会关于民办高等学校 民办非学历高等教育机构2024年秋季招生政策的通告》（京教民〔2024〕3号）等。明确39所具有招生资格的民办非学历高等教育机构名单，对开展办学活动所使用的名称规范以及招生简章内容和录取通知书发放等作出规定。

三　北京市民办学校特色与亮点

（一）党建工作引领，红色文化赋能

北京市委教工委、市教委、市公安局等多部门联合制定《民办高校党建工作年度检查考核要点》，把党建工作纳入民办高校办学状况学年检查的必查必检内容。党建工作是实现民办学校高质量发展的重要内容，北京市各级各类民办学校能够做到重视党组织建设，民办学校能够根据《关于将党建工作有关要求纳入民办学校章程的通知》，增加"党的组织和党的建设"一章，确保党组织在学校法人治理结构中的地位；基本上建立健全了决策机制，探索建立党组织、董事会、行政班子"三方"协调机制和党政联席会议制度；民办高校能根据《北京市选派民办普通高校党组织书记工作实施办法》，支持与配合党组织书记开展工作。在推进党组织建设工作中，各级各类民办学校都出现了一批优秀案例。例如，北京城市学院率先在全国民办高校中确立了党委在日常管理中的政治领导地位，建立了"党委引领、民主管理、专家治学、社会监督"的管理体制，结合学校实际研究制定了《北京城市学院关于加强党委政治核心作用，完善校长负责制的试行办法》。在党建工作引领方面，北京市朝阳区将府实验学校将高质量党建与教育教学深度融合，紧密围绕"立德树人"的根本任务，开展学生德育和思政工作；北京工业大学耿丹学院将中华优秀传统文化与红色文化相结合，培养促进学生发展的核心素养，在潜移默化中增强民族自尊心、爱国情感和文化自信。

（二）探索人才培养新模式，培育创新型人才

2022年，中央深改委审议通过《关于加强基础学科人才培养的意见》，首次以中央文件形式对基础学科人才培养进行谋划和设计。习近平总书记强调，要全方位谋划基础学科人才培养，科学确定人才培养规模，优化结构布局，在选拔、培养、评价、使用、保障等方面进行体系化、链条式设计，大力培养造就一大批国家创新发展急需的基础研究人才。这为民办学校培养创新型人才、探索人才培养新模式提供了根本遵循。首都民办学校始终牢记国家使命，敢为天下先，积极探索、勇于创新，为创新型人才自主培养探索中国方案，形成一批丰富、生动的改革样本。北京市各级各类民办学校积极探索人才培养新模式，主要呈现以下特征：一是民办高校（如北京城市学院、北京邮电大学世纪学院等）通过创建产业学院、引进企业家团队和产业导师、学生进入企业实习实践、教学情境与企业生产对接等方式，培养以就业为导向、以市场需求为目标的应用型人才。二是民办中小学，以人工智能、教育数字化、拔尖创新人才课程体系等为切入点，强化使命担当，大胆突破，在拔尖创新人才早期培养上形成创新案例。如昌平区凯博实验学校积极探索科技创新特色实践、新英才学校高度重视学生数字素养的培养等。通过鼓励学生参与科学实验和探究项目，以实验为抓手，培养学生的动手能力、创新思维；借助高校实验室、博物馆、科技馆和高新技术企业优质的科技资源探索拔尖创新人才的早期培养模式。

（三）构建特色课程，满足学生个性化需求

《基础教育课程改革纲要（试行）》指出："学校在执行国家课程和地方课程的同时，应视当地社会、经济发展的具体情况，结合本校的传统和优

势、学生的兴趣和需要，开发或选用适合本校的课程。"近年来，尤其是在基础教育阶段，北京市民办学校积极探索特色课程的创建，在实施、优化、创新的过程中，不断融入学校办学理念与办学行为，进而形成学校的特色课程。比如二十一世纪学校打造的系统化的"世纪课程"、私立汇佳学校积极探索实践个性化体育特色课程、人北实验学校建构"五育融合"的综合实践课程等。特色课程能够填补常规课程体系中的空白，突破传统课程的框架和模式，独辟蹊径，以新颖的内容、独特的教学方法和别样的教育目标吸引学生的目光，为学生带来全新的学习体验，有效地满足学生的个性化需求，激发学生的兴趣和潜能。

（四）利用数字化技术，赋能民办教育

2022 年，北京市发布《北京教育信息化"十四五"规划》，将信息化工作纳入重点任务，以信息化支撑北京教育高质量发展。2024 年颁布的《北京市教育领域人工智能应用工作方案》，坚持以首善标准持续推动人工智能建设，首都教育系统主动适应数字化、智能化、终身化、融合化的教育发展趋势，积极开展人工智能与教育深度融合的创新实践。北京市民办学校积极响应政府决策，利用教育信息化、教育数字化助力学校教育教学质量、人才培养质量的提升。不少民办学校的课后服务和社团开展人工智能、创客、机器人编程等课程，提升学生的科技素养，培养学生的创新精神和创新能力，也有学校将教育教学诊断系统应用到教育教学中，为学生制定个性化的学习方案。如北京市新英才学校着眼于"数字时代的全人教育"，搭建校园内外平台、丰富教育教学资源、推动课程体系建设，稳步推进数字化赋能教育教学，使得课堂质量有提升、教育教学更精准、教师效能感增强，同时，在深入思考人工智能时代的人才要求与学校现有育人方式间矛盾的基础上，研制《数字时代的全人教育——北京市新英才学校行动纲要》，从学生、教师、干部、教学、课程、资源建设和家校协同等七个方面，引领新时代英才培养。

四 北京市民办教育面临的挑战与发展建议

（一）面临的挑战

1. 人口出生率下降对民办幼儿园和义务教育阶段学校带来持续影响

人口出生率下降为民办学校发展带来持续影响。北京出生人口有两个明显的峰值：第一个峰值出现在1982~1987年，年均出生人口达到16万人以上；第二个峰值出现在2011~2019年，年均出生人口也在16万人以上。2014年以来，北京人口出生率从9.69‰持续下跌到2023年的5.63‰。有学者根据Lexile模型预测了未来二十年北京市义务教育学位需求情况，数据显示2025~2030年对应的义务教育招生人数分别为18.9万人、16.2万人、16万人、15.9万人、15.7万人、15.6万人；2025~2030年义务教育的学位需求量为153.5万个、152.7万个、150.3万个、147.2万个、142.9万个、141.2万个，对应的学位缺口量为20.9万个、20.1万个、17.8万个、14.6万个、10.4万个、8.6万个[1]。根据目前民办义务教育的发展趋势以及预测模型推理，在北京市生源持续减少、公办教育学位需求不断减少的背景下，北京市民办义务教育潜在的生源基数也将呈现不断缩小的趋势，民办学校内部将出现显著的分化。高端、特色以及升学率高的民办学校将在竞争中占据优势，而其他学校则可能面临更大的压力。

2. 人工智能时代对民办学校育人提出更高要求

作为发展新质生产力的重要引擎，人工智能正逐渐渗透至教育的各个环节，引领着教育行业的创新与变革。随着人工智能时代的到来，知识传授不再是教育的核心，传统的"唯分数、唯升学"的教育理念已经无法适应时代发展的要求，民办学校的教育目标必须从单纯的知识学习转向学习能力的

---

[1] 赵佳音：《"三孩"政策背景下北京市义务教育阶段学位需求预测》，《教育经济评论》2022年第3期。

培养，侧重于培养学生的技术素养、创新思维、社会情感能力及终身学习能力等。人工智能时代下，民办学校如何在课程设置、教学方法和教育资源等方面进行创新和调整，以满足新的育人要求，成为举办者必须深入思考的重要事项。事实上，对于人工智能带来的"挑战"，很多民办学校都在尝试作出回应，思考怎样使用人工智能，在课堂教学中促进学生的思维和认知能力的发展。

3. 囿于各种主客观因素，对民办学校的扶持政策短期内难以全面落实

党的十八大报告中对于民办教育的描述是"鼓励引导社会力量办学"，党的十九大报告"支持和规范社会力量兴办教育"，党的二十大报告"引导规范民办教育发展"，从近年颁布的政策来看，"引导"主要体现为民办学校在各区域的结构变化，引导办学特色，满足多样化需求等，"规范"体现在学校的招生入学、资产管理、收费等方面。中共中央、国务院印发了《扩大内需战略规划纲要（2022—2035年）》，在积极发展服务消费条款中提出"鼓励社会力量提供多样化教育服务，支持和规范民办教育发展"。由此可见，以规范为主的总基调不会改变，但在执行方式方面预计会迎来政策的边际调整。民办教育新法新政规定了通过"政府补贴、政府购买服务、基金奖励、捐资激励、土地划拨、税费减免"等更为具体和系统的政策扶持民办学校的发展，但调研发现目前的民办教育扶持和优惠政策缺乏系统性和可持续性。在支持政策不够细化和落实不到位的情况下，如何办成办好高质量的学校也是举办者面临的难题。

（二）发展建议

1. 积极引导与规范民办教育健康发展

"引导"与"规范"并举，在积极引导的同时，进行精准和有效监管，以促进各级各类民办教育健康发展。一是明确各级各类民办教育政策基调，政府应确保民办教育政策的透明度和信息的可访问性。包括发布详尽、准确的政策文本，及时通过各种媒介解释政策内容，确保公众可以获取并理解政策的意图和细节。同时，关注政策执行过程中各利益相关者的反馈，鼓励并

推动公众、教育工作者和学者对政策进行讨论和反馈，通过举办公听会、座谈会等形式，收集各方意见和建议①。二是通过财政补贴、税收减免等方式，政府可以直接减轻民办学校的经营压力，提高其财务稳定性，针对不同阶段、类型、规模的民办教育机构制定差异化的支持政策，可以更有效地促进各级各类教育机构的健康发展。《北京市实施〈中华人民共和国民办教育促进法〉办法（修订草案征求意见稿）》规定：市、区人民政府应当安排财政资金，用于支持民办学校的发展，奖励和表彰有突出贡献的集体和个人。北京市鼓励社会力量依法设立民办教育发展方面的基金会或者专项基金，用于支持民办教育发展。三是政府需对办学不规范的民办学校加强监管，规范民办教育办学行为，维护健康的教育生态系统。建立民办学校常态化监督机制，定期组织对民办学校的专项检查，覆盖学校财务、教学质量等关键领域，实现对办学情况的全面审查。尽快建立办学成本核算制度，基于办学成本和市场需求等因素，遵循公平、合法和诚实信用原则，考虑经济效益和社会效益，合理确定民办学校收费项目和标准。

2. 科学把握递次而来的学龄人口高峰

人口流动和出生率的变化使学龄人口持续波动，改变了学龄人口分布格局及其与教育资源布局的匹配关系，进而引发教育资源供需矛盾。从未来发展趋势来看，北京市的人口变动呈现学龄人口的"排浪式"波动趋势，常规建设逻辑下的资源扩容和动态调配在现有的制度体系内面临诸多限制，也忽略了人口"排浪式"波动趋势下对资源配置的速度与时效要求。如何科学把握递次而来的学龄人口高峰和老百姓对教育的多样化需求是未来重点需要解决的问题，在此背景下，民办教育在做优做强存量管理的同时，要适应学龄人口变化形势，运用大数据、摸底调查等方式摸清生育参数的干扰变量对其带来的影响，在此基础上建立科学的学龄人口预测模型和学位预警系统，帮助民办学校及时掌握所在区域的供求关系，提前

---

① 陈松柏、王一涛、吴华：《新形势下民办义务教育的功能定位与实践理路》，《教育发展研究》2024年第12期。

寻找转型道路。未来，各阶段民办教育的发展要科学应对递次而来的学龄人口高峰，在扩充高中和高职阶段优质学位上重点发力，引导民办学校不断增加多样化优质学位供给。

3. 重视民办教育领域信用治理的作用

新修订的《中华人民共和国民办教育促进法》中，新增了第41条"建立民办学校信息公示和信用档案制度"。信用治理作为一种"中性"的治理工具，能有效双向实现支持与规范的功能。信用治理是介乎于"政府他律"与"行业自律"之间的治理模式，或可成为未来民办教育治理水平和治理能力优化的突破口。北京市当前已经启动民办教育领域信用治理的研制工作，并在《北京市实施〈中华人民共和国民办教育促进法〉办法（修订草案征求意见稿）》中规定：教育、人力资源和社会保障行政部门及其他有关部门应当完善民办学校信用档案和举办者、校长执业信用制度，制定信用分级分类认定标准。对信用良好的民办学校，可以免予学年检查；在同等条件下，安排财政性资金项目以及实施各类政府优惠政策时给予优先考虑和扶持。未来，需构建起以全流程信用治理为中心的信用治理机制，信用治理贯穿民办教育机构从设立到终止的"全生命周期"。事前准入阶段，对不同规模、不同类型的民办教育机构采取分类管理模式；事中监管阶段，重点解决对于民办教育机构的哪些信息要进行采集、采集后如何进行分析评价问题；事后奖惩阶段，要注重激励机制所带来的示范效应，以及对于轻微和严重的失信行为进行精准惩戒，并且实施动态调整，推进信用修复制度建设等[1]。

4. 发挥民办教育体制优势，借助科技提升教育质量

进入新时期后，民办教育的优势不再是环境设施优势，更不是生源优势，而是来自学校整体形成的系统制度优势，体现在基于教育市场细化的价值定位与战略选择，管理机制与制度创新的资源重组，基于学习空间、学习内容和学习方式变革的师生关系的重构与教育评价的转型等诸多方面。《北

---

[1] 欧阳天健：《论民办教育机构的信用治理》，《湖北社会科学》2023年第6期。

京市实施〈中华人民共和国民办教育促进法〉办法（修订草案征求意见稿）》中规定：运用人工智能等新技术手段推动教学管理、育人评价创新发展，提升学校办学水平和人才培养质量。以教育数字化为契机，鼓励民办学校引进教育科技提升教育质量。教育数字化是开辟教育发展新赛道和塑造教育发展新优势的重要突破口。随着互联网的无处不在和人工智能的普及，传统的教育理念、教育模式、教育内容以及管理模式正经历着革命性的变革，这也将重塑教育格局。公办学校在教育数字化进程中，需要根据整个区域规划以及政府财政实力通盘考虑，受到财务预算拨款制度以及负责人职位变更等因素影响，教育科技规划具有一定的不确定性和不稳定性，民办学校办学体制比较独特，鼓励举办者立足自身发展需求在数字化校园、课堂教学、教育管理等方面作出长远规划，分步实施。鼓励民办学校充分利用办学经费的优势引进教育科技，提升教育质量、打造学校特色。

二　分报告

2023~2024学年北京市民办学前教育发展报告

沈永辉*

摘　要：在学前教育普惠发展的国家定位下，北京市确立"优化资源结构，满足多元化需求"的民办学前教育发展路径。2023~2024学年，北京市民办幼儿园园所数量占比超过一半，且存在城乡差异。在普及普惠安全优质的发展要求下，民办幼儿园在学前教育普惠发展中作出了一定贡献。但是，在人口变化背景下，民办幼儿园面临发展挑战，需要坚持民办学前教育公益性，充分发挥社会力量多样化办园，提供多元化学前教育资源；优化组合普惠性民办园扶持政策，充分发挥市区两级政府力量，提升普惠性民办幼儿园服务质量；加快民办幼儿园托幼一体化转型，丰富民办学前教育的实践内涵，拓展服务市场。

关键词：民办学前教育　民办幼儿园　普惠性民办幼儿园　北京市

基础教育是高质量教育体系建设的基点，学前教育是基础教育的开端。民办学前教育作为学前教育的重要组成部分，其发展状况在一定程度上决定了学前教育公共服务的供给状况，是人民满意的教育获得感的重要基础。在此定位下，本报告将从政策环境、发展状况与对策建议三个部分对2023~2024学年北京市民办学前教育发展状况进行综合评价和系统反思。

---

* 沈永辉，首都师范大学教育学院，教师，主要研究方向为教育政策与法律、青少年问题。

一 北京市民办学前教育发展的政策环境

考察区域民办学前教育发展状况不能脱离其政策环境，因为既定的教育政策既是教育发展的框架，为教育发展提供方向，也是教育实践样态分布的基础原因之一。因此，北京市民办学前教育发展状况需要在国家和北京市两个层面上分析。

（一）学前教育普惠发展的国家定位

党的十八大以来，学前教育普惠发展是我国学前教育发展的重要目标。党的二十大报告再次强调将"强化学前教育普惠发展"作为"办好人民满意的教育"的重要举措。党的二十届三中全会审议通过的《中共中央关于进一步全面深化改革 推进中国式现代化的决定》对学前教育发展的定位主要体现在三个方面：健全学前教育保障机制；降低生育、养育、教育成本；优化区域教育资源配置。对于民办学前教育而言，《中共中央 国务院关于学前教育深化改革规范发展的若干意见》提出的"稳妥实施分类管理"和"遏制过度逐利行为"，以及"85""80"两项政策指标[①]是现阶段对民办学前教育发展最为重要的指引，也是学前教育普惠发展的具体要求。

（二）学前教育普惠发展的北京举措

1. 战略举措

受学前教育普惠发展的国家定位影响，北京市先后出台《北京市市级财政支持学前教育事业发展补助资金管理使用实施细则（暂行）》（2017）、《关于进一步加强学前教育管理的意见》（2018）、《北京市普惠性幼儿园认定与管理办法（试行）》（2019），明确了北京市普惠性民办幼儿园的认定

[①] 到2020年，全国学前三年毛入园率达到85%，普惠性幼儿园覆盖率（公办园和普惠性民办园在园幼儿占比）达到80%。

及发展举措。"十四五"时期,北京市持续巩固学前教育普及普惠安全优质发展的成果。《北京市"十四五"学前教育发展提升行动计划》提出"优化学前教育资源布局,巩固普及普惠成果"的发展目标。其中"优化资源结构,满足多元化需求"是民办学前教育重要的发展支撑。具体包括:积极扶持普惠性民办园,鼓励非普惠性民办园发展,合理配置国际化学前教育学位,满足社会多元化需求。

2.市区两级财政支持

《北京市市级财政资金支持学前教育发展补助资金管理使用实施细则》(2022)是北京市普惠性民办园获取财政支持的主要依据。根据该项政策,公办性质非教育部门办园和普惠性民办园按照实际在园儿童数给予市级生均定额补助(城区:1000元/生·月,郊区840元/生·月)、租金补助(不高于5元/米^2·天)和综合奖励补贴。从目前各区的状况来看,区财政支持普惠性民办教育发展的差异较大。比如,西城区制定发布了《支持学前教育事业发展补助资金管理使用实施细则》,而门头沟、怀柔等郊区发布的是各区《市级财政支持学前教育事业发展补助资金管理使用实施细则》。其中最重要的区别在于生均定额补助的区级财政支持。比如,西城区在市级生均定额补助之外,还明确了对普惠性民办园按照幼儿园西城户籍在园幼儿数给予区级生均定额补助1000元/生·月。而门头沟区和怀柔区的政策中没有相关区级财政支持的规定。

二 北京市民办学前教育发展状况分析

(一)北京市民办学前教育发展概况

1.民办园数量占比超过一半

2023~2024学年,北京市共有民办园1045所,占全市幼儿园总数的52.49%。其中,普惠性民办园705所,在民办园中占比为67.46%;民办园在园人数为21.32万人,占全市幼儿园在园人数的41.38%。其中,普惠性民办园在园人数为17.42万人，占民办园在园人数的81.7%。此外，北京市目前有中外合作办园1所，开设9个班，在园人数为294人（见表1）。

表1 2023~2024学年北京市民办学前教育发展状况

项目	园所数量（所）	班级数（个）	入园人数（人）	离园人数（人）	在园人数（人）
全市整体	1991	19753	164082	208037	515267
民办园（占全市整体比例）	1045（52.49%）	8568（43.38%）	65420（39.87%）	91361（43.92%）	213221（41.38%）
普惠性民办园（占民办园比例）	705（67.46%）	6368（74.32%）	53493（81.77）	71962（78.77%）	174208（81.70%）
中外合作办园	1	9	85	104	294

2. 民办园分布呈现城乡差异

从区域分布来看，北京市民办幼儿园主要集中在城区。全市1045所民办幼儿园中有918所分布在城区，占比87.85%。就城市各区域内部而言，城区的民办园占比最高，普惠性民办园占比最低；乡村的民办园占比最低；镇区的普惠性民办园占比最高。在城区，民办园占区域总体比例为57.38%，在园人数占该区域民办园在园人数的43.29%。在镇区和乡村，这两个比例依次分别为38.18%、31.03%和28.32%、29.96%。在镇区，普惠性民办园占区域民办园的比例为84.13%，在园人数占该区域普惠性民办园在园人数的90.41%。在城区和乡村，这两个比例依次分别为65.25%、80.76%和82.81%、88.09%（见表2）。

表2 2023~2024学年北京市各区域民办学前教育发展状况

区域	分类	园所数量（所）	班级数（个）	入园人数（人）	离园人数（人）	在园人数（人）
城区	整体	1600	16638	140281	176305	438121
	民办园	918	7635	58429	82105	189682
	普惠性民办园	599	5579	47195	63786	153185
	民办园占区域总体比例（%）	57.38	45.89	41.65	46.57	43.29
	普惠性民办园占区域民办园比例（%）	65.25	73.07	80.77	77.69	80.76

续表

区域	分类	园所数量（所）	班级数（个）	入园人数（人）	离园人数（人）	在园人数（人）
镇区	整体	165	1578	12402	16567	39972
	民办园	63	497	3712	5010	12403
	普惠性民办园	53	429	3402	4475	11213
	民办园占区域总体比例（%）	38.18	31.50	29.93	30.24	31.03
	普惠性民办园占区域民办园比例（%）	84.13	86.32	91.65	89.32	90.41
乡村	整体	226	1537	11399	15165	37174
	民办园	64	436	3279	4246	11136
	普惠性民办园	53	360	2896	3701	9810
	民办园占区域总体比例（%）	28.32	28.37	28.77	28.00	29.96
	普惠性民办园占区域民办园比例（%）	82.81	82.57	88.32	87.16	88.09

（二）北京市学前教育普及普惠安全优质发展中民办园贡献

1. 普惠性民办幼儿园是北京市普惠性学前教育资源的重要供给者

受学前教育普惠发展政策的影响和支持，从2020～2021学年开始，北京市普惠性幼儿园（公办园与普惠性民办幼儿园）在园幼儿数占全市在园幼儿数的比例一直超过90%。2023～2024学年，这一比例达到92.43%。其中，普惠性民办幼儿园是学前教育普惠性资源的重要提供者。自2020～2021学年以来，普惠性民办幼儿园在园幼儿数占普惠性幼儿园在园幼儿数的比例持续在35%左右，并持续增长至2022～2023学年的37.3%。2023～2024学年略微下降至36.58%（见图1）。民办幼儿园作为普惠性学前教育资源的重要提供者，其贡献率与教育部门举办的公办幼儿园基本相当。

2. 民办幼儿园是非京籍儿童学前教育资源供给的主体，也为京籍儿童提供了多样化的学前教育选择

从入园幼儿的户籍类型来看，超过一半的非京籍幼儿进入民办幼儿园接受学前教育。2022～2023学年，有62.29%的非京籍幼儿进入民办幼儿园，而进入普惠性民办幼儿园的非京籍幼儿比例达到了52.04%；2023～2024学年，随着入园幼儿数量的下降，这一比例也略有下降，但仍有55.91%的非

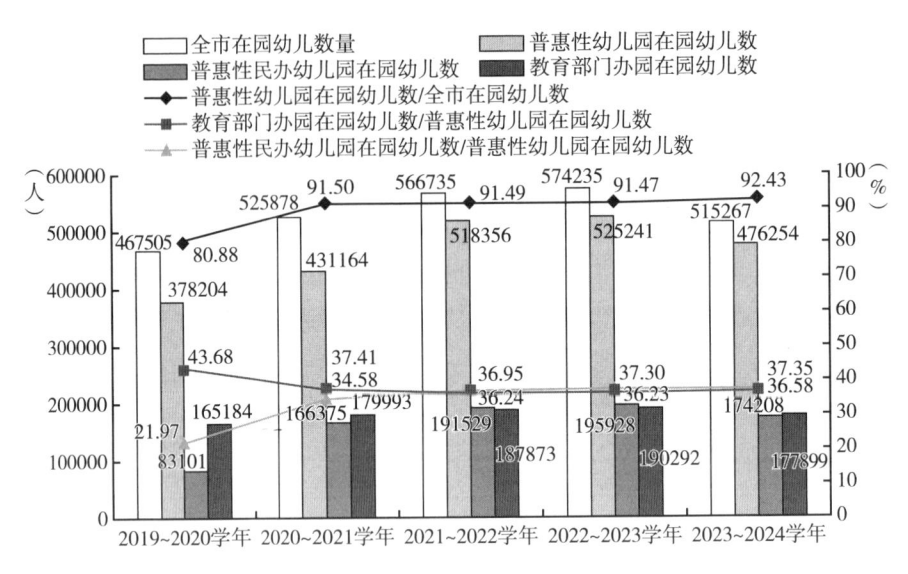

图 1 北京市普惠性学前教育资源构成

京籍幼儿进入民办幼儿园，进入普惠性民办幼儿园的非京籍幼儿比例也达到了47.62%。2022~2023学年，在入园幼儿中有33.63%的京籍儿童选择进入民办幼儿园，有26.28%的京籍儿童选择进入普惠性民办幼儿园。与之相对应，2023~2024学年的比例分别为32.88%和26.05%（见图2）。

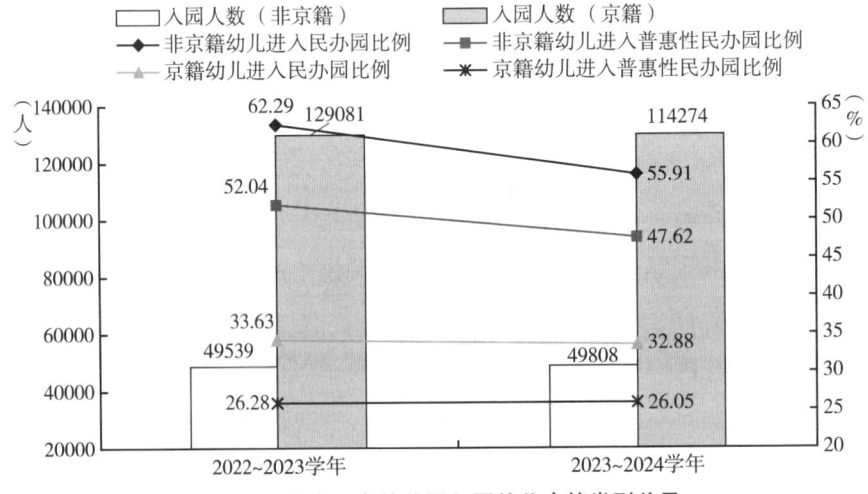

图 2 北京市民办幼儿园入园幼儿户籍类型差异

3. 民办幼儿园在一定程度上缓解了公办学前教育资源区域分布不均衡问题

2023~2024学年，民办幼儿园为京籍和非京籍幼儿提供的学前教育服务在城乡之间呈现差异化特征。对于非京籍儿童而言，乡村幼儿进入民办幼儿园的比例相对最低，城区和镇区的比例相当；对京籍儿童而言，镇区幼儿进入民办幼儿园的比例相对较低，而城区和乡村比例相对较高。以普惠性民办幼儿园为例，京籍和非京籍幼儿入园比例在城乡间呈现完全相反的特征：对非京籍儿童而言，进入普惠性民办幼儿园的镇区幼儿比例最高，达到50.94%，而进入普惠性民办幼儿园的城区和乡村幼儿的比例分别为48.12%和36.79%；对京籍儿童而言，进入普惠性民办幼儿园的镇区幼儿比例最低，为16.72%，而进入普惠性民办幼儿园的城区和乡村幼儿比例分别为27.48%和17.82%（见图3）。民办幼儿园在京籍和非京籍幼儿学前教育服务提供上的城乡差异一定程度上解决了公办学前教育资源区域分布不均衡的现实问题。

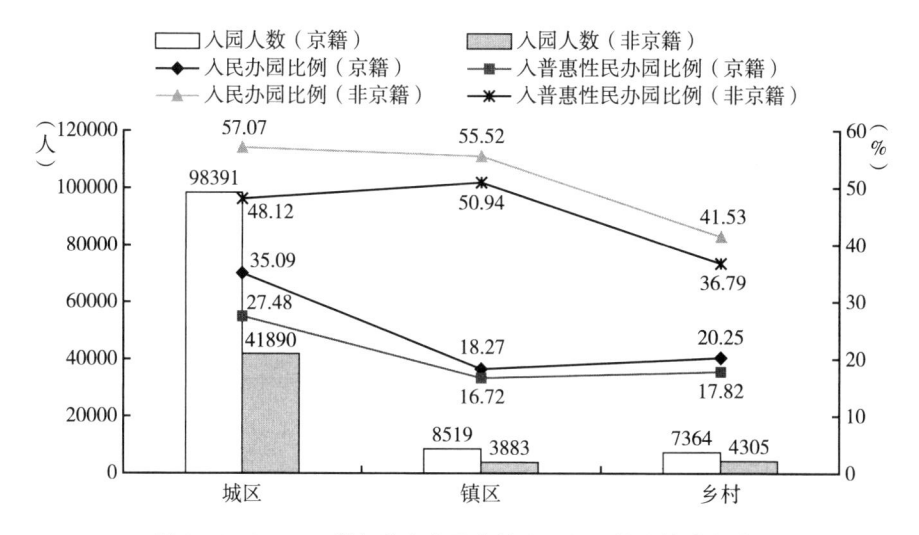

图3　2023~2024学年北京市民办幼儿园入园幼儿的城乡差异

4. 民办幼儿园呈现了较优的结构性质量

（1）民办园班额状况优于全市平均水平

民办幼儿园班额低于全市平均水平和公办园，普惠性民办幼儿园高于全市平均水平和教育部门办园。2023~2024学年，全市幼儿园的平均班额为26.09人，公办园的平均班额为27.00人，而民办幼儿园为24.89人，普惠性民办幼儿园为27.36人。各类幼儿园班额特征在中班、大班和混合班中均保持一致。但是，在小班中，公办园和教育部门办园均超过24人，而普惠性民办幼儿园则低于24人（见图4）。从静态层面来看，说明普惠性民办幼儿园小班的班额状况优于公办园、教育部门办园；但是，从动态上看，一定程度上反映了入园幼儿的差异化选择。

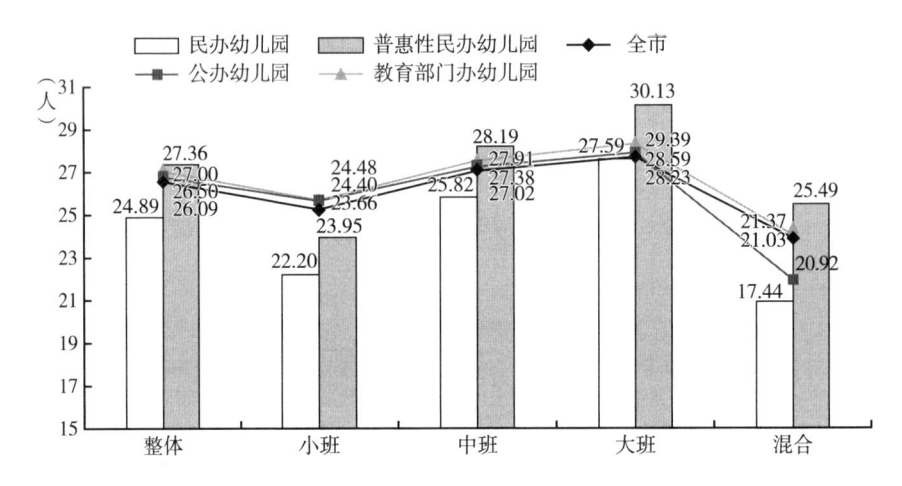

图4 2023~2024学年北京市幼儿园班额状况

（2）民办园保育员配比更优

民办幼儿园保育员的配比情况优于北京市幼儿园平均水平、公办幼儿园、教育部门办园。北京市幼儿园在园幼儿与保育员比为31.20，公办园为40.57，教育部门办园为62.86，而民办园为23.52，普惠性民办幼儿园为25.57。以班级为单位看，北京市幼儿园在园幼儿与保育员的比为0.84，公办园为0.67，教育部门办园仅为0.42。而民办幼儿园和普惠性民办幼儿园均超过1，分别达到1.06和1.07。

从城乡对比来看，民办幼儿园在镇区、乡村的优势大于城区。相较于全市整体水平，民办幼儿园保育员配比在镇区的优势最为明显。镇区民办幼儿园保育员配比为23.58，比整体水平、公办园和教育部门办园分别低

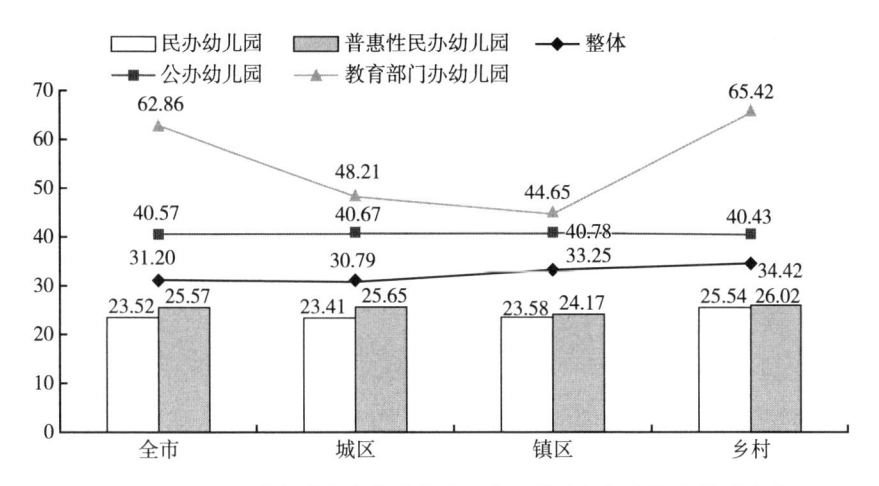

图5 2023~2024学年北京市各类幼儿园在园幼儿与保育员比的城乡差异

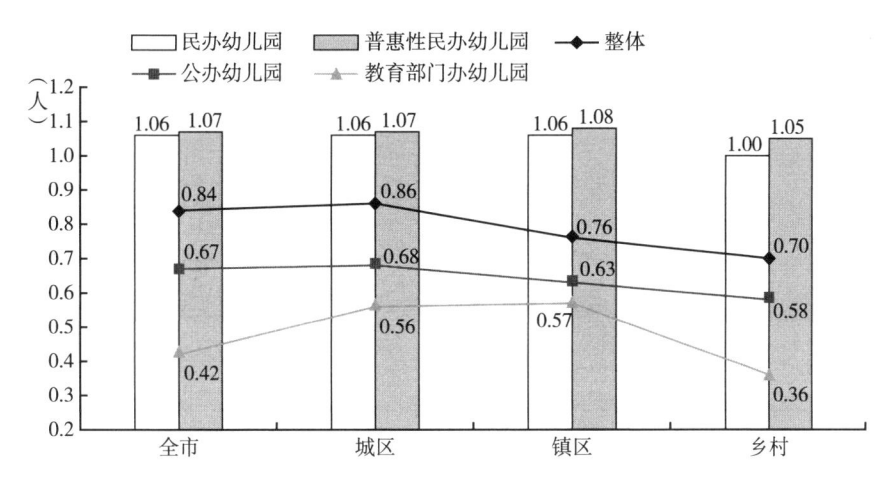

图6 2023~2024学年北京市各类幼儿园班级保育员平均配比的城乡差异

9.67、17.2、21.07。相对于教育部门办园，乡村民办幼儿园保育员配比的优势最为明显。乡村教育部门办园幼儿保育员配比为65.42，而民办园和普惠性民办园保育员配比分别为25.54和26.02。从班级来看，全市整体、城区、镇区和乡村中只有民办幼儿园和普惠性民办幼儿园每个班级配备的保育员超过1人。其中城区和镇区的保育员班级配比优于农村地区。

以城区为例，民办幼儿园每个班级平均配备保育员1.06人，普惠性民办幼儿园为1.07人，而城区的整体水平为0.86人，公办园为0.68人，教育部门办园仅为0.56人。

5.民办幼儿园提供托育服务贡献突出

从托育服务的供给来看，2023~2024学年，全市共有184个托班，民办幼儿园提供了104个，民办幼儿园托班幼儿数占全市托班幼儿人数的51.6%；从托班的班额来看，2022~2023学年，全市托班班额为11.86人，民办幼儿园托班班额为10.73人；2023~2024学年，全市托班班额为11.54人，民办幼儿园托班班额为10.54人（见图7）。因此，从托班数、幼儿人数以及班额情况来看，在托幼一体化的发展背景下，民办幼儿园提供托育服务的贡献突出。

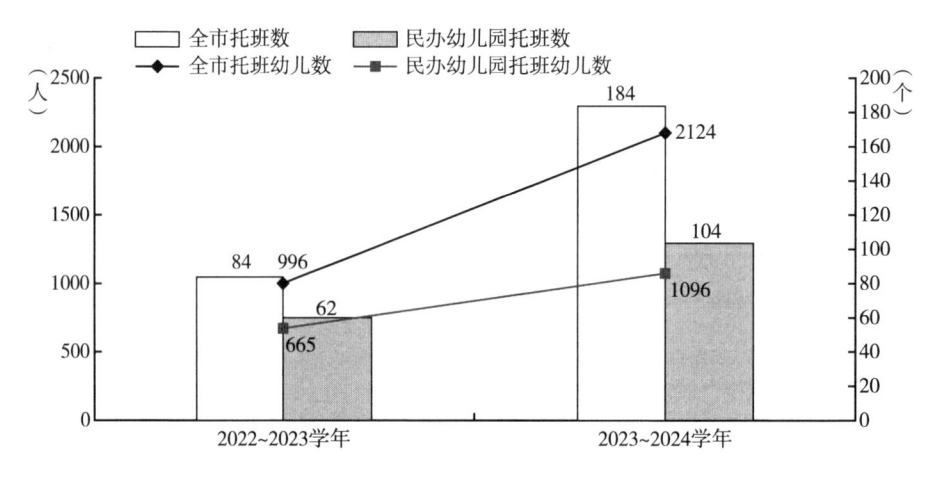

图7 北京市托班数及托班在园幼儿数

（三）北京市民办学前教育发展面临的挑战

1.民办幼儿园数量持续增加，在园幼儿数出现下降，且下降幅度超过全市总体水平，民办幼儿园发展面临压力

2018年以来，北京市幼儿园在园幼儿数在2023~2024学年首次出现下降。2019~2023学年，全市幼儿园在园幼儿数总体增长了22.81%。但是，

与2022~2023学年相比，2023~2024学年全市幼儿园在园幼儿数量下降了10.27%。2019~2023年，北京市民办幼儿园在园幼儿数增长了41.99%；2023~2024学年，民办幼儿园在园幼儿数量下降了12.94%。

与幼儿数量的变化趋势不同，自2018年以来，全市幼儿园数量呈现了先增长后下降的波动特征，而民办幼儿园数量在持续增加。2019~2020学年，全市民办幼儿园数量为765所，2023~2024学年为1045所。与2022~2023学年相比，2023~2024学年民办幼儿园增加了8所（均为民办普惠性幼儿园）。伴随着民办幼儿园数量的上升，在园幼儿数量却呈现下降态势，民办幼儿园发展面临压力（见图8）。

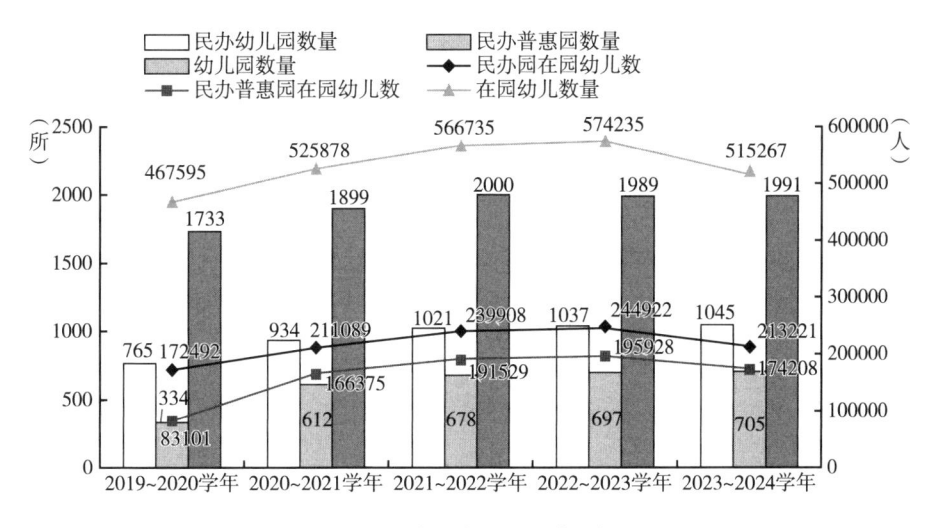

图8 北京市民办幼儿园发展概况

2. 民办非普惠性幼儿园入园人数下降比例超过普惠性民办幼儿园，普惠性民办幼儿园可能面临市场竞争加剧和财政支持减少的双重压力

从民办幼儿园分类来看，民办非普惠性幼儿园数量在2020~2021学年经历了震荡式下降，2021~2022学年有所回升。2022~2023学年、2023~2024学年民办非普惠性幼儿园数量稳定在340所。但是，与2022~2023学年相比，2023~2024学年，民办非普惠性幼儿园在园幼儿数下降了20.37%。在学前教育普惠发展的政策趋势下，普惠性民办幼儿园数量持续增加，

2023~2024 学年，园所数量增加了 8 所。但是，在园幼儿数量下降了 11.09%，高于全市的平均水平（见图 9）。

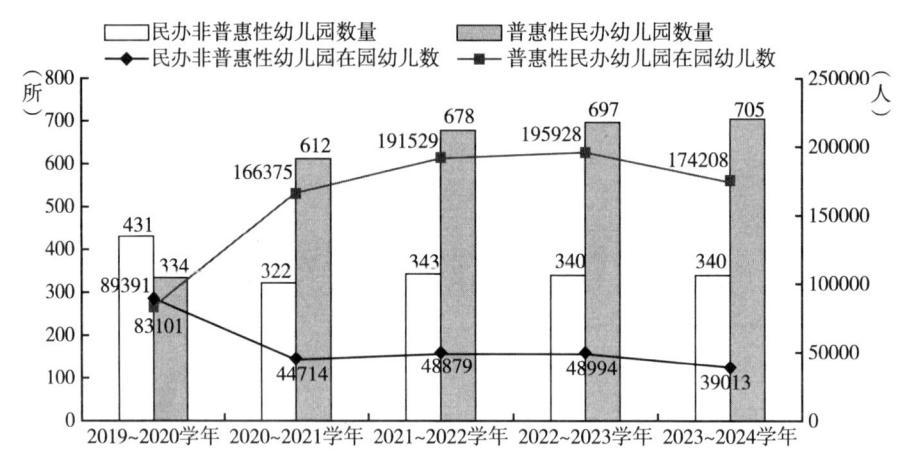

图 9　北京市民办非普惠性幼儿园与普惠性民办幼儿园发展状况

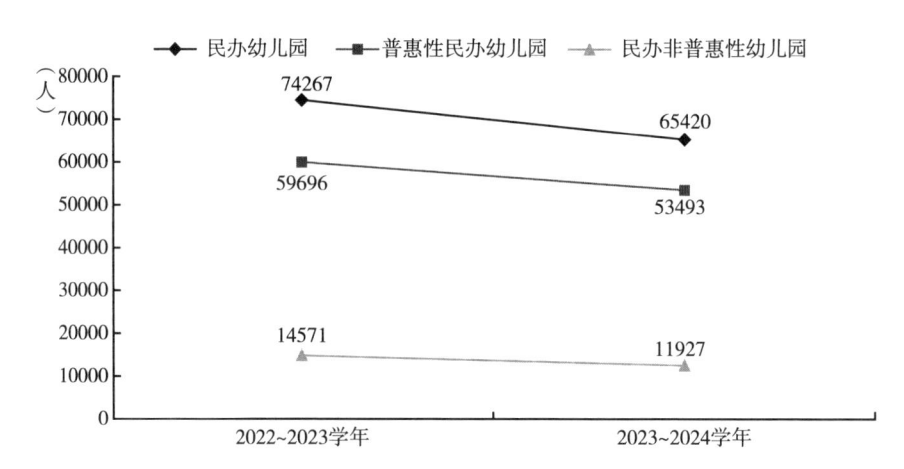

图 10　北京市民办幼儿园入园人数

从入园人数来看，相较于 2022~2023 学年，2023~2024 学年普惠性民办幼儿园入园人数由 59696 人下降为 53493 人，下降了 10.39%；民办非普惠性幼儿园入园人数从 14571 人下降为 11927 人，下降了 18.15%。因此，民办非普惠性幼儿园在未来可能面临的生源压力会更大。对于以政府生均经费支持为支撑的普惠性民办幼儿园而言，可能面临市场竞争加剧和政府财政支持减少的双重压力。

3.民办幼儿园的结构性质量面临挑战，普惠性民办园问题更为突出，且存在城乡差异

（1）生师比过高

民办幼儿园生师比高于北京市幼儿园的总体水平、公办园及教育部门办园，普惠性民办幼儿园生师比最高。2023~2024学年，北京市幼儿园总体的生师比为10.93，公办园为10.43，教育部门办园为9.73。而民办园的平均生师比达到11.73，普惠性民办幼儿园更是高达13.14。以班级为单位来看，北京市幼儿园班级配比教师为2.39人，公办幼儿园班级配比教师为2.59人，教育部门办园班级配比教师为2.72人，而民办幼儿园班级配比教师仅为2.12人，普惠性民办幼儿园为2.08人（见图11）。

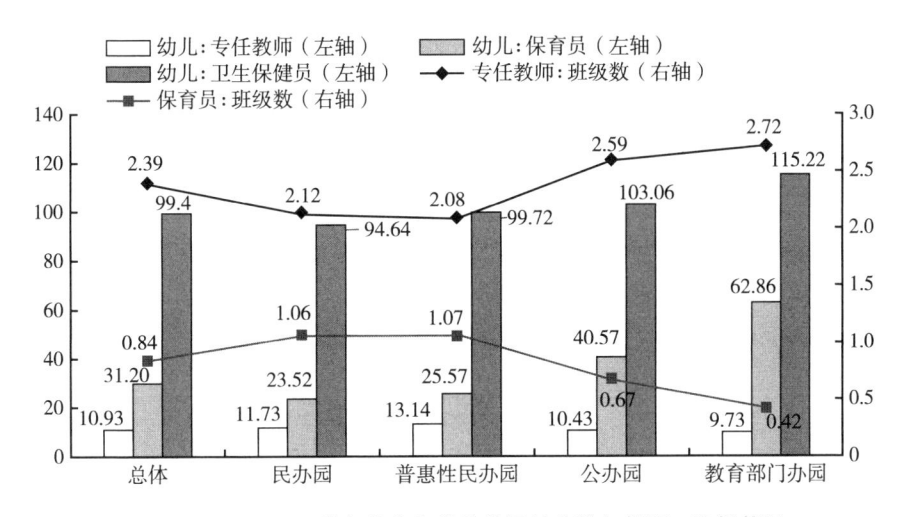

图11 2023~2024学年北京各类幼儿园幼儿数与教职工比例状况

从城乡对比来看，民办幼儿园的生师比呈现城区、镇区、乡村依次增加的特征。民办幼儿园和普惠性民办幼儿园生师比在城区、镇区和乡村分别依次为11.62和13.09、12.38和13.25、13.16和13.82（见图12）。其中与公办园和教育部门办园差距最大的是城区。城区公办幼儿园和教育部门办园的生师比分别为10.21和7.46。从班级教师配比来看，也基本反映出以上

039

特征。其中，镇区的普惠性民办幼儿园和乡村的民办幼儿园、普惠性民办幼儿园每个班级配备的教师不足2人（见图13）。

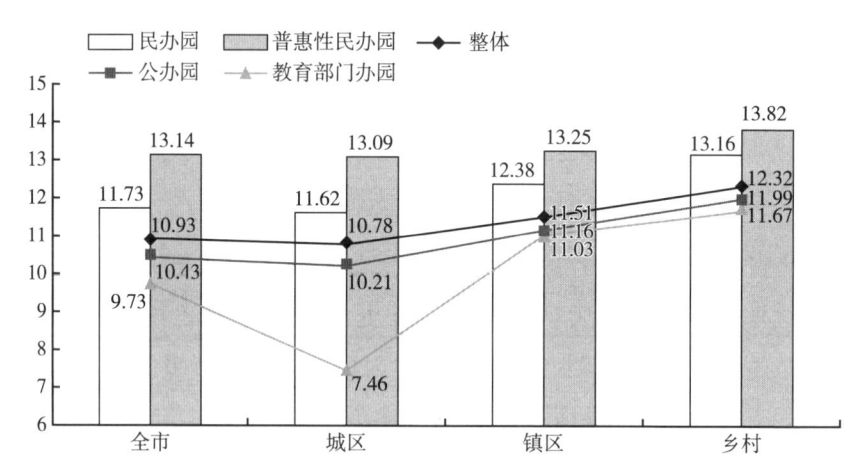

图12 2023~2024学年北京市各类幼儿园生师比的城乡差异

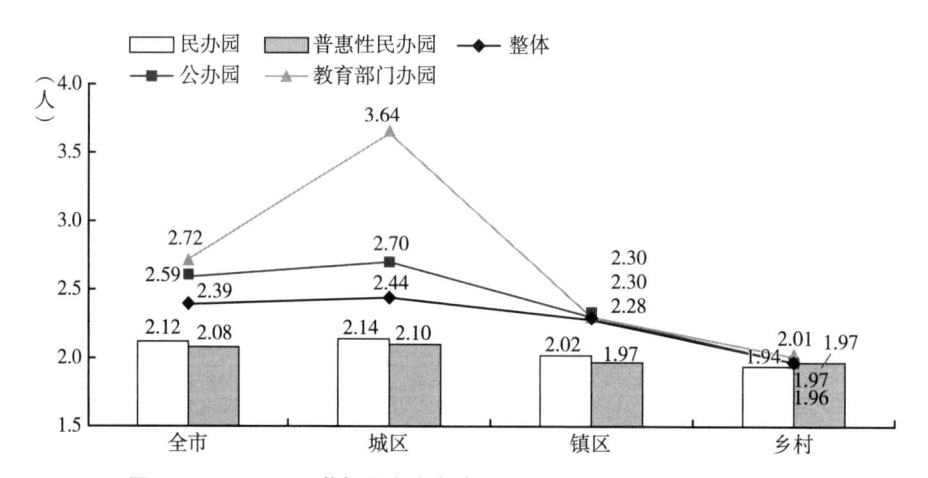

图13 2023~2024学年北京市各类幼儿园班级教师配比的城乡差异

（2）普惠性民办园班额大，乡村民办园班额问题凸显

总体来看，随着人口分布的变化，全市幼儿园的平均班额从城区、镇区、乡村依次递减。但是，民办幼儿园呈现相反特征。乡村地区民办幼儿园的平均班额最大，且超过乡村地区幼儿园的平均班额。2023~2024学年，全市及城

区、镇区、乡村地区幼儿园的平均班额分别为26.00、26.33、25.33、24.19。而民办幼儿园的平均班额分别为24.89、24.84、24.06、25.54。普惠性民办幼儿园在城区的平均班额高于镇区和乡村地区（见图14）。

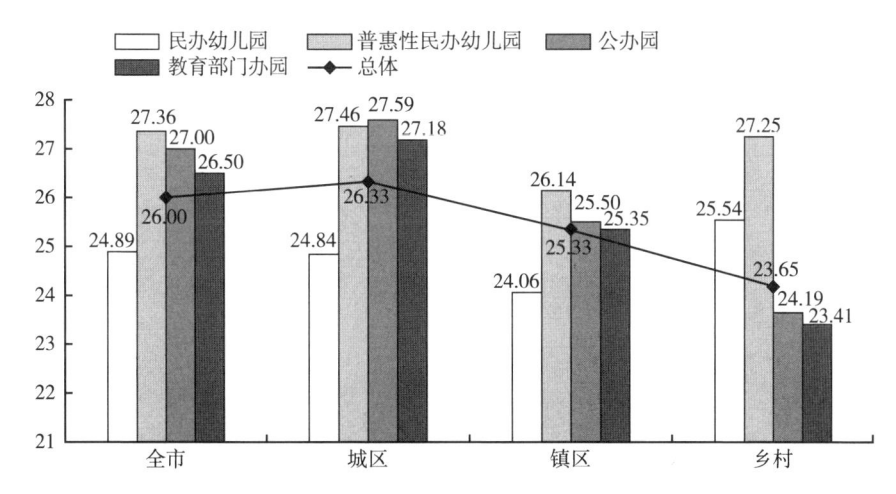

图14 2023~2024学年北京市幼儿园班额状况的区域比较

究其原因，民办幼儿园主要受到市场调节机制的影响集中分布在城区，而公办园、教育部门办园更多受到公共服务供给的影响在城乡间的分布相对均衡。2023~2024学年，整体而言，城区、镇区和乡村幼儿园开班数占总体班级数的比例分别为84.23%、7.99%和7.78%。而民办幼儿园对应的比例依次为89.11%、5.80%和5.09%，普惠性民办幼儿园对应的比例依次为87.61%、6.74%和5.65%（见表3）。

表3 2023~2024学年各类型幼儿园开班数占比

单位：%

地区	城区	镇区	乡村
整体	84.23	7.99	7.78
民办园	89.11	5.80	5.09
普惠性民办园	87.61	6.74	5.65
公办园	80.48	9.67	9.85
教育部门办园	74.78	14.06	11.16

4. 国际化学前教育资源服务北京城市发展战略能力还存在不足

国际交往中心、科技创新中心的城市战略定位要求北京市的一切工作必须为国家国际交往服务，为科技和教育发展服务①。民办学前教育作为多元化学前教育公共服务的重要供给者，在服务北京城市发展战略方面具有实践空间。但是，从目前情况来看，国际化学前教育资源服务北京城市发展战略能力还存在不足。

2019年以来，北京市中外合作办园数量一直较少，仅有1~2所，开设的班级从23个减少至9个，在园人数从687人减少至294人（见表4）。中外合作办园资源供给的相对缺乏说明学前教育资源供给在满足多样化需求方面还存在不足。以2023~2024学年为例，中外合作办园的294名在园幼儿中北京籍幼儿有228名，占比77.55%。因此，从满足本市居民多样化教育需求角度看，多元化学前教育资源还有待挖掘。

表4 2019~2024学年中外合作办园基本状况

单位：所、个、人

学年	2019~2020	2020~2021	2021~2022	2022~2023	2023~2024
园所数量	2	2	2	1	1
班级数	23	22	22	9	9
离园人数	178	197	221	200	104
入园人数	191	262	209	94	85
在园人数	687	725	697	306	294

从外籍幼儿/国际学生来看，2019年以来，北京市外籍幼儿数量持续下降。2019~2020学年，北京市幼儿园中外籍幼儿数量为1910人，2023~2024学年外籍幼儿数量仅为656人。外籍幼儿数量的下降虽受多方面综合因素的影响，但是多元化的国际学前教育资源作为国际交往中心建设的基础内容还应予以重视。

---

① 《北京城市总体规划（2016年—2035年）》，北京市规划和自然资源委员会网站，2018年1月9日，https://ghzrzyw.beijing.gov.cn/zhengwuxinxi/zxzt/bjcsztgh20162035/202001/t20200102_1554600.html。

三 推动高质量民办学前教育资源供给的对策建议

2024年11月8日,十四届全国人大常委会第十二次会议表决通过了《中华人民共和国学前教育法》(以下简称《学前教育法》),标志着学前教育进入"有专门法可依"的新阶段。《学前教育法》以法律的形式进一步确立了普及普惠安全优质的发展定位:学前教育以政府举办为主,国家大力发展普惠性学前教育,鼓励、引导和规范社会力量参与。因此,构建公益普惠的学前教育公共服务体系离不开高质量民办学前教育资源的规范有效供给。

(一)坚持民办学前教育公益性,充分发挥社会力量多样化办园,提供多元化学前教育资源

民办学前教育作为学前教育的构成部分应该在公益性的前提下谋求发展。与此同时,还应该充分尊重市场需求。因此,民办学前教育在公益性前提下应着眼于多元化学前教育资源供给。

首先,以服务城市发展战略为契机,合理配置国际化学前教育资源。"国际交往中心"和"科技创新中心"是北京城市发展的战略定位。为了进一步加强科技创新中心建设,打造高水平人才高地,未来北京市还将进一步加强人才培养和引进工作[1]。国际化的学前教育资源作为国际化、高精尖人才引进的配套服务是北京四个中心建设的基础保障。然而,目前北京市中外合作办园、学前教育国际学生的规模还相对较小,与国际化的城市定位不相匹配。民办学前教育应以此为契机,精准定位自身发展方向,实现高质量发展。

其次,以优质学前教育资源提供差异化服务获得竞争优势。数据分析结果显示,民办学前教育有自身的结构性质量优势,但也面临人口变化带来的

---

[1] 《北京立足首都城市战略定位 奋力开创高质量发展新局面》,中国政府网,2024年3月20日,https://www.gov.cn/lianbo/difang/202403/content_6940340.htm。

市场冲击。课题组调研时发现，在部分民办幼儿园因生源减少而面临生存困境时，仍有部分优质民办幼儿园的入园率接近100%。由此说明，民办幼儿园应该以市场需求为导向，通过提供差异化服务，确立自身办园优势。

（二）人口变化背景下，优化组合普惠性民办园扶持政策，充分发挥市区两级政府力量，提升普惠性民办幼儿园服务质量

"十四五"以来，我国出生人口数量持续下降。根据研究测算，我国学前教育阶段的适龄儿童峰值出现在2021年，2021~2038年处于快速下降阶段[1]。从北京市的统计数据来看，2023~2024学年北京市学前教育在园幼儿数量首次出现下降，并且这一趋势还将持续。因此，以提供普惠性学前教育公共服务为目的普惠性民办幼儿园的高质量发展需要充分发挥政府和市场的双重作用。

首先，优化办园体制，提升普惠性学前教育资源整合程度。数据显示，在人口减少的趋势下，普惠性民办幼儿园受到最大的冲击。因此，普惠性民办园可以通过委托管理、集团化办园等方式优化办园体制，整合资源，提升园所整体应对能力。

其次，落实区级政府学前教育职责，加大普惠性民办学前教育保障力度。调研结果显示，普惠性民办园生均定额补助的区级差异是导致普惠性民办园生存状况差异的重要因素之一。《学前教育法》明确指出"县级人民政府对本行政区域内学前教育发展负主体责任"。因此，各区政府应在市级补助资金的基础上，合理适度增加对区域内普惠性民办幼儿园的资助。

（三）加快民办幼儿园托幼一体化转型，丰富民办学前教育的实践内涵，拓展服务市场

尽管《学前教育法》明确学前教育"是指由幼儿园等学前教育机构对

---

[1] 黄宸、李玲：《"三孩"政策下2021~2050年我国城乡学前教育资源配置研究》，《华东师范大学学报》（教育科学版）2023年第12期。

三周岁到入小学前的儿童（以下称学前儿童）实施的保育和教育"。但《学前教育法》也"鼓励有条件的幼儿园开设托班，提供托育服务"。数据分析结果显示北京市民办幼儿园在开展托育服务方面具有一定基础。面对新的发展形势，民办学前教育应该加快托幼一体化改革，在实践中丰富民办学前教育内涵，拓展服务市场，实现新发展。

首先，发挥民办幼儿园保育员优势，立足托幼一体化需求，谋划转型。数据结果显示，民办幼儿园在保育方面的结构性质量存在相对优势。在托幼一体化背景下，民办幼儿园应该基于自身状况，立足托育实际需求，着力谋划转型发展。

其次，民办幼儿园应该积极建设托幼融合的课程体系和保教队伍。从过程性质量来看，托幼融合的课程体系和保教队伍建设是核心。民办幼儿园应该积极加强与卫生健康部门的联动协作，把握幼儿早期发展的基础特征；坚持以游戏为活动基本前提，遵循0~6岁儿童发展规律研发保教课程；与相应的人才培养机构紧密合作，加快推动园所保教人员转型成为托幼融合的复合型人才。[1]

---

[1] 陈春勉、翁志奔：《民办幼儿园托幼融合"两园一体"式发展研究》，《上海教育科研》2022年第8期。

2023~2024学年北京市民办义务教育发展报告

李　曼　宋晓欣　马暄皓[*]

摘　要：在国家层面的统一部署下，北京市民办义务教育阶段学校的发展格局发生了变化，规模结构得到优化、公益属性更加彰显。近年来，北京市民办义务教育阶段学校整体规模呈现缩减趋势，招生规模、招生范围及招生方式受限，适龄入学人口大幅减少，给义务教育阶段民办学校发展带来影响，加上基本公共教育服务不断扩容提质，学校在市场竞争中也面临较大压力。当前，地方政府对民办学校的扶持政策短期内难以全面落实，民办学校教师队伍稳定性相比于公办学校较差。基于上述问题，建议发挥民办教育体制机制优势，促进民办义务教育办学模式改革创新；对优质民办义务教育学校出台扶持性政策；完善非营利性民办学校政策体系及管理制度，坚持规范与扶持并举；保障民办学校教师权益等。

关键词：义务教育阶段　民办教育　北京市

民办义务教育作为我国教育事业的重要组成部分，在国家层面的统一部

---

[*] 李曼，教育学博士，北京教育科学研究院教育发展研究中心，副研究员，主要研究方向为民办教育管理、高等教育管理；宋晓欣，教育学博士，北京教育科学研究院教育发展研究中心，助理研究员，主要研究方向为教育管理、教育政策；马暄皓，首都师范大学教育学院博士研究生。

署下,经过阶段性调整和规范,北京市民办义务教育阶段学校的发展格局发生了变化。

一 发展现状

(一)学校与在校生情况

从整体上看,2023~2024学年民办义务教育学校共有60所,在校生数为55198人,分别占北京市义务教育学校数的5.78%和在校生数的3.60%。从趋势上看,总体呈下降趋势。通过四学年数据的比较发现,学校数量逐年减少,在校生数虽在2023~2024学年有所增长,但较2020~2021学年减少了13930人(见表1)。

表1 民办义务教育学校数和在校生数变化情况

学年	学校数(所)	在校生数(人)
2020~2021	76	69128
2021~2022	74	68376
2022~2023	66	54168
2023~2024	60	55198

分学段来看:

2023~2024学年北京市共有民办小学38所,其中城区21所,镇区6所,乡村11所,占全市小学数量的5.32%。在校生数为38109人,占全市小学在校生数的3.28%。分析发展趋势发现:第一,民办小学数量总体呈下降趋势。从2020~2021学年到2023~2024学年,民办小学总数从51所减少到38所,逐年下降。第二,民办小学在校生数呈下降趋势,在2023~2024学年略有回升。从2020~2021学年到2022~2023学年,小学在校生总数从43496人减少到37753人,2023~2024学年增加至38109人(见表2)。

表 2 民办小学在校生数量变化情况

单位：人

学年	在校生数			
	总计	城区	镇区	乡村
2020~2021	43496	37056	2841	3599
2021~2022	42981	36888	3442	2651
2022~2023	37753	32155	2975	2623
2023~2024	38109	32843	2572	2694

2023~2024学年北京市共有民办初中22所，占全市义务教育学校数量的2.12%，占全市义务教育初中学校数量的6.79%。在校生数为17089人，占全市义务教育在校生数的1.11%，占全市初中在校生数的4.61%。分析发展趋势发现：第一，民办初中学校在2023~2024学年有所减少。前三个学年均为25所，稳定不变，2023~2024学年减少为22所。第二，民办初中在校生数总体呈下降趋势，但在2023~2024学年有小幅回升。从2020~2021学年到2021~2022学年，普通初中的在校生总数略有下降，在2022~2023学年，在校生数显著下降，在2023~2024学年有所回升，但仍然低于前两年的水平（见图1）。

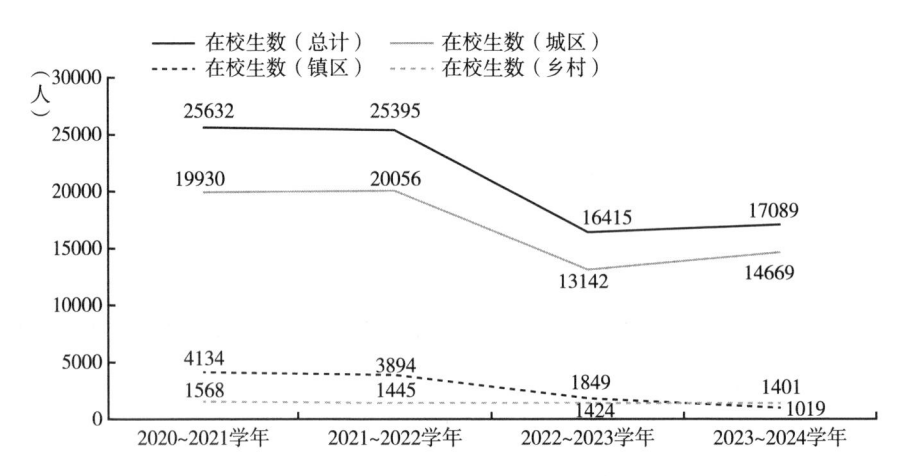

图 1 民办初中在校生数量变化情况

（二）招生情况

从整体上看，2023~2024学年北京市民办义务教育阶段共计招生13182人，约占全市义务教育阶段招生数的3.56%。从发展趋势看，招生数量总体呈递减趋势，但在2023~2024学年有所回升。与2020~2021学年相比，2023~2024学年招生数减少了3380人，但较2022~2023学年有小幅回升，增加了1759人（见表3）。

表3 民办义务教育阶段招生数量统计

单位：人

学年	招生数
2020~2021	16562
2021~2022	15414
2022~2023	11423
2023~2024	13182

分学段来看：

2023~2024学年民办小学共计招生6772人，占全市小学招生数量的2.88%，占全市义务教育阶段招生数量的1.83%。分析发展趋势发现：第一，招生数总体上呈先降后升的趋势。小学招生总数从2020~2021学年到2022~2023学年有所下降，但在2023~2024学年有所回升（见图2）。

2023~2024学年民办初中共计招生6410人，占全市初中招生数量的4.75%，占全市义务教育阶段招生数量的1.73%。其中，本市户籍招生数为4049人，占初中招生数量（本市户籍）的3.43%。分析发展趋势发现：第一，初中招生总数呈先减后增的趋势。初中招生总数从2020~2021学年到2021~2022学年略有下降，在2022~2023学年显著下降，但在2023~2024学年有所回升（见图3）。

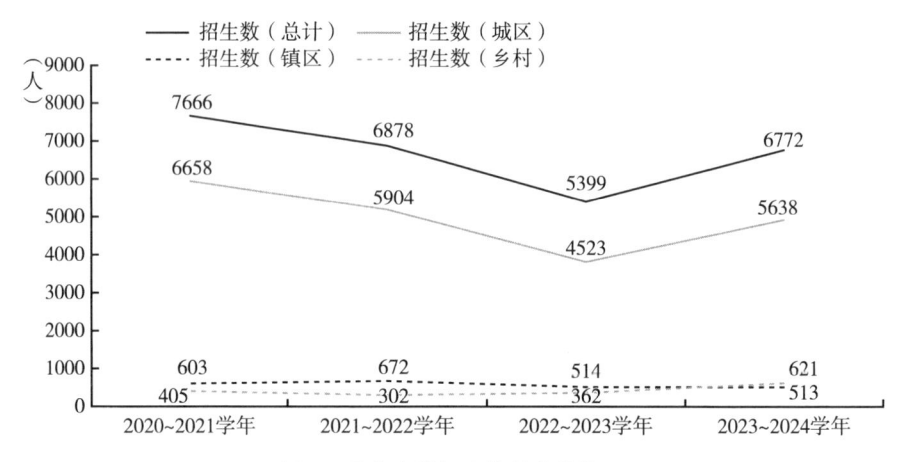

图 2　民办小学招生数量变化情况

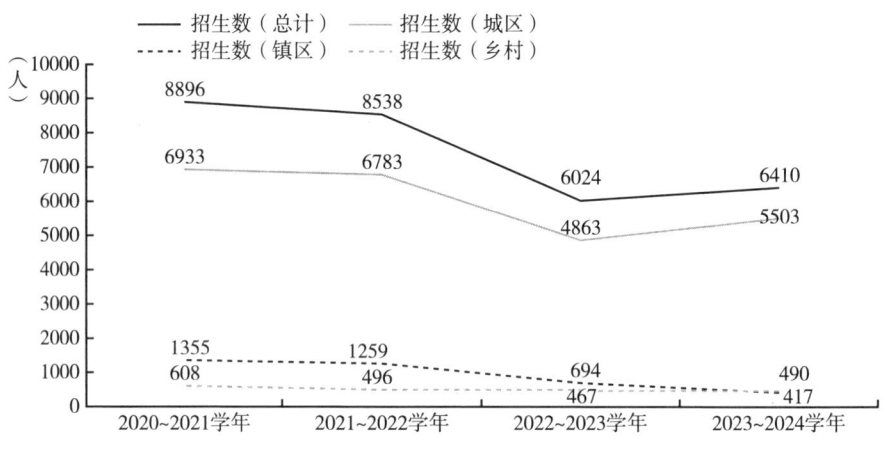

图 3　民办初中招生数量变化情况

（三）教师情况

由于统计资料中，民办初中阶段教育的教职工数和专任教师数包含在民办普通高中里，并未单列，故本节内容只梳理民办小学教师基本概况。

2023~2024学年民办小学共有教职工1022人，其中专任教师633人，分别占全市小学教职工和专任教师的1.51%和1.03%。分析发展趋势发现：民办小学教职工数量总体呈下降趋势。从2020~2021学年到2023~2024学年，教职工总数逐年下降，较2020~2021学年减少715人。其中专任教师数量减幅最大，行政人员、教辅人员和工勤人员也有不同程度地减少（见图4）。

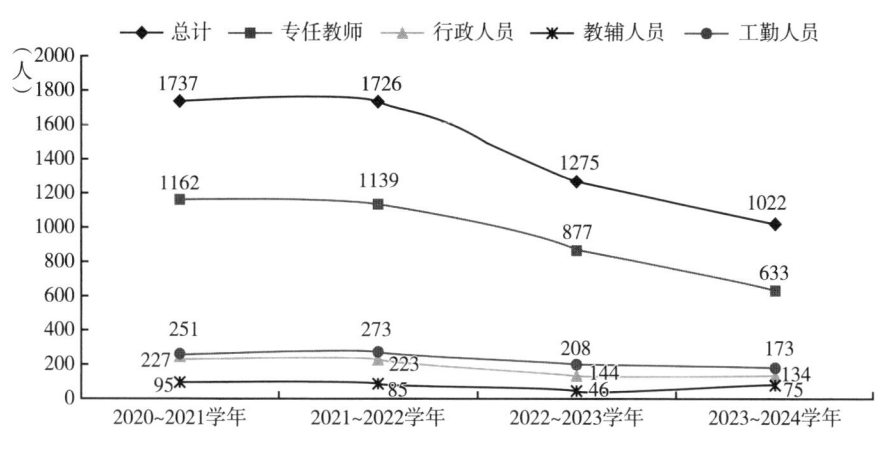

图4 民办小学教职工变动情况

二 北京市民办义务教育发展中存在的问题

（一）招生规模、招生范围及招生方式受限，加上适龄入学人口大幅减少，将给义务教育阶段民办学校发展带来持续影响

如前文数据分析，北京市义务教育阶段民办学校数和在校生数呈现"双降"趋势，学校数量从2020~2021学年的76所下降到2023~2024学年的60所，在校生数从2020~2021学年的69128人下降到2023~2024学年的55198人。分析其影响因素：第一，适龄人口减少，潜在生源基数变小。有学者根据Lexile模型预测了未来二十年北京市义务教育学位需求情况，数据显示2025~2030年对应的义务教育招生人数分别为18.9万人、16.2万人、16万人、15.9万人、15.7万人、15.6万人；2025~2030年义务教育的学位需求量分别为153.5万个、152.7万个、150.3万个、147.2万个、142.9万个、141.2万个，对应的学位缺口量分别为20.9万个、20.1万个、17.8万个、14.6万个、10.4万个、8.6万个[①]。根据目前民办义务教育的发展趋势以及预测模型推理，在北京市生源和公办教育学位需求不断减少的背景下，北京市民办义务教育潜在的生源基数也呈现不断缩小的趋势。第二，民办义务教育招生规模、方式和范围受限。2021年5月，中共中央、国务院办公厅出台《关于规范民办义务教育发展的意见》（厅字〔2021〕15号），明确民办义务教育的招生方式：在学校审批机关管辖区域内招生，并与公办学校同步招生。北京市民办国际化学校大多分布在顺义区，限制跨区招生意味着学校可选择生源变少，招生数量、质量都会受到一定的影响。第三，受北京市户籍政策以及疏解非首都功能的影响。根据北京市政策，针对非京籍学生而言，只有满足了"非京籍九类人"的要求后，才能获得在北京高考的资格，且高考也只能报考高职高专类院校，无法享受与京籍学生高考的同等待遇。许多不满足以上政策要求的家庭会选择就读民办国际学校，不走国内传统高考的路线，但北京市民办学校大多是办学质量较好、收费水平较高的国际化特色学校，再加上疏解非首都功能政策的叠加，低收入群体考虑教材、中高考改革等因素，一般会在小升初阶段将子女送回户籍所在地接受教育，义务教育的生源数量也会随之减少。

各种因素的叠加影响使北京市民办义务教育内部竞争更加激烈。在规范民办义务教育系列政策的影响下，民办义务教育学校面临着整体规模压缩、办学方向调整、招生权力受限、收费政策收紧等多重挑战，在激烈的竞争中，民办义务教育学校只能提升办学质量，走内涵式、个性化的发展道路。不少民办学校针对不同的教育需求细分市场，设置综合素质班、国际化特色班、小语种班等不同类别的班型以满足家长不同的需求。

（二）随着公办学校办学投入的持续加大，基本公共教育服务不断扩容提质，义务教育阶段民办学校将在市场竞争中面临更大的生存压力

义务教育属于国家事权，具有鲜明的政治属性，应由国家依法举办，规

[①] 赵佳音：《"三孩"政策背景下北京市义务教育阶段学位需求预测》，《教育经济评论》2022年第3期。

范民办义务教育的核心目的是全面提升义务教育质量。在规范民办教育的同时应推进公办教育进一步发展，营造良好的教育生态[1]。民办义务教育有其独特的价值，在增加教育供给方式多样性和选择性、课程改革和教学方式改革、弥补公办中小学学位不足方面发挥着重要作用，起到满足多样化教育需求、促进教育选择的作用。

第一，北京市公办学校办学投入持续加大，基本公共教育服务不断扩容提质，义务教育阶段民办学校将在市场竞争中面临更大的生存压力。以规范民办义务教育政策发布的2021年为时间节点，北京市中小学生均一般公共预算教育事业经费支出情况：全市普通小学为35265.13元，较上年增长4.85%，全市普通初中为58564.07元，较上年增长2.46%。生均一般公共预算公用经费支出增长情况：全市普通小学为10055.04元，较上年增长2.69%，全市普通初中为18312.17元，较上年增长3.36%[2]。2020年发布的《北京市进一步调整优化结构提高教育经费使用效益的实施方案》（京政办发〔2020〕16号）指出：坚持教育优先发展战略，确保一般公共预算教育支出逐年只增不减，确保按在校学生人数平均的一般公共预算教育支出逐年只增不减。在北京市持续投入的政策保障下，北京市公办教育办学条件相对较好、办学质量相对较高，公办学校能够满足大部分家长的教育需求，这也意味着民办义务教育在市场竞争中面临更大的生存压力。

第二，基础教育人才培养模式创新、集团化办学模式推进等，对民办义务教育特色化发展提出更高的要求。2023年12月11日，北京市教育两委召开青少年拔尖创新人才培养工作会，成立北京青少年创新学院。这是北京市推动建立市、区、校三级拔尖创新人才培养体系，在开辟创新人才培养新赛道上迈出的重要一步。在市级青少年创新学院成立后，朝阳、东城、海淀、房山、怀柔等区相继成立青少年创新学院分院，并选定创新人才培养基地校。北京市教委于2018年颁布《关于推进中小学集团化办学的指导意

---

[1] 陆云泉：《规范民办义务教育发展营造良好教育生态》，《光明日报》2021年12月7日。
[2] 《北京市教育委员会等五部门关于本市2022年教育经费执行情况的公告》，2024年1月。

见》（京教基〔2018〕13号），促进教育均衡、扩大优质教育的覆盖面。截至2024年，北京市集团化办学覆盖率达到75%，海淀区已经形成24个教育集团、覆盖近150所中小学。北京市基础教育人才培养模式的改革以及集团化办学的推进对满足个性化教育需求、提供高质量教育，尤其是以高考为升学路径的民办学校提出了更高的要求。公办教育在日益满足家长需求的同时，也会倒逼现有的民办学校进一步提质增效、创新培养模式或者管理方式等，进一步加剧优胜劣汰，市场选择后留下的民办学校一定是质量高、口碑好、合规性高的学校。

民办中小学会逐渐进入规范、转型、提质、求特、非营利的时代，义务教育阶段民办学校的价值，在于民办学校立足现实和发展前景，在教育理念、数字化校园、智慧课堂、未来学校建设、私人教育服务定制等方面，探索出一条新路。民办教育举办者要立足国内教育、科技、人才"三位一体"发展，从利益驱动型办学转变为使命驱动型办学。"持正守心、与大时代同频共振"，这可能是思考民校办学定位最基本的底层逻辑，学校运营和管理实现"系统创新、高位创新"是义务教育阶段民办学校定位的切入点。如何把握国家发展战略以及民办教育未来政策走向，及时调整学校发展定位，从激烈的竞争中闯出一条新路是举办者面临的一大难题。

（三）囿于各种主客观因素，地方政府对义务教育阶段民办学校的扶持政策短期内难以全面落实

党的十八大报告中对于民办教育的描述是"鼓励引导社会力量办学"，党的十九大报告"支持和规范社会力量兴办教育"，党的二十大报告"引导规范民办教育发展"，从近年的政策来看，"引导"主要体现为义务教育阶段民办学校的结构变化，如引导办学特色、满足多样化需求等，"规范"体现在学校的招生入学、资产管理、收费等方面。2022年12月，中共中央、国务院印发了《扩大内需战略规划纲要（2022—2035年）》，在积极发展服务消费条款中提出："鼓励社会力量提供多样化教育服务，支持和规范民办教育发展。"民办义务教育以规范为主的总基调不会改变，但在执行方式

上会迎来政策的边际调整，义务教育阶段在总体可控、总量缩减的基础上进入相对平缓的过渡阶段。《中华人民共和国民办教育促进法》《中华人民共和国民办教育促进法实施条例》均明确规定了通过"政府补贴、政府购买服务、基金奖励、捐资激励、土地划拨、税费减免"等更为具体和系统的政策扶持民办中小学发展，但是，北京市目前的民办教育扶持和优惠政策缺乏系统性和可持续性。

比如，针对非营利性民办学校，民办教育新法新规明确指出："民办学校享受国家规定的税收优惠政策；其中，非营利性民办学校享受与公办学校同等的税收优惠政策。"但是，北京市的税务部门没有税收优惠的事权，而是集中在国家税务总局。而根据《财政部 税务总局关于非营利组织免税资格认定管理有关问题的通知》（财税〔2018〕13号），"非营利组织需要取得经财税部门认定的免税资格，方可在企业所得税申报中对符合条件的收入进行免税。"进行免税资格认定是非营利性组织享受企业所得税税收优惠的重要途径，但是取得了免税资格后，是否能享受到税收减免，还需结合民办学校的收入性质以及划定的享受税收减免的政策范围来确定。非营利民办学校不仅很难享受免税的红利，反而增加了核算成本和管理精力。

（四）义务教育阶段民办学校的教师队伍稳定性相对较差，与公办学校教师权益相比存在差距

调研发现，民办学校教师队伍稳定性较差，一方面，很多民办学校的教师有向公办学校流动的动机和行动。民办教师的档案材料挂靠制度尚不完善，长期以来民办学校教师群体普遍在社保待遇、职称评聘、工龄计算、社保接续、专业发展渠道上受限，影响民办学校教师的职业规划，造成民办学校留不住教师、招不到教师等问题。受教师编制、职称晋升以及社会保障制度差异等因素影响，民办学校教师流动性相对偏大。2000年前后，很多地区民办教育刚刚开始兴办，急需大量师资，加之当时公办学校教师待遇较低，保障条件较弱，出现了公办学校教师离职到民办学校的现象。近年来，公办学校教师待遇普遍提升，逐步超过民办学校，民办学校教师流向公办学

校逐渐成为趋势。

另一方面，民办国际化学校的外籍教师离职率较高。由于新冠疫情和国际关系变化，近几年我国外籍人口数量出现了明显下降。基于签证办理周期长、机票购买困难、对疫情防控政策的焦虑等原因，外教来京任教意愿进一步降低，离职率攀升。随着外籍教师的供给"短缺"，学校之间围绕优质外籍教师的竞争也更加激烈，相互之间"挖教师"现象加剧，相应的各种成本，如聘用成本、教师工资补贴成本等也不断攀升。

造成民办学校教师队伍不稳定的主要原因在于民办学校教师与公办学校教师权益方面的差距较大。《中华人民共和国民办教育促进法实施条例》明确提出：民办学校师生权益保障方面，需要落实同等法律地位，依法保障待遇，但是相关政策很难落实。比如，民办学校教师与公办学校教师的劳动关系和人事管理存在较大差异，公办学校教师一般采用事业编制或人事代理方式；民办学校教师的定位是民办非企业职工。事业编制连带着诸多福利待遇，很多民办学校教师因没有事业编制，在落户等实际问题上面临现实障碍。再如，公办学校教师工作更加稳定，也有更好的发展前景、更受认可。民办学校教师工作不够稳定，发展前景不可预期。一些民办学校教师把自己当作"打工者"而不是"教师"，缺乏身份认同。

三 北京市民办义务教育发展对策建议

（一）发挥民办教育体制机制优势，促进民办义务教育办学模式改革创新

2023年1月北京市颁布了《关于加强民办义务教育学校收费管理的指导意见》，明确：民办义务教育学校应当基于办学成本和市场需求等因素，遵循公平、合法和诚实信用原则，合理确定收费标准。由此可见，北京市民办义务教育学校实行市场自由定价原则，这就意味着学校可以根据自己的规划以及提供服务的特色和质量自主定价。进入新时代后，民办义务教育的优

势不再是环境设施，也不是生源，而是来自学校整体形成的系统制度优势，体现在基于教育市场细化的价值定位与战略选择，管理机制与制度创新的资源重组，基于学习空间、学习内容和学习方式变革的师生关系的重构与教育评价的转型等诸多方面。建议如下。

第一，以教育数字化为契机，引进教育科技提升教育质量。教育数字化是开辟教育发展新赛道和塑造教育发展新优势的重要突破口。随着互联网和人工智能的普及，传统的教育理念、教育模式、教育内容以及管理模式正经历着革命性的变革，这也将重塑教育格局。公办学校在教育数字化进程中，需要根据整个区域规划以及政府财政实力通盘考虑，受财务预算拨款制度以及负责人职位变更等因素影响，教育科技规划具有一定的不确定性和不稳定性，民办学校办学体制比较独特，举办者可以立足自身发展需求在数字化校园、课堂教学、教育管理等方面作出长远规划，分步实施，不断推进。再加上北京市民办义务教育学校实行自主定价政策，民办学校可以充分利用办学经费的优势引进教育科技，提升教育质量、打造学校特色。

第二，利用丰富资源和多样化手段助力拔尖创新人才的早期培养。拔尖创新人才对国家自主创新、强国战略、可持续发展起着关键性的引领作用。目前存在大中小学段割裂、育人链条脱节、家校社资源分散且缺乏协同的现象，民办学校在探索拔尖创新人才早期发现与培养上具有一定的优势。民办小学和初中的举办者一般都是教育集团、优质企业等，教育集团旗下包含不同学段、不同类型的民办学校，集团内部会投入大量的经费，联合全国各个领域的专家，将最新的资源融入课程研发，在集团校内部推广，一些课程教学改革实践对培养创新人才意义深远，如学科融合性课程、探究性课程、综合实践课程、小组合作学习、翻转课堂、选课走班、兴趣社团活动等。

（二）在现有的规范政策下，对优质民办义务教育学校出台扶持性政策

北京作为国际化大都市，社会阶层多元，人口流动性相对较大，从家庭选择权的视角，需要有一个更加灵活、开放、包容的民办教育体系来接纳公

办教育无法满足、不能满足的教育需求。建议如下。

第一，根据民办学校服务对象特征与服务群体教育需求类型，对民办学校进行分类管理。北京教育科学研究院国际学校研究团队对北京市民办国际化学校调研发现：北京市民办国际化特色学校在校生父母职业分布比较多元，职业类型占比最高的为"民营企业主""高新技术企业高管""央企国企人员""医生、律师等专业人员"等，在接受调查的家庭中，将近一半为非京籍，孩子父母一方有海外学习/工作经历的占1/3。由此可见，北京市民办国际化学校在满足不同类型家庭需求上起着重要的作用。利用、整合各类国际特色教育资源，通过开展各类国际特色教育活动构建国际特色教育服务体系，主要服务于高收入群体国际教育需求，这类学校应被界定为"民办国际化特色学校"。对于该类学校的管理与引导，应当区别于普通民办学校，特别是区别于由于政府公办学校学位不足而被纳入政府购买学位范畴的民办学校。

第二，制定民办国际化特色学校的认证指标，出台相关扶持政策。基于北京市国际化大都市的定位，2019年，北京市教委颁布了《北京市国际学校发展三年行动计划（2019—2021年）》，三年行动计划已经结束，国际化学校学位供给充足，能够满足家长个性化需求。民办国际化学校在北京的国际学校中占有较大的比例，是教育国际化的重要一环。受各种因素影响，民办国际化特色学校办学成本普遍较高，为了满足首都功能建设定位，满足家长国际教育的需求，应依法落实各种扶持性政策。建议北京市出台国际化特色学校的认证指标，从师资、课程、竞争力等角度进行评估，对办学质量好、影响力较大的国际化学校出台相关的优惠政策，赋予其招生的灵活性与一定的弹性空间，以确保学生能够更好地适应国际特色教育；在满足国家课程开设要求的前提下，民办国际化特色学校在课程开设方面享有一定的办学自主权与创新探索空间，充分展现不同学校各自办学特色，培育各自办学优势；此外，在教师培训、教学资源建设等方面，也应进一步加大公共资源服务供给力度，以更好地推动提升师资水平。

（三）完善非营利性民办学校政策体系及管理制度，坚持规范与扶持并举，进一步释放民办学校办学活力

非营利性民办学校是否能够有效运行一定程度上取决于政府能否进行有效地监管和服务，建议规范与扶持并举，进一步释放民办学校办学活力。一方面，如果缺少监管或监管失效，可能会出现伪装成非营利性学校的营利性学校。《中华人民共和国民办教育促进法》规定"不得设立实施义务教育的营利性民办学校""非营利性民办学校举办者不得取得办学收益"。从经济学的角度看，非营利机构是一种"不能向其控制人分配任何净利润的机构"。作为公共利益代表的政府，应该依法对民办义务教育学校的财务、质量等实施有效监管。另一方面，对民办义务教育必要的扶持不可或缺，要进一步细化扶持举措，不断推进，努力化解民办学校因财务问题造成的办学风险，保证义务教育阶段的民办学校更加专注于办学质量的提升。

第一，建立民办义务教育学校常态化监督机制，重点加强监管办学收益规范情况。监督工作涉及多部门，须多管齐下，明确各方责任，常态化监督重点任务等。包括核实民办义务教育学校基本办学条件达标情况；规范民办义务教育学校招生入学行为，对于违规跨区域招生、通过考试等方式或以竞赛证书、学科成绩等为招生依据选拔生源等乱象进行规范；组织开展民办义务教育学校教育教学实施情况专项检查，检查落实国家课程方案、课程标准和使用教材等情况。加强民办义务教育学校办学收益规范专项检查，重点检查举办者获取办学收益或分配剩余财产情况。比如，学校办学结余是否全部用于办学；终止时，清偿学校债务后的剩余财产是否继续用于其他非营利性学校办学等。以及社会资本通过兼并收购、受托经营、加盟连锁、利用可变利益实体、协议控制等方式控制学校的情况。若涉嫌违规，由教育部门会同有关部门进行清理整治。对举办者资质和资金来源进行审查，禁止外资违法违规进入或变相进入义务教育领域等。

第二，在土地、办学场所方面给予必要扶持。北京市民办中小学的办学模式为：举办者一定的投入、学费滚动发展、单一依靠学费。在办学成本较

高的情况下必然导致学费偏高，学校办学成本中员工经费等运营成本占比最高，其次为办学场所租赁金等建设成本。《中华人民共和国民办教育促进法实施条例》明确了对非营利性民办学校场地和土地的支持政策，第五十二条规定，"地方人民政府在制定闲置校园综合利用方案时，应当考虑当地民办教育发展需要。新建、扩建非营利性民办学校，地方人民政府应当按照与公办学校同等原则，以划拨等方式给予用地优惠。"应落实法律规定，对于办学质量高、特色鲜明、社会效益显著的民办中小学，在有可供利用的闲置公有或国有办学场地的前提下，优先协调免费使用或低于市场价租用，为学校办学提供稳定的场地，同时降低办学成本。建议政府部门在非营利性民办学校的土地、办学场所方面给予必要的政策和资金扶持。

（四）进一步保障民办学校教师的权益，降低外籍教师聘任成本

教学经验丰富的教师队伍能够为保障民办中小学的教学质量提供强大的基础。针对当前民办中小学教师队伍稳定性相对较差、与公办学校教师权益相比存在差距等问题，建议从以下几个方面改进。

第一，进一步落实《中华人民共和国民办教育促进法实施条例》中保障民办学校教师合法权益的相关政策要求。新修订的《中华人民共和国民办教育促进法实施条例》新增"教师与受教育者"，重点落实法律关于教师权益保障的规定。新增了保障教职工待遇的具体规定，进一步强调和细化了民办学校教师的平等地位，规范和支持民办学校加强师资队伍建设。教师是民办学校提高教育质量的关键要素。此外，《北京市政府实施意见》第十二条也规定了"依法落实教师待遇政策"。因此，需要进一步强化民办学校教师权益保障，建立民办学校专任教师劳动、聘用合同备案制度，鼓励民办学校按照国家规定为教职工办理补充养老保险等。民办学校面向全国引进的优秀教育人才，享受与公办学校同样的高层次人才引进政策。

第二，降低学校外籍教师聘任成本。优化外籍人员的个税和社保等政策。加大对高层次外籍教师的服务保障力度，对其社保、子女教育等出台贴合其需要的政策，帮助学校降低高层次外籍教师聘用成本，吸引高水平优秀

人才任教。人社部门可根据外籍人员的实际需求，优化其社保缴纳政策，凡是商业保险覆盖到的可免缴。优化外籍人员的个税政策，凡是外籍人员子女在华接受基础教育的，可返还一定比例（30%）的个税。推动财税部门研究制定学校外教子女在本校免费就学的个税征缴问题。

第三，加强师资队伍建设，完善师资培养与激励机制，提升留任率。支持民办中小学建立教师激励机制，在提高薪酬的同时提高其职业认同感、工作满意度、克服职业倦怠感等，从而提高教师留任率。建立教师培训制度，包括职前培训、专业培训等。职前培训的重点在于帮助教师理解自己所从事行业的核心理念以及实践要素，以充分的理解和认同感为未来的职业生涯"扫盲"。增强教师的职业理解是促进其专业发展的"精神力量"。在入职后的专业成长方面，将民办学校的教师培训纳入市区教师培训进修计划，由政府层面聘请专家统一提供高质量的教师培训。此外，外籍教师方面，要严把外籍教师准入关，强化国际教育师资能力建设，保障国际教育教师发展空间，搭建国际学校教师交流和学习的平台，建立健全国际学校教师奖励和激励机制等。

2023~2024学年北京市民办高中教育发展报告

赵佳音[*]

摘　要： 本报告分析了北京市民办高中教育阶段的现状、面临的形势及未来发展趋势，并提出了政策建议。根据2023年数据，北京市民办普通高中在校生为10932人，占全市普通高中在校生的5.0%。民办中等职业学校在校生为1339人，占民办中等职业学校的2.3%。民办普通高中在招生方面表现出一定的竞争优势，学生数量逐年增长。随着人口结构变化，未来三年内北京市高中教育阶段学位需求将稳步增长，预计至2026年民办普通高中在校生将达到13699人，民办中等职业学校预计达到1600人左右。政府可以通过优化招生政策，为民办学校提供税收优惠、资金补贴，推动校企合作，提升学校的社会服务功能等一系列措施，提升北京市民办高中的办学质量和社会影响力，更好地满足市民多样化的教育需求。

关键词： 民办高中　民办教育　北京市

一　引言

北京市的高中教育体系长期以来以公办高中为主导，但随着社会发展和教

---

[*] 赵佳音，博士后，北京教育科学研究院教育发展研究中心，副研究员，主要研究方向为学位需求预测、民办教育政策。

育需求的多样化，民办高中逐渐成为这一体系中的重要补充力量。民办高中不仅提供了不同于公办高中的教育模式和选择，还在满足个性化、多样化教育需求、推动教育公平以及提供灵活教育服务方面扮演着越来越重要的角色。

近年来，北京市民办高中教育面临着复杂的外部环境。首先，人口结构的变化对高中阶段的生源产生了直接影响。其次，招生政策的调整和高考改革也对民办高中的招生产生了深远影响。不同的政策导向和监管规定使得民办高中在招生和办学质量等方面面临不同的压力与挑战。

高中教育的多样化发展趋势也给民办高中带来了机遇和挑战。随着家长和学生对教育需求的不断细化和个性化，民办高中有更多机会推出特色教育项目和创新办学模式，但与此同时，如何平衡教育质量、招生规模与办学成本，依然是民办高中的发展难题。

因此，本报告通过对2023年北京市民办高中教育统计数据的分析，结合未来生源变化趋势，探讨北京市民办高中教育的现状，分析其面临的机遇和挑战，并提出相应的政策建议，以期为民办高中教育的发展提供理论支持和决策参考。

二 北京民办高中教育阶段发展现状分析

高中教育阶段包括普通高中和中等职业教育。北京民办普通高中和民办中等职业学校，在全市高中教育体系中均占比较低。民办普通高中在招生方面表现出一定的吸引力，尤其是一年级新生的入学比例逐年上升，显示其在教育市场中的竞争力。民办中等职业学校在整体高中教育体系中规模较小，发展潜力尚待挖掘。民办高中教育在满足学生多样化需求和提供选择性教育方面发挥了重要作用，但仍面临稳定生源和提升办学质量的挑战。

（一）普通高中

1. 总体规模

2023年，北京市有民办普通高中86所，占全市普通高中学校数的

23.7%，民办普通高中在校生为10932人，占全市普通高中在校生总数（216891人）的5.0%。这一比例显示，民办普通高中教育在北京市高中教育体系中占据一定地位，但总体规模较小。民办普通高中在校生数虽然总体占比不高，但作为公办教育的重要补充，在满足学生多元化教育需求方面发挥了积极作用，尤其是在个性化教育服务和灵活机制上具有一定优势。

根据2023年的统计数据，民办普通高中一年级在校生为4616人，占全市普通高中一年级在校生（80253人）的5.8%，这一比例不仅在高中阶段年级分布中为最高，而且较以往学年呈现一定的上升趋势。一方面，北京市总体高中阶段学生人数的增加为民办高中提供了更大的生源基础。从数据来看，普通高中一年级总人数已达到80253人，表明教育需求增加。这种人口发展趋势直接传导至民办学校，为其扩大招生规模创造了条件。另一方面，5.8%的占比，高于二、三年级，表明民办高中在新生招生方面的竞争力逐步增强。这种现象对于民办教育的长远发展具有积极意义。

2023年，民办普通高中在校户籍学生为10487人，占全市普通高中在校户籍学生总数（206917人）的5.1%（见表1）。

表1 北京市民办普通高中教育事业发展情况

单位：人，%

项目	一年级	二年级	三年级	总体
民办普通高中在校生	4616	3753	2563	10932
全市普通高中在校生	80253	74418	62220	216891
占比(%)	5.8	5.0	4.1	5.0
民办普通高中在校户籍学生	4386	3621	2480	10487
全市普通高中在校户籍学生	76770	70892	59255	206917
占比(%)	5.7	5.1	4.2	5.1

资料来源：《北京市教育事业统计资料》（2023~2024学年）。

2. 教职工情况分析

北京市民办普通高中专任教师数量为8414人,占全市普通高中专任教师总数的10.2%,相较于5%的在校生份额,民办普通高中在教师资源方面的投入相对较大,班额较公办普通高中小。然而,民办学校仍面临一定压力,尤其是在师资质量和教师流动性方面。因此,民办普通高中需要继续加强教师培训与引进,提高师资稳定性,以应对日益增长的教育需求,提升办学质量。

(二)中等职业教育

根据举办者划分,北京市中等职业教育由中央直属学校、地方管理学校和民办职业学校共同构成,三者在规模、招生、毕业生人数和教师资源等方面呈现显著差异。中央直属学校规模较小,主要面向特殊领域或高精尖专业方向,强调特色化培养,服务国家重点行业或领域的人才需求;地方管理学校覆盖面广,招生与在校生规模大,主要服务北京市区域经济发展,为本地企业和行业输送大量技能型人才;民办职业学校通常由民间资本投资创办,其办学模式和课程设置相对灵活,可以根据市场需求和行业发展趋势调整课程内容和专业设置。

1. 总体规模

2023年,北京市共有中等职业学校76所,其中民办学校17所,占总数的22.4%。民办学校作为中等职业教育的重要组成部分,虽然在学校数量上占有一定比例,但在其他关键指标上的占比较低,发展规模有限,与公办学校相比,民办学校的生源吸引力较弱。

从毕业生数、招生数和在校生数看,北京市中等职业学校,毕业生总数15527人,民办学校257人,占比仅为1.7%;招生总数20637人,民办学校496人,占比为2.4%;在校生总数58508人,民办学校1339人,占比为2.3%。

2. 教职工情况分析

2023年,北京市中等职业学校共有教职工8128人,其中专任教师5715

人。民办学校有教职工488人,占比6.0%;专任教师226人,占比4.0%。与民办学校在校生人数占比(2.3%)相比,民办学校教职工占比相对较高,说明民办学校在人力资源投入上相对重视,班额较小,但也可能是办学规模较小,整体师生比仍需进一步优化(见表2)。

表2　2023年北京市中等职业学校教育事业发展情况

单位:所,人

举办类型	学校数	毕业生数	招生数	在校生数	教职工总计	专任教师数
民办	17	257	496	1339	488	226
中央直属	8	507	423	1926	208	176
地方管理	51	14766	19718	55243	7432	5313
总计	76	15527	20637	58508	8128	5715
民办占比(%)	22.4	1.7	2.4	2.3	6.0	4.0

资料来源:《北京市教育事业统计资料》(2023~2024学年)。

三　北京民办高中教育阶段影响因素分析

(一)人口变化的影响

高中教育阶段人口增长的主要驱动因素并不是生育率,而是与迁徙等其他因素密切相关。近年来,高中阶段学生数量的增加主要受以下几个方面的影响。

"人口高峰"效应。普通高中教育阶段通常招收的是16~18岁学生,与2007~2010年北京市的人口出生情况相对应。虽然北京市人口出生率自2000年后逐步下降,但是大规模的人口迁入,使得人口出生的绝对数量逐渐增加,这在一定程度上导致了高中阶段学生数量的增加。

人口流动不仅使得学生数量持续增长,也增加了对教育资源的需求。外来家庭通常对教育质量有较高期望,这使得民办高中面临更大的招生压力,并在一定程度上缓解了公办学校的入学竞争压力。随着外来人口的不断增加，北京市高中阶段的生源结构发生了变化，尤其是在一些教育资源较为紧张的区域，外来人口成为教育需求增长的重要推动力。

家庭结构变化与教育投入增加。随着北京市家庭结构的变化，尤其是独生子女政策的长期影响，许多家庭更加重视子女的教育。独生子女家庭在教育上的投入大幅增加，尤其是在高中阶段，家长更加关注孩子的综合素质培养和除高考以外的其他出路，期望通过优质的教育为孩子未来的发展奠定基础。这种教育投资的意识促使家长更加注重选择优质学校，以提升孩子的教育质量和社会竞争力。

（二）民办高中的助力与补充作用

近年来，北京市民办高中在促进教育多样化和缓解资源压力方面发挥了越来越重要的作用。随着人口流入、教育需求增加以及家长对教育质量的关注，民办高中逐渐成为许多家庭的优选。民办高中的发展不仅有效补充了公立学校的教育资源，也满足了家长和学生对个性化、优质教育的多样化需求。

民办高中以其灵活的办学模式和创新的教育理念，逐渐吸引了大量家长和学生的关注。与公立学校相比，民办高中通常在课程设置、教学设施和师资力量方面更具优势。许多民办高中不仅提供更丰富的学科选择，还设有艺术、体育、科技等多样化的课外活动，能够满足学生在学术和兴趣上的全面发展需求。此外，民办高中注重小班化教学，能够提供更个性化的教学服务，确保每个学生都能够得到更充分的关注。

民办高中的教学理念与公立学校有所不同，许多学校强调学生个性化发展、注重学生综合素质的提升。这种差异化的教育方式，使得民办高中在竞争激烈的升学环境中具有独特的吸引力。

随着北京市人口数量的增长，人们对教育资源的需求不断增加，公立高中的招生压力日益加大。在这种情况下，民办高中发挥了至关重要的作用。民办高中的发展有效缓解了公立高中的招生压力，为更多家庭提供了选择。

尤其是在一些热门学区，由于公立学校名额有限，许多家长选择将孩子送到民办高中，使孩子能够接受更加优质的教育。

民办高中的发展不仅为学生提供了更多选择，也推动了北京市教育资源更加均衡地分配。通过民办高中的补充，学生不再仅仅依赖于公立学校的招生，而是有了更多的教育机会。这不仅满足了家长对于教育质量的需求，也推动了北京市教育体系的多元化和现代化。

（三）政策法规的影响

近年来，国家和地方政府在民办教育领域出台了一系列政策与法规，为民办高中教育的发展提供了有力的支持与引导。这些政策不仅推动了民办高中数量的增长，也促进了教育质量的提升，并对其办学模式、监管机制及资源配置等方面产生了深远的影响。

2016年，《中华人民共和国民办教育促进法》的修订引入了分类管理的新制度，进一步明确了民办教育的各项要求和政策扶持，为民办高中提供了更多的灵活性和政策空间。特别是对非营利性民办高中，提出了更加具体的支持规定，如税收优惠、财政支持等。此外，2021年修订的《中华人民共和国民办教育促进法实施条例》对民办高中的办学规范、财务管理等进行了细化，增强了政策的执行力和可操作性，为民办高中的可持续发展奠定了法治基础。北京市也将依据这一框架，制定符合地方实际的实施办法，包括财政资助、教育资源配置以及政策引导等，为民办高中提供更加具体的支持。

政策法规逐步完善，明确了民办高中财产处置办法，确保财务公开透明，防范商业化风险。政府对民办高中的监管也逐步加强，确保学校在办学过程中严格遵守法律法规，保障学生的合法权益，提升办学的公信力和社会责任感。

政府对民办教育的支持逐步向高质量发展倾斜，尤其是在教育理念创新、教学质量提升、课程设置与学校文化建设方面，鼓励民办高中根据社会需求和发展趋势形成特色办学模式。政府鼓励民办高中在课程设置上进行多元化尝试，开设职业技能课程、国际化课程等，以满足不同学生的需求，提升教育的多样性和包容性。

四 北京民办高中教育阶段学位需求预测

（一）学位需求预测的必要性

教育发展趋势预测是教育规划与决策的重要依据，民办教育是公共教育的重要补充，预测其未来发展趋势具有极其重要的意义。随着社会经济的发展和教育环境的变化，教育发展趋势预测不仅能够为各类教育决策提供数据支持，还能为教育政策的实施效果评估、教育资源的合理配置和教育公平的实现提供依据。

1. 政策需求

民办普通高中和中等职业教育的发展直接受到国家教育政策和地方规划的影响。近年来，国家政策对民办教育的支持力度逐渐加大，政策环境的变化直接影响民办教育的规模、质量和发展方向。通过科学的趋势预测，政府能够提前识别未来教育需求的变化，及时调整政策，以确保教育资源的高效使用。例如，预测可能会揭示某些地区的生源减少，政府可以据此调整教育规划，优化资源配置，避免过度投资于生源不足的学校，或者调整招生和办学方向。此外，预测结果可以为地方政府制定和调整扶持政策提供重要的参考，提高政策的针对性和时效性。

2. 供需平衡

随着人口变化和教育需求的多元化，教育需求的供给平衡成为一项复杂的任务。通过预测未来的学位需求和供给，能够帮助判断是否存在供需不平衡的现象，进而为学校设置合理的招生规模提供科学依据。例如，若某些地区的人口出生率下降或流动性增加，可能导致该地区的学位需求减少。通过趋势预测，教育部门可以了解这一变化，提前采取措施，避免学校资源的浪费，并确保教育资源能够更好地满足未来的需求。同时，预测还能够帮助特定教育领域快速发展，如某些专业或学科的需求增加，从而提前进行课程设置和教学模式的调整，以满足未来的供给需求。

3. 投资与发展规划

对于民办教育机构而言，发展预测不仅能帮助学校更好地进行规模调整，还能优化资源投入和课程改革规划。教育机构在发展过程中，需要依赖科学的趋势预测来确定未来的发展方向。例如，若预测显示某一地区的招生人数增长，学校可以在此地区增设更多学位，扩大学校规模；若某一专业或学科的需求有所下降，学校可以调整其办学方向，优化资源配置。预测还可以帮助教育机构识别教育市场的变化，制定更加灵活的课程和教育产品，从而提升学校的竞争力和吸引力。此外，通过投资规划，学校可以优化资金使用，避免因市场变化而造成不必要的损失，提高办学效益。

（二）预测方法

为了对基础教育阶段，特别是普通高中阶段的学位需求进行预测，我们可以参考赵佳音[1]提出的两阶段假设义务教育阶段学位需求预测模型，并在此基础上进行扩展，以适应高中教育阶段的特点。此模型结合了常见的队列要素预测方法，特别是 Leslie 矩阵模型，用于预测人口变化对教育需求的影响。

在基础教育阶段学位需求预测中，人口的动态变化是关键变量。Leslie 矩阵提供了一种稳定且常用的人口预测方法，通过对"生""死"和"迁移"三大要素的假设来预测未来的人口变化趋势。对于基础教育阶段的学位需求预测，人口系统中的各个要素与学位需求系统中的相关要素一一对应，具体如下。

生育（出生）：与学位需求中的招生情况相对应。每年适龄儿童的出生数量决定了基础教育阶段的招生规模。死亡（升级/毕业）：与学位需求

---

[1] 赵佳音：《"三孩"政策背景下北京市义务教育阶段学位需求预测》，《教育经济评论》2022年第3期。

中的升级和毕业情况相对应。每年升入下一年级的学生数或毕业生的数量与"死亡"因素相类比，即教育阶段的"结束"。迁移：与学位需求中的转学情况相对应。学生的流动或区域间的迁移会影响某一地区学位需求的分布。

基础教育阶段的学位需求预测可采用平衡方程形式，以描述在校生人数的动态变化情况。假设基础教育阶段的学位系统中各类学生按年级流动，影响因素包括招生数（出生）、升级和毕业生数（死亡）以及净转入学生数（迁移）。因此，可以将基础教育阶段学位预测模型表述为：

$$S(t+1) = A * S(t) + R(t) + G(t)$$

其中，$S(t+1)$ 为 $t+1$ 年基础教育阶段的在校生数，$S(t)$ 为 t 年基础教育阶段的在校生数，A 为学生的升级率及毕业率，$R(t)$ 为 t 年的招生数，基础教育阶段学生不存在生育问题，所以入学情况单独列出，不在平衡方程的 A 中体现；$G(t)$ 为 t 年净转入学生数。即随着时间的推移，下一年的在校生数=当年留存的在校生数+当年招生数+当年净转入的学生数。

（三）预测结论

1. 2024~2026年民办普通高中教育发展趋势预测

从2024~2026年的预测数据来看，民办普通高中在校生人数呈持续增长趋势。

具体来看：2024年民办普通高中一年级在校生人数为4342人，二年级为4616人，三年级为3753人，总计在校生人数为12711人。这一年民办高中在各年级的招生较为均衡，总体在校生数相较于2023年有所增长。

2025年，民办普通高中一年级在校生数略有上升，至4514人，二年级降至4256人，三年级增加至4524人，总计在校生数为13294人。2026年，民办普通高中一年级在校生数进一步增长至5104人，二年级为4424人，三年级为4171人，总计在校生数为13699人（见表3）。

表3　北京市民办普通高中学位需求预测（2024~2026年）

单位：人

年份	举办类型	一年级	二年级	三年级	总计
2024	民办	4342	4616	3753	12711
	总体	75498	80253	74418	230169
2025	民办	4514	4256	4524	13294
	总体	78485	73988	78648	231120
2026	民办	5104	4424	4171	13699
	总体	88744	76915	72508	238167

2. 2024~2026年民办中等职业教育发展趋势预测

随着政策支持力度加大，特别是职业教育的政策不断完善，市场对技能型人才的需求持续上升，民办中等职业教育的招生和在校生人数有望稳定增长。近年来，国家出台了一系列促进职业教育发展的政策，包括财政支持、招生规模扩大以及课程改革等，这为民办中职教育的发展提供了有力的支撑。

（1）政策支持

国家和地方政府加大对职业教育的政策扶持力度，特别是在资金、项目、培训等方面。此外，职业教育政策的推进使得民办中等职业学校可以获得更多的资源，提升教育质量，吸引更多学生报读。

（2）市场需求

随着社会经济发展，对技术工人和技能型人才的需求不断增加，职业教育的就业导向性越来越明确。民办中等职业学校能够提供符合市场需求的技能培训，吸引更多的学生选择这一教育路径，推动招生人数增长。

（3）招生规模与在校生人数

在高中阶段学生数量增加的背景下，预计民办中等职业教育的招生人数将保持稳定增长。特别是在2024~2026年，民办中等职业学校的招生人数和在校生人数预计在1300~1600人。尽管市场需求增长，但受地区差异、学校规模等因素影响，民办中等职业教育的发展相对平稳。

五 北京民办高中教育阶段的政策建议

针对北京市民办高中教育的现状和发展趋势，为推动其健康发展，促进教育体系的多元化，本文提出以下几点政策建议。

（一）应对人口变化带来的挑战

合理预测和调节生源供给：随着人口结构的变化，民办普通高中面临承接公办普通高中的生源问题。政府应提前对人口变化趋势进行预测，并与各类学校进行协调，合理调整招生计划，确保民办学校在面对生源变化时能够灵活应对。通过人口数据分析，为教育资源的合理配置提供有力支撑。

灵活调整教育服务供给：随着常住非户籍人口的增加，民办中等职业学校应适应不同群体的需求，进行灵活调整。可以通过开设短期课程、国际交流项目等形式，吸引流动人口子女入学。同时，鼓励民办中等职业学校开设更多满足社会不同需求的教育项目，扩大教育服务的覆盖面。

（二）加强民办高中的生源保障

优化招生政策：随着民办高中逐渐在招生方面形成一定的竞争优势，建议政府对民办高中的招生政策进行适度放宽，鼓励社会资本在教育领域投入。具体措施可以包括适当增加民办学校的招生名额，并为其提供灵活的招生计划，以适应不同生源的需求。此外，民办学校可以根据不同的办学特色和教育模式，在招生过程中设置灵活多样的筛选机制，避免过于单一化的选拔模式。

完善生源引导机制：民办高中面临的生源不稳定问题亟待解决。政府可通过建立健全的生源引导和信息发布平台，帮助家长和学生了解各类学校的办学特色、教育质量等信息，减少信息不对称问题，提高民办高中招生的透明度和公平性。进一步，可以鼓励学校加强与初中学校的合作，确保高中教育与基础教育的顺畅衔接，为民办高中招收更多的优质生源创造条件。

加强区域间资源均衡：针对部分民办高中发展不均衡的现状，建议政府加大对偏远地区民办高中的支持力度，特别是在生源较少、资源较匮乏的地区，政府应出台相关政策，鼓励和支持民办高中发展，推动区域教育资源均衡分配。可以通过财政补贴、税收优惠等方式，帮助这些学校提高教育质量，吸引更多优质生源。

（三）提升民办高中的教育质量

加强师资队伍建设：北京市民办高中在师资力量方面仍面临一定的挑战，尤其是在教师流动性和教师质量方面。建议政府通过人才引进、加强师资培训等方式，提高民办高中教师的整体素质。同时，支持民办学校通过更灵活的用人机制吸引优秀人才。具体措施包括提高教师待遇、设立专业发展基金、举办教师专业技能培训等，帮助民办高中提升其师资队伍的稳定性与专业性。

推动课程改革与教学创新：随着教育改革的不断深入，民办高中应根据生源特点和市场需求，积极开展课程改革。建议政府在教育政策中给予民办学校更多的课程设计自主权，允许民办高中在课程内容、教学方法、课程模式等方面进行创新。加强对民办学校特色课程的支持，鼓励其开发符合未来社会需求的课程，如创新思维、跨学科融合教育等，以提升学生的综合素质和核心竞争力。

加强教育质量评价体系：对民办高中的教育质量进行定期评估，并通过建立一套科学、公正的教育质量评估体系，引导民办学校加强教育内涵建设，推动其持续改进教育质量。政府可以考虑结合社会力量，开展第三方教育评估，为民办学校提供更客观、更专业的评价依据，帮助学校发现教育中的短板，并采取相应的改进措施。

（四）政策支持与资源投入

完善财政支持政策：民办学校的办学成本较高，尤其是在初期发展阶段，资金筹集的难度较大。政府应进一步完善对民办高中的财政支持政策，例如给予教育投资税收优惠、提供项目资金等，帮助民办学校渡过办学初期的难关。同时，对于办学规模较大、影响力较大的民办学校，可以给予一定的资金扶持，以推动其办学水平的提升。

支持民办中等职业学校进行校企合作与产学研结合：在人才培养模式上，建议政府鼓励民办高中校企合作，尤其是与高新技术企业合作。这将有助于民办学校建立产学研一体化的教育体系，不仅为学生提供更多的实践机会，也能够帮助学校提高办学质量。此外，政府可以通过政策引导和资金支持，鼓励民办高中参与到社会实践和科研创新活动中，增强其社会服务功能，提升教育效益。

（五）提升社会认可度与影响力

推动民办高中与社会文化结合：近年来，社会对教育的需求不仅局限于学科知识的传授，还包括德智体美劳全面发展。民办高中可以通过完善办学理念、加强校园文化建设来获得更广泛的社会认同。建议政府鼓励民办学校加强与社区、企业及文化机构合作，提升社会服务功能和教育资源共享能力。

加强民办教育品牌建设：民办教育的品牌影响力是其可持续发展的关键。建议政府出台相关政策，鼓励培育民办高中新兴品牌，通过组织教育展会、举办公开课程等形式，提高学校的社会知名度和美誉度。同时，支持学校通过加强特色教学、国际交流、校际合作等方式，形成自身的教育特色，吸引更多家长的关注。

2023~2024学年北京市民办高等教育发展报告

王一涛 刘明友 刘 熙[*]

摘 要：在国家和地方的统一部署下，北京市民办高等教育呈现新气象、新特征。近四年北京市民办普通高校在校生人数持续攀升；专任教师总人数呈现增长态势，但是专任教师人数均值远低于全市普通高校，具有高级职称的人数均值也低于全市普通高校；民办高校在教育资源和资产方面的占比相对较小，但呈现持续优化的趋势。北京市民办高等教育发展取得了一定的成效：民办教育政策出台，规范发展程度不断提高；注重教育教学改革，创新人才培养模式；教师队伍建设不断加强，教学质量稳步提升。首都民办高等教育在取得成效的同时也存在一定的问题：面临教育数字化和技术升级的挑战，教育教学模式亟须转型；招生困难，学生就业形势依然严峻；教师团队建设遭遇瓶颈，高水平人才相对稀缺；教育特色不明显，领先专业不够显著。要实现民办高等教育高质量发展，民办高校要强化责任担当，对接区域核心功能定位；强化教师队伍建设，优化人才结构；调整专业结构，加强产学研合作；优化人才培养体系，提高人才培养质量。

关键词：民办高校 高等教育 北京市

---

[*] 王一涛，苏州大学，教授，博士生导师，主要研究方向为民办教育；刘明友，苏州大学，博士研究生，主要研究方向为民办教育；刘熙，北京教育科学研究院教育发展研究中心副主任，主要研究方向为民办教育政策与法治。

北京民办高等教育全面贯彻新发展理念，以服务国家重大战略需求和首都高质量发展为使命，深刻把握新形势新要求，全方位支撑国家和首都经济社会发展，紧密围绕服务经济社会发展和产业升级对人才的需求，不断优化人才培养结构，加速调整专业布局，为首都教育现代化奠定坚实的基础。

一　北京市民办高等教育发展现状

2023~2024学年，北京市民办普通高校共计15所，占北京市92所普通高等学校总数的16.3%，占全国789所民办高校总数的1.9%；北京市民办普通高校本专科在校学生总数为55850人，占北京市普通高等学校本专科在校学生（618348人）的9.03%；民办普通高校教职工总数为5501人，其中专任教师为3055人[①]；加上研究生后，2023~2024学年北京市民办普通高校在校学生总数为56529人，在校学生总人数与专任教师的比例为18.50。

（一）学生情况

近四年北京市民办普通高校在校生人数持续攀升。如图1所示，2020~2021学年至2023~2024学年[②]，北京市民办普通高校本专科在校生人数连续四年超过5万人，2023~2024学年北京市民办普通高校本专科在校学生总数为55850人，相较于2022~2023学年增加了2585人，同时在校研究生人数相较于2022~2023学年也增加了11人。

（二）师资队伍情况

第一，北京市民办普通高校专任教师数量总体呈增长态势。从2020~2021学年到2023~2024学年，北京市民办普通高校专任教师数量从2452人增加到3055人，增加了603人。第二，民办普通高校专任教师人数均值低

---

① 本报告数据主要来自《北京市教育事业统计资料》（2023~2024学年）。
② 《教育事业发展统计概况》，北京市教育委员会网站，https：//jw.beijing.gov.cn/xxgk/shujufab/tongjigaikuang/。

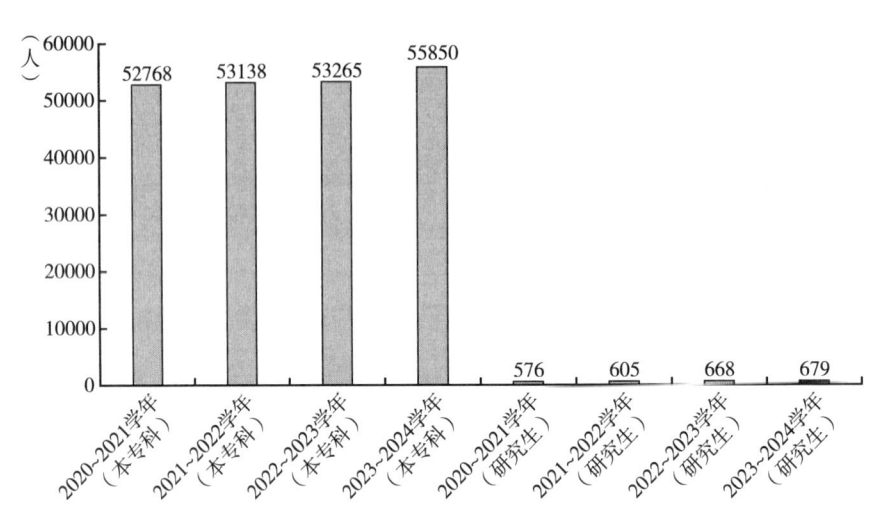

图 1　北京市民办普通高校在校学生数

于全市普通高校。2023~2024学年，北京市民办普通高校的专任教师总数为3055人，均值为203.67人，比北京市普通高等学校（829.64人）低。第三，民办普通高校具有高级职称的人数均值低于全市普通高等学校。2023~2024学年，北京市民办普通高校专任教师中具有高级职称的总人数为1081人，均值为72.07人，低于北京市普通高等学校（550.59人）（见表1）。

表 1　北京市民办普通高校与普通高等学校专任教师、高级职称情况

单位：人

学年	民办普通高校专任教师总数	民办普通高校专任教师人数均值	民办普通高校具有高级职称总人数	民办普通高校具有高级职称人数均值	普通高校专任教师人数均值	普通高校具有高级职称人数均值
2020~2021	2452	163.47	856	57.07	767.88	506.07
2021~2022	2548	169.87	801	53.4	788.84	514.90
2022~2023	2968	197.87	1125	75	819.36	540.70
2023~2024	3055	203.67	1081	72.07	829.64	550.59

（三）办学条件

第一，北京市民办普通高校在教育资源和资产方面的占比相对较小。如表 2 所示，2023~2024 学年北京市民办普通高校学校产权校舍建筑面积为 2327240.04 平方米，占北京市普通高等学校产权校舍建筑总面积的 5.31%；纸质图书资源总量为 776.65 万册，占全市普通高等学校图书资源的 6.15%；固定资产总值为 791893.44 万元，占全市普通高等学校固定资产总值的 3.11%；教学科研仪器设备总值为 76151.64 万元，占全市普通高等学校教学科研设备总值的 0.94%。

表 2　北京市民办普通高校基本办学条件

基本办学条件	2022~2023 学年总值	2023~2024 学年总值	增长情况	增长率（%）	2023~2024 学年民办普通高校均值	2023~2024 学年全市普通高等学校均值
学校产权校舍建筑面积（平方米）	2179006.34	2327240.04	148233.70	7	155149.33	476645.87
纸质图书（万册）	772.46	776.65	4.19	1	51.78	137.38
固定资产总值（万元）	676735.41	791893.44	115158.03	17	52792.90	277215.34
教学科研仪器设备总值（万元）	68161.52	76151.64	7990.12	12	5076.78	87718.43

第二，办学条件呈现持续优化的趋势。2023~2024 学年，北京市民办普通高校的学校产权校舍建筑面积较上年增加 148234.04 平方米，增长了 7%。纸质图书总量较上年增长 1%；固定资产总值较上年增长了 17%；教学科研仪器设备总值较上年增长了 12%。

二　取得的成效

在北京市民办高校的发展中，政府提供了坚实的政策支持和明确的发展方向。《北京市"十四五"时期教育改革和发展规划（2021-2025 年）》鼓励高校特色发展，而《北京市实施〈中华人民共和国民办教育促进法〉办法》（草案征求意见稿）进一步明确了民办高校的法律地位和办学自主权。

（一）民办教育系列政策出台，规范发展程度不断提高

1.民办教育政策法治程度高

第一，民办教育系列政策出台为民办高等教育发展提供政策遵循。为促进北京市民办高等教育的健康有序发展，北京市出台了一系列相关文件和政策，以强化依法治校、提高教育质量和办学水平。2018年11月23日，北京市政府发布《关于鼓励社会力量兴办教育促进民办教育健康发展的实施意见》（京政发〔2018〕26号）、《北京市营利性民办学校监督管理办法》（京政发〔2018〕12号）、《北京市现有民办学校变更法人登记类型实施办法（试行）》（京教民〔2019〕12号），构建了北京市民办教育分类管理的制度框架，形成了相对完备的政策体系。

第二，教育法治日益完善为民办高等教育高质量发展提供保障。坚持科学民主依法决策，用法治思维和法治方式推进教育系统改革发展，坚持全面推进依法治教，不断提升教育治理法治化水平。北京市以依法治校示范校创建为抓手，全面开展大中小学依法治校示范校创建活动，依法治校活动促进学校章程建设，完善了学校内部治理结构。教育法治的完善，显著提高了民办高等教育的规范化程度，完善了民办高校的内部治理结构，从法律层面确定了民办教育的地位和发展方向。

2.年检和评估手段规范民办高校发展

第一，开展民办高校教育教学评估工作，推动民办高等学校高质量发展。评估遵循自愿申请原则，按照本科和专科分类进行，高校每三年进行一次教学评估，旨在通过评估以评促建、以评促改、以评促管、以评促强，推动建立并完善内部质量保障体系，引导民办高校内涵发展、特色发展、创新发展，培养德智体美劳全面发展的社会主义建设者和接班人。教学评估内容包括专业建设、课程建设、实践教学、创新创业教育、教学质量管理、人才培养质量、条件保障等七个方面，引导高校构建"三全育人"格局。教学

评估包括评估申请、学校自评、专家评审、反馈结论、限期整改、督导复查六个环节。教学评估中发现的问题将作为年检评估的关注点，通过年检督促学校持续改进。

第二，开展民办高校年检工作，倒逼民办高校合法合规办学。年检旨在引导学校依法依规办学，是底线要求，每一所民办学校均需达到相关办学标准，体现办学的合法性。年检主要内容包括学校党的建设、师资队伍、法人治理、办学行为、资产与财务管理，形成年检结论。年检评估程序包括学校自查、专家组审核材料、入校考察、专家组和市教委进行两轮评议会、征求督导专员意见、与各委办局会商等，年检结论经市教委主任办公会审议后向社会发布，学校要结合年检提出的问题和建议进行整改。

（二）注重教育教学改革，创新人才培养模式

1. 立足首都经济发展需求，设置特色专业

北京民办高校全面贯彻新发展理念，以服务国家重大战略需求和首都高质量发展为使命，深刻把握新形势新要求，全方位支撑国家和首都经济社会发展。民办本科学校共有145个专业，其中北京城市学院专业数最多，为64个。近四年来，共新增专业23个，其中北京金融科技学院新增专业最多，新增了10个专业。2018年教育部、财政部、国家发展改革委印发《关于高等学校加快"双一流"建设的指导意见》（教研〔2018〕5号），2019年开始6所学校在省级一流专业建设点上均有突破。例如，北京城市学院作为北京市首批"北京市大数据人才培训示范基地"，在特色专业的开发上展现了创新性，尤其是在理工、文法、财经、艺术、外语、管理、医药等多个学科领域，开设了百余个专业，注重学生学术能力和综合素质的培养。该校的课程设置不仅关注学术能力的提升，还特别注重培养学生的创新精神和实践能力。首都师范大学科德学院通过与国际高校的合作，引进先进教育理念和教学方法，推动课程的国际化。通过融合课程，该校打破了传统学科壁垒，推动了学科之间的融合，为学生提供了更为全面的发展机会，提升了教育质量。

2. 创新人才培养模式，推动产学研结合

民办高校高度适配首都产业布局和发展需求，积极向高端生活性服务业、旅游文化产业、数字经济等方向转型；民办高职院校围绕中德产业园、中日国际合作产业园等人才需求，开展联合人才培养。北京市民办高校通过创新人才培养模式和加强校企合作，推动产学研结合，为学生实践能力和创新能力的提升提供有力支持。例如，北京科技职业学院通过与企业合作，将理论知识与实践相结合，进一步提高了学生的实践能力。这些合作不仅提升了学校的科研水平，还为企业提供了技术支持和人才保障。北京汇佳职业学院在学前教育专业的培养模式上做出了创新，采用了"院园一体，滚动实训"的人才培养模式，充分利用校内外资源，整合优势，实现了校企深度融合。通过与汇佳教育机构内部幼儿园合作，学院搭建了"院园一体"实践平台，实施了"滚动实训"模式，培养了大量能够胜任岗位的高素质学前教育专业人才。这种模式不仅有助于学前教育专业人才的高效培养，还为学生的职业发展提供了坚实的实践基础，达到了"未毕业能顶岗，一毕业能上岗"的目标。

（三）教师队伍建设不断加强，教学质量稳步提升

1. 教师队伍建设不断加强

北京市系列民办教育政策的出台保证民办学校的教师与公办学校的教师具有同等的法律地位，教育、人力资源和社会保障行政部门将民办学校教师纳入培训规划和教研活动，并将民办学校教师和其他人员的专业技术职务评审工作纳入其组织的专业技术职务评审范围，民办学校为教职工足额缴纳社会保险费和住房公积金。在系列政策的引导与保障下，北京市民办高校注重教师队伍建设，通过系统的教师发展计划和培训措施，不断提升教师的教学能力和科研水平，从而推动教学质量的提高。以北京邮电大学世纪学院为例，该校实施了一系列教师发展举措，强化了师资的专业培训，有效提升了教师的教学水平和科研能力，进一步提高了学校的教学质量和人才培养质量。同时，北京城市学院也在教师队伍建设方面表现出积极的态度。学校在

2022 年召开了本科教学工作会议，系统总结了前一阶段的工作，围绕本科教育的新命题进行了战略规划，提出了一系列措施加强教师队伍建设，并通过明确的工作方向提升了教师整体素质，为学校的教育质量稳步提升提供了坚实的人才保障。

2. 教学质量稳步提升

北京市推出《北京高等教育本科人才培养质量提升行动计划（2022—2024 年）》（京教高〔2021〕8 号），利用三年时间进一步推进高等教育本科人才培养系统性改革，夯实教育教学根基，探索育人创新模式，完善保障激励机制。北京市民办普通本科院校在教学质量提升方面持续创新，推动教育模式和教学方法的优化。北京城市学院在本科教学质量提升方面成效显著，特别是在"十四五"规划期间，学校通过全面总结并落实教学质量提升的各项措施，推动了教学质量的稳步提升。学校在《本科人才培养质量提升行动计划实施方案（2022—2024 年）》中，明确提出了五大新基建方向：专业建设、课程建设、教材建设、技术建设、管理建设，并围绕这些方向开展了十六项重点工作。这些具体举措为提升教学质量提供了有力保障。此外，学校也注重理论与实践教学的有机结合，满足不同学生群体的发展需求，推动在线教育与传统教育的融合，并通过技术创新推动教育创新，进一步提升了学校的教学水平和人才培养的效果。

三　北京市民办普通高校发展中面临的问题

高等教育是与经济社会发展紧密联系的教育类型，面对当前世界大变局，科技革命和产业革命飞速发展，高等教育迎来了大改革、大发展的新阶段。首都对民办高等教育寄予了新的期待，同时也面临着新的问题和挑战。

（一）面临教育数字化和技术升级的挑战，教育教学模式亟须转型

在信息技术迅猛发展的背景下，民办高等教育面临着重塑教育生态的迫

切需求。数字化教育的兴起对传统教育理念和模式提出了挑战，民办高校作为人才培养的重要基地，必须进行深度的教育教学模式的转型，以培养适应数字时代的高水平技术技能型人才。近年来，数字经济的快速发展催生了新职业、新岗位，首都民办普通高校亟须以数字技术赋能转型升级，重塑教育生态，培养与之相匹配的数字化复合型技术技能人才。

民办普通高校同样面临系统性推进数字化转型的考验，在人才培养过程中，如何立足人才需求变化，使专业课程体系适应数字经济和数字技术的快速发展，如何改变传统基层教学组织形态，提升培养数字化复合型技术技能人才的胜任力，如何重塑育人环境，有力支撑个性化学习和素养提升，如何系统性推进数字化转型，重塑教育生态，提高高等教育适应性，成为亟须完成的改革任务。

（二）招生困难，学生就业形势依然严峻

北京民办高校在招生和学生就业方面面临的挑战与北京的人口疏解政策、城市功能定位以及产业禁限目录紧密相关。北京市政府推动非首都功能疏解，控制人口规模，这直接影响了民办高校的生源数量。城市功能定位的调整意味着北京将更加聚焦政治、文化、国际交往和科技创新等核心领域，这导致一些与城市功能不匹配的专业面临招生限制，甚至无法招生。北京产业禁限目录的实施对民办高校的专业设置和招生计划也产生了直接影响，一些不符合首都发展需求的专业被限制或禁止招生。这不仅限制了学校的发展，也影响了学生的就业前景，因为这些专业的毕业生可能难以在本地找到合适的工作机会。外地生源的招生限制进一步加剧了民办高校的招生困难。由于北京对于高等教育资源的优化和调整，外地学生进入北京接受高等教育的机会受到限制，这间接减少了民办高校的潜在生源，使得招生竞争更加激烈。受经济发展压力增大、毕业生规模持续扩大、就业结构性矛盾突出等影响，民办普通高校毕业生就业形势依然严峻复杂。

（三）教师团队建设遭遇瓶颈，高水平人才相对稀缺

首先，教师的专业发展需求与培训资源不足，需要学校制定全面的教师发展计划，完善教师的评价和激励机制，帮助教师提升专业能力及职业素养。其次，受经济条件的制约，学校在高水平师资引进、培养、交流、提质等方面还迈不开步伐，与培养高技能人才的现实需要相比还存在差距。再次，聘用兼职教师缓解师资不足的问题，短期内依然存在。最后，教职工对福利待遇、工薪提升美好生活的需要和学校发展现状的矛盾长期存在，解决创造较高水平的拴心留人环境也迫在眉睫。

通过分析 2023~2024 学年统计数据发现，北京市民办普通高校外籍教师较少，全市 15 所民办高校共计 54 名外籍教师，对外籍教师的吸引力有待加强。学校高度重视师资队伍建设，但目前高级职称教师比例较低，有博士学位的教师较少，个别教研室没有教授职称教师，存在教师工作量不平衡、教师知识体系与专业技能滞后于行业发展问题，需进一步加强师资队伍建设和引进特色专业带头人。

（四）教育特色不明显，领先专业不够显著

首先，部分民办高校的专业特色不够突出，尤其是在围绕首都功能定位、对接高精尖产业和高素质技术技能人才需求方面，学校在挖掘专业特色和优势上存在一定的不足。特别是与首都经济社会发展相适应的专业领域，部分学校的专业设置与实际需求之间的衔接不够紧密。

其次，学校的办学特色不够鲜明，专业优势不够突出。尽管部分学校已尝试开展特色专业体系建设，但整体上仍存在基础设施薄弱、教学质量和内涵有待提高的问题。同时，人才培养模式、课程体系和教学方法等方面亟须深化改革，专业交叉融合和专业群建设的推进也显得相对滞后。优化专业结构和提升教育质量的任务仍然较为艰巨。

最后，特色专业建设仍存在差距。在当前对外招生的专业中，能够在北京市内形成影响力的拳头专业较少，特色和优势专业的数量有限。部分专业

与经济社会发展的实际需求契合度不够。随着高等教育改革的进一步深化，课程结构、教学方式、评价体系等方面的变化对民办普通高校提出了新的要求。

四 对策建议

党的二十大报告强调了教育、科技、人才作为全面建设社会主义现代化国家的基础性、战略性支撑，要求深入实施科教兴国战略、人才强国战略、创新驱动发展战略。要实现民办高等教育高质量发展，民办高校要强化责任担当，对接区域核心功能定位及促进充分就业，强化教师团队建设，优化人才团队发展和专业结构，逐步建立更加合理的专业框架，加强校企合作，建设产教融合的实习实训基地。

（一）强化责任担当，对接区域核心功能定位

第一，调整和优化专业结构，培养高素质技术技能人才。北京市民办高校应根据《北京市"十四五"时期教育改革和发展规划（2021—2025年）》的要求，调整和优化专业结构，特别是围绕首都"四个中心"功能建设，以及高精尖产业发展和高质量民生需求，培养高素质技术技能人才。高校要根据国家、北京市以及特定领域的核心需求设置专业，注重重点领域发展，推动学科交叉，确保人才培养与社会需求高度契合。

第二，深化办学机制改革，提升学校社会贡献力。民办高校应坚持"以质量求生存，以特色求发展，以诚信求未来"的办学宗旨，深化办学机制和教育教学改革。学校需加强校企合作，提升技术服务能力和科技成果转化能力，进一步提高人才培养质量，增强学校对社会需求的服务能力。例如，北京北大方正软件职业技术学院与企业共建360网络工程师学院，将企业文化和技术优势融入专业建设和人才培养中，推动首都战略性新兴产业发展，提高学生的就业率和就业对口率。同时，学校应加强职业规划和就业指导服务，定期举办职业发展讲座和招聘会，帮助学生更好地

理解职业路径，增加就业机会，并建立精准帮扶机制，确保困难家庭毕业生充分就业。

（二）强化教师队伍建设，优化人才结构

第一，鼓励"双师型"教师队伍建设，制定实践技能培训计划。民办高校应鼓励专业教师获取与专业相关的技术职称，成为真正的"双师型"教师，提升教师的实践能力和教学水平。民办高校应结合专业发展需求，制定具体的教师实践技能培训方案，同时，应通过改善教师生活环境、激励工作热情、畅通晋升通道等激励政策，加强师资队伍建设。学校应遵循"引培结合、以培为主"的原则，积极引进企业名师、行业大师及高技能人才，完善青年教师培养和管理机制，鼓励青年教师攻读博士学位并承担教学研项目，培养一批具有知名度的优秀青年学者。

第二，完善教师轮训制度，激励机制建设。通过完善教师专业技术职务评聘办法，形成公平竞争的用人机制，激励优秀人才脱颖而出，为学校高质量办学提供强有力的师资保障。例如，北京经济技术职业学院建立了专业技术岗位动态考核聘用机制，形成"岗位能上能下、人员能进能出、待遇能高能低"的灵活用人机制。同时，北京网络职业学院根据教师岗位特点、工作表现及职业发展等因素，制定了合理的薪酬福利制度，不仅关注教师的物质需求，还注重精神关怀和成长激励，进一步激发教师的工作热情和创造力。

（三）调整专业结构，加强产学研合作

第一，调整专业布局，发展特色专业。通过调整和优化专业布局，强化专业的独特性，与国家及北京市的中长期经济发展战略相衔接。基于对人才市场需求的深入研究，合理整合资源，着力打造特色鲜明、具有竞争优势的专业，切实满足社会和市场需求，积极服务地方经济发展，同时致力于塑造专业品牌，提升核心竞争力。

第二，推进学科动态调整，加强产学研结合。北京市民办高校在进行学

科专业优化调整体制机制改革时，应立足于高校、政府、市场三者的关系，推动学科专业建设规律的遵循和学科专业动态调整的加强。北京市民办高校应深化产教融合和校企合作，加强实习实训基地建设，充分利用校内资源并结合企业优势，不断提升校内实训条件。同时，与合作企业共同开辟校外实训基地，完善实习实训制度，加强管理，提高实训实习教学质量。

（四）优化人才培养体系，提高人才培养质量

第一，推动学科专业供给侧结构性改革，提升创新能力。北京民办高校应紧密围绕服务经济社会发展和产业升级对人才的需求，院校应加强创新能力的培养和实践，提升学生的技术应用能力和实践能力。例如，北京北大方正软件职业技术学院利用电子信息类专业群优势，着力加强网络安全人才培养，并引进360网络安全创新实训平台，推动学生在网络技术、网络安全方面的专业教育与实践，注重实操训练，提升学生的实战技能，建设以"网络安全+人工智能"为核心技能的培养基地。

第二，深化国际化发展，提升学校国际影响力。院校应加快国际化发展步伐，推动对外文化传播、国际项目开发、国际学术研讨等，提升学校的国际影响力。通过与国际知名大学和企业的合作，推动高端技术技能人才的国际化培养，以适应全球化时代的人才需求。例如，北京经贸职业学院依托国家级教学资源库、精品在线课程和新形态教材的建设，促进信息技术与教育技术的深度融合，提高课程建设水平和质量，从而提升国际化教育能力，共享课程资源。

五 结论与展望

北京市民办高校近年来取得了显著的进展，尤其是在办学规模、教育质量和师资队伍建设方面，已经形成了较为完善的教育体系，涵盖多个学科和专业领域，为社会培养了大量的高素质人才。

然而，随着教育改革的深入和市场需求的不断变化，北京市民办高校在

专业特色、教学质量和科研创新等方面仍面临一定挑战。部分高校在资源整合、专业聚焦以及师资力量提升方面仍有发展空间，尤其是在与北京市高精尖产业对接的专业建设方面，还需进一步深化改革与创新。为此，北京市民办高校应加大与地方政府、企业及行业的合作力度，推动产学研融合，提升教育的社会服务能力。

展望未来，北京市民办高校应继续坚持教育创新，注重与北京市地方经济和社会发展的深度对接，进一步完善专业设置，增强核心竞争力，优化人才培养模式，提升教学质量，推动地方经济发展，培养更多高素质技术技能人才。

2023~2024学年北京市民办非学历高等教育机构发展报告

杨丽萍[*]

摘　要：近年来，我国经济社会快速发展、深化改革步伐加快，为了更好地满足就业市场的需要以及人民群众日益增长的文化教育需求，民办非学历高等教育逐渐成为我国国民教育体系中不可或缺的一部分，在完善国家教育体系结构、优化办学机制方面发挥了重要作用。从党的建设、师资队伍、法人治理、办学行为、资产与财务管理等方面分析北京市民办非学历高等教育发展现状，能够全面总结当前北京市民办非学历高等教育的发展特点，客观指出其在实际运作过程中面临的诸多挑战。在此基础上，结合民办非学历高等教育机构实际情况，提出未来发展建议，为推动北京乃至全国范围内民办非学历高等教育事业健康稳定发展提供参考。

关键词：民办教育　非学历高等教育　北京市

民办非学历高等教育丰富了我国高等教育的供给模式，对于完善高等教育的结构层次、缓解政府教育财政压力、扩展教育规模以及缓解学校教育资源分布不均衡等问题有重要意义。当前，人们对精神文化生活和文化教育的

---

[*] 杨丽萍，北京教育督导评估院高等教育督导评估所，助理研究员，主要研究方向为智能化教育测量、高等教育政策。

需求日益增长，构建多元化的高等教育体系已成为新时代高等教育发展的必然方向。民办非学历高等教育作为终身学习体系的一个重要组成部分，多年来依托其体制机制的优势，在自学考试辅导和职业技能培训等领域发挥了重要作用。它不仅增加了人民群众接受教育的机会，满足了日益增长的教育需求，成为国民教育体系中不可或缺的补充力量，还为推动教育的高质量发展和社会经济的共同进步注入了新动力。

一 北京市民办非学历高等教育发展现状[①]

（一）学校数量与办学条件[②]

2023年，北京市民办非学历高等教育机构有48所，其中，全日制非学历高等教育机构（以下简称"单非机构"）20所，占比41.67%；非全日制非学历高等教育机构（以下简称"双非机构"）28所，占比58.33%。

2023年，北京市民办非学历高等教育机构总占地面积为112.32万平方米，建筑面积59.11万平方米。建筑面积中，教学行政用房面积为28.99万平方米，占比49.05%，学生宿舍面积为22.73万平方米，占比38.45%，其他建筑面积为7.38万平方米，占比12.49%。

北京市民办非学历高等教育机构中，3所学校校区既有名下占地，也有非名下占地，4所学校校区均为学校名下占地，剩余38所学校校区均为非名下占地。非学校名下占地面积为94.20万平方米，占总占地面积的83.87%，学校名下占地面积仅为18.12万平方米，占总占地面积的16.13%。

从机构类型来看，单非机构占地面积为68.82万平方米，教学行政用房面积为13.93万平方米，学生宿舍面积为13.16万平方米，其他建筑面积为

[①] 本报告数据来源于北京市民办非学历高等教育2023学年办学状况检查评估统计结果，北京礼仪专修学院未提供相关数据，因此除学校数量外，本报告数据分析中不包含北京礼仪专修学院。
[②] 北京美容研修学院、北京高等财经科技研修学院未提供相关数据，因此除学校数量外，本报告数据分析中不包含北京礼仪专修学院、北京美容研修学院、北京高等财经科技研修学院。

5.10万平方米。平均每所学校占地面积为3.44万平方米，教学行政用房面积为6965平方米，学生宿舍面积为6580平方米，其他建筑面积为2550平方米；双非机构占地面积为39.84万平方米，教学行政用房面积为13.78万平方米，学生宿舍面积为7.46万平方米，其他建筑面积为2.05万平方米。平均每所学校占地、教学行政用房、学生宿舍、其他建筑面积分别为15936、5512、2984、820平方米。由于双非机构多为短期培训或线上培训，不提供住宿，学生宿舍等建筑面积远小于单非机构。

（二）在校生规模与结构

2023年，北京市民办非学历高等教育机构共设有115个院系，在校生5.92万人。按学生所在地划分，京籍在校生数量为2.07万人，占比34.97%，非京籍在校生数量为3.85万人，占比65.03%。按培养类型划分，全日制在校生数量为8561人，占比仅为14.48%，非全日制在校生数量为5.06万人，占比85.52%（见图1）。

单非机构共设有76个院系，在校生数量为9245人，占北京市民办非学历高等教育机构在校生的15.57%，平均每所学校设有不到4个院系，平均每所学校在校生数量为462人。单非机构中，北京东方文化艺术研修学院、

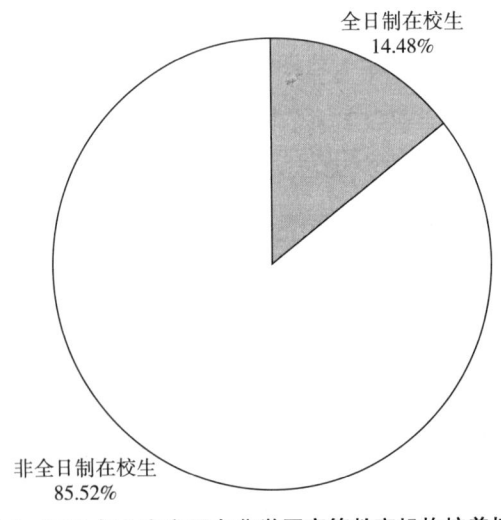

图1 2023年北京市民办非学历高等教育机构培养情况

北京华嘉专修学院、北京新亚研修学院、北京明园研修学院、北京世华研修学院等5所机构有非全日制在校生684人，其余在校生均为全日制培养。在校生中，京籍学生数量为539人，非京籍学生数量为8706人，分别占单非机构在校生数量的5.83%、94.17%。

双非机构共设有39个院系，在校生数量为4.99万人，占北京市民办非学历高等教育机构在校生的84.29%，平均每所学校设有不到2个院系，平均每所学校在校生数量为1484人。所有在校生均为非全日制培养，其中培训时间不足一年的有4.37万人，占非全日制培养在校生的87.58%。从生源地来看，双非机构的在校生中京籍学生数量为2.01万人，非京籍学生数量为2.98万人，分别占双非机构在校生数量的40.28%、57.92%。与单非机构相比，双非机构在校生中京籍与非京籍学生的比例更加均衡（见图2）。

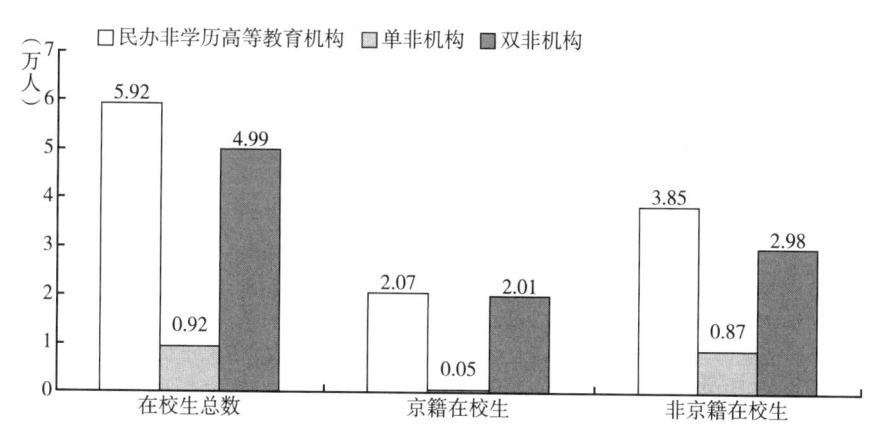

图2 2023年北京市民办非学历高等教育机构在校生分布情况

（三）师资队伍规模与结构①

2023年，北京市民办非学历高等教育机构教师总数为1537人，其中专

---

① 北京东方老年研修学院未提供教师基本情况，因此本部分不包含北京东方老年研修学院及北京礼仪专修学院的数据。

任专职教师数量为698人，兼职教师数量为839人，分别占教师总人数的45.41%、54.59%。具有教师资格证的教师数量为581人，占教师总数的37.80%。专任专职教师中，具有大学本科及以上学历的教师数量为549人，占比78.65%，具有副高级及以上专业技术职务或高等级职业资格的教师数量为158人，占比22.64%。

单非机构教师总数为818人，其中专任专职教师数量为538人，兼职教师数量为280人，占比分别为65.77%、34.23%，其中北京财经专修学院、北京航空旅游专修学院、北京世华研修学院等3所学校无兼职教师，专任专职教师占比均为100%。具有教师资格证的教师数量为341人，占教师总人数的41.69%，具有教师资格证的教师占比最多的学校是北京美国英语语言专修学院、北京航空旅游专修学院和北京华嘉专修学院，占比分别为100%、100%、90.91%。专任专职教师中，具有大学本科及以上学历的教师数量为419人，占比77.88%，其中北京东方文化艺术研修学院、北京美国英语语言专修学院、北京人文研修学院等9所学校的专任专职教师均具有大学本科及以上学历；具有副高级及以上专业技术职务或高等级职业资格的教师数量为103人，占比19.14%，其中，北京东方文化艺术研修学院、北京美国英语语言专修学院、北京影视研修学院、北京明园研修学院等4所学校的专任专职教师均具有副高级及以上专业技术职务或高等级职业资格。

双非机构教师总数为719人，其中专任专职教师数量为160人，兼职教师数量为559人，占比分别为22.25%、77.75%。专任专职教师占比最高的学校是北京盛唐研修学院、北京美容研修学院、北京企业管理研修学院，占比分别为100%、83.33%、75%。具有教师资格证的教师数量为240人，占双非机构教师总数的33.38%。专任专职教师中，具有大学本科及以上学历的教师数量为130人，占比81.25%，其中北京翻译研修学院、北京国际汉语研修学院、北京计算机专修学院等18所学校的专任专职教师均具有大学本科及以上学历；具有副高级及以上专业技术职务或高等级职业资格的教师数量为55人，占比34.38%，其中北京计算机专修学院、北京经济技术研修学院、北京商务研修学院等 7 所学校的专任专职教师均具有副高级及以上专业技术职务或高等级职业资格（见图 3、图 4）。

由于教育培训的形式不同，单非机构以全日制教育为主，上课时间长且相对固定，因此教师以专任专职为主；而双非机构均为非全日制教育，教学时间短且相对灵活，因此在教师结构方面与单非机构不同，以兼职教师为主，其中所有教师均为兼职教师的学校有 1 所，占比为 3.7%。

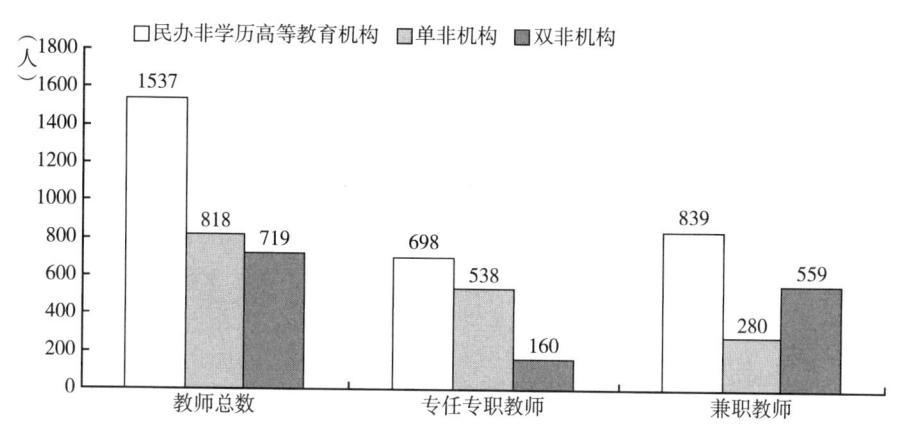

图 3 2023 年北京市民办非学历高等教育机构教师结构情况

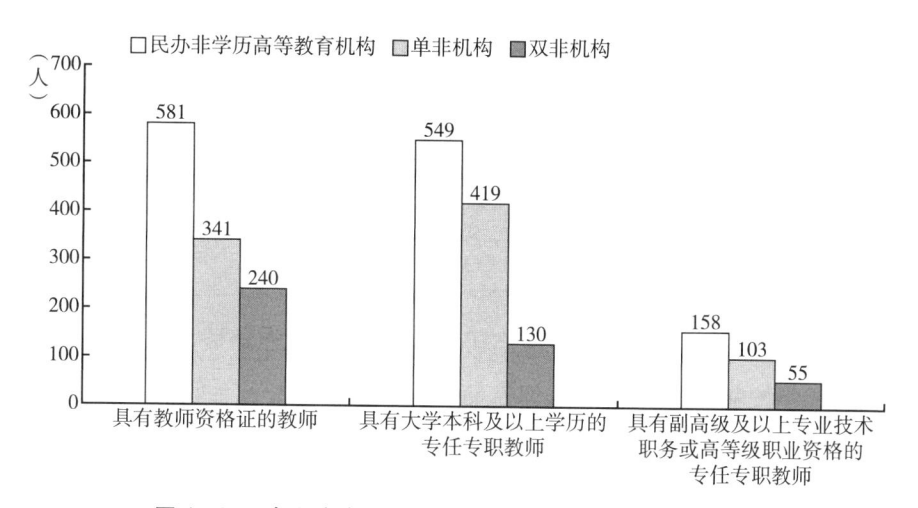

图 4 2023 年北京市民办非学历高等教育机构教师资质情况

（四）党建工作①

2023年，北京市民办非学历高等教育机构党员总数为755人，其中，教职工党员556人，占比为73.64%，学生党员66人，占比为8.74%，流动党员133人，占比为17.62%。在校入党积极分子为238人，本学年发展党员13人，本学年党组织活动经费为54.84万元，平均每所学校党组织活动经费为1.19万元。

单非机构党员总数为579人，占北京市民办非学历高等教育机构党员总数的76.69%；教职工党员为392人，占北京市民办非学历高等教育机构教职工党员总数的70.50%；学生党员为66人，流动党员为121人。单非机构中，党组织机构人数均不少于3人。

双非机构党员总数为176人，占北京市民办非学历高等教育机构党员总数的23.31%；教职工党员为164人，占北京市民办非学历高等教育机构教职工党员总数的29.50%；无学生党员，流动党员为12人。双非机构中，党组织机构人数少于3人的有2所学校，占比7.41%。

2023年，单非机构在校入党积极分子有217人，本学年发展党员8人，本学年党组织活动经费为34.06万元，平均每所学校党组织活动经费为1.79万元；双非机构在校入党积极分子有21人，本学年发展党员5人，本学年党组织活动经费为20.78万元，平均每所学校党组织活动经费为7696元。

（五）思政工作②

2023年，北京市民办非学历高等教育机构专职辅导员数量为167人，平均每所学校配有3.63名专职辅导员，11所学校未配备专职辅导员，占比

---

① 北京明园研修学院未提供党建工作基本情况，因此本部分不包含北京明园研修学院、北京礼仪专修学院的数据。
② 北京经济研修学院未提供思政工作基本情况，因此本部分不包含北京经济研修学院、北京礼仪专修学院的数据。

为 23.91%；思想政治理论课专职教师数量为 61 人，平均每所学校配有 1.32 名思想政治理论课专职教师，15 所学校未配备思想政治理论课专职教师，占比为 32.61%；心理健康教育专职教师数量为 35 人，平均每所学校配有 0.76 名心理健康教育专职教师，18 所学校未配备心理健康教育专职教师，占比为 39.13%。

其中，单非机构专职辅导员数量为 123 人，平均每所学校配有 6.15 名专职辅导员，专职辅导员师生比为 1∶69.6，仅 1 所学校未配备专职辅导员，占比为 5%；思想政治理论课专职教师数量为 44 人，平均每所学校配有 2.2 名思想政治理论课专职教师，思想政治理论课专职教师师生比为 1∶194.57，所有学校均至少配有 1 名思想政治理论课专职教师；心理健康教育专职教师数量为 22 人，平均每所学校配有 1.1 名心理健康教育专职教师，心理健康教育专职教师师生比为 1∶389.14，3 所学校未配备心理健康教育专职教师，占比为 15%。

双非机构专职辅导员数量为 44 人，平均每所学校配有 1.69 名专职辅导员，10 所学校未配备专职辅导员，占比为 38.46%；思想政治理论课专职教师数量为 17 人，平均每所学校配有 0.65 名思想政治理论课专职教师，15 所学校未配备思想政治理论课专职教师，占比为 57.69%；心理健康教育专职教师数量为 13 人，平均每所学校配有 0.5 名心理健康教育专职教师，15 所学校未配备心理健康教育专职教师，占比为 57.69%。

（六）安全管理工作

2023 年，北京市民办非学历高等教育机构专职保卫干部为 75 人，平均每所学校配有 1.6 名专职保卫干部，参加过专业培训的专职保卫干部为 61 人，平均每所学校为 1.3 人，保安人员为 186 人，平均每所学校的保安人员为 3.96 人。

其中，单非机构专职保卫干部为 41 人，平均每所学校配有 2.05 名专职保卫干部，参加过专业培训的专职保卫干部为 33 人，平均每所学校为 1.65 人，保安人员为 106 人，平均每所学校的保安人员为 5.30 人；

双非机构专职保卫干部为34人，平均每所学校配有1.26名专职保卫干部，参加过专业培训的专职保卫干部为28人，平均每所学校为1.04人，保安人员为80人，平均每所学校的保安人员为2.96人。

二 北京市民办非学历高等教育发展特征与亮点

当今，在经济社会快速进步的背景下，我国办学主体多元发展，形成了优胜劣汰、相互竞争的市场关系。相较于学历教育，民办非学历高等教育机构在教学上更强调针对性、实用性。为实现可持续、高质量发展，积极拓展人才培养招生渠道，推进课程和教学改革。主要表现出以下特征。

（一）将党建引领融入课程与实践

北京市民办非学历高等教育机构能够做到重视党组织建设，发挥党组织作用，重视学生德育和思政工作以及思政队伍建设，加强师生意识形态领域教育引导。多数学校开设公共政治课，并通过校园电子屏、广播、橱窗、"三微一端"新媒体平台等，积极宣扬社会主义核心价值观，强化校园文化主阵地。同时，部分学校进一步强化实践育人，利用自身专业优势、校外爱国主义教育基地等资源开展党建活动，发挥文化馆、纪念馆、博物馆等场所的爱国主义教育功能，引导学生厚植家国情怀、坚定理想信念。

例如，北京新亚研修学院坚持"以高质量党建引领学院高质量发展"的思路，努力创新党建工作。2023年，学院党支部及其党建工作在昌平区党支部"升级争优行动"中，得到昌平区教委的表扬，被评为"合格"党支部；北京人文研修学院深入开展学习贯彻习近平新时代中国特色社会主义思想主题教育，2023年学校党委党建品牌"党旗飘扬 青春飞扬"获2023年北京市100个"两新"组织"党建强、发展强"党建品牌项目荣誉证书和2023年社会组织党组织奖励经费支持获奖证书。

（二）坚持强化专业特色教育

北京市民办非学历高等教育的培训范围，以其鲜明的行业特色和精准的市场定位，彰显了首都教育的独特风采。从北京市民办非学历高等教育的培训领域布局来看，其显著聚焦演艺艺术、航空服务以及养老服务三大核心板块，这一特色鲜明的培训范围深刻体现了北京市作为国际化大都市的独特魅力与多元化发展需求。演艺艺术培训不仅促进了文化艺术的传承与创新，也为北京市的文化产业注入了新的活力；航空服务培训则紧跟国家航空事业发展的步伐，为行业输送了高质量的专业人才；而养老服务培训则顺应了社会老龄化的趋势，展现了北京市在民生保障方面的前瞻性与人文关怀。目前，北京市民办非学历高等教育机构表现出"一校一貌"的特征，每所学校的课程体系和教学方式各有特色。

例如，北京影视研修学院围绕"培养首都需要的影视人才"，以影视表演、摄影和编导三个重点专业为龙头引领，2023年学院增设了舞蹈学院、直播学院、影视动作学院三个二级学院，与影视企业加强合作，鼓励、帮助学生创作出属于自己的作品；北京新亚研修学院以民航服务专业兴校起家，组织学生到昌平小汤山中国航空博物馆、首都机场等民航企业参观、实习，通过实践提升专业本领，确保人才培养与市场完美接轨；北京东方老年研修学院不断落实北京市发展养老事业和老年教育的工作要求，创新教学模式，采取线下线上融合、校区社区联动模式，深入社区调研老年人学习需求，开展各类专题讲座、学习实践活动，与央视《夕阳红》节目制作单位合作开展"银发知播"网红主播培养项目，满足老年人、养老机构的个性化、多样化学习需求。

（三）探索创新人才培养新路径

教育网络化是开辟教育发展新赛道和塑造教育发展新优势的重要突破口，随着互联网的普及，传统的教育理念、教育模式、教育内容面临巨大的竞争压力。为深化人工智能时代的教育教学方式变革，北京市民办非学历高等教育机构利用自身办学特点，推进以信息技术为支撑的教育教学方法创新，发挥在线教育优势，进一步加强网络在线课程研发，完善终身学习的教学体系，提高全民科学文化水平，助力社会各行业发展。

例如，为加强现代农民培育，中国农民研修学院积极创新教学形式，以数字平台为载体支撑，汇聚广大社会资源，合力打造"现代农民线上培训"公益大讲堂，深度宣传现代农业经营思维以及现代种植技术，利用互联网平台直播、视频、图文资讯等多样化的传播形式，将农业知识在手机上呈现给农民，帮助更多农民在田间地头、工厂车间随时随地利用碎片时间学习；中关村创新研修学院以企业对技术技能紧缺人才的实际需求为出发点，下沉至企业实施培训，重点推进高新技术产业人才特色培养，通过"中关村科创大讲堂"，推广"四位一体"的高端人才培训服务，为促进北京市科技创新能力提升、科技成果转化应用、构建创新发展格局贡献力量。

（四）聚焦人才一体化贯通培养

近年来，北京越来越多的非学历高等教育机构创新开展人才一体化贯通培养，与高校、研究院、协会等机构开展合作，整合校内外资源，提高资源利用效率，推动产学研一体化发展。在优化自身课程体系、提高教育服务质量、提升教育品牌影响力的同时，促进学生全面发展，增强学生就业竞争力，特别是校企合作实现订单式培养，向企业提供定制化人才培养服务，从而推动产业和经济社会发展。

例如，北京美国英语语言专修学院秉承"和谐、勤奋、求实、创新"的校训，致力于学生全面而实用的专业技能锻造和语言特长培养，采取"外语+专业+职业资格证书"的人才培养模式及"校企合作+联合培养"的专业建设模式，开展"订单式"人才培养合作，重点建设英语教育、民航管理与服务等专业，为社会培养了一大批具有外语特长及专业能力的复合型优秀人才；北京中农大创新研修学院重点开发乡村振兴、现代农业、花镜师等新课程，拓展与地方农业科研院所、中国农业大学相关部门教育培训合作，开展创新创业活动，完善创新创业实践基地和孵化园区建设，推动工作创新，向研究型、创新型、品牌型单位发展。

三 问题与挑战

（一）党的建设方面

加强党的建设可以保障党的教育方针政策在学校得到贯彻执行，有助于培养社会主义建设者和接班人。在党的建设方面，北京市非学历高等教育机构主要存在两方面问题：一是29.17%的学校党的组织建设规范化程度不够，具体表现为支部未按时换届、活动记录不完善、组织关系未及时转接等；二是39.58%的学校党组织在学校重大事项决策中作用发挥不够。

（二）师资队伍方面

教师素质是决定学校教学质量的主要因素，教师素质高低决定了学生培养质量的高低，北京市非学历高等教育机构在教师资质与聘任、待遇与权益方面存在的问题包括：专任专职教师中，21.35%的教师没有大学本科及以上学历，仅22.64%的教师具有副高级及以上专业技术职务或高等级职业资格；兼职教师人数是专任专职教师人数的1.20倍，60.41%的学校兼职教师多于专任专职教师，兼职教师比例过高。

（三）法人治理方面

法人治理能够明确学校内部各主体的权力和责任，是学校规范化、法治化、现代化的重要保障。2023年，3.8%的北京市非学历高等教育机构存在法人治理方面的问题：一是学校决策机构作用发挥有待落实，决策机构会议记录质量不高，未体现学校经济纠纷等重大事项；二是监事数量不足，校长年龄超过70周岁，法人治理与作用发挥有待加强等。

（四）办学行为方面

依规办学是学校持续健康发展的重要保障，北京市非学历高等教育机构主要在招生、教育教学管理、安全稳定等方面存在一定问题，具体表现在以下三方面：一是招生方面，部分学校不招生、没有实质性办学行为；二是教育教学管理方面，部分学校人才培养方案、教材和教学管理制度不完善，部分学校未对学生教育教学满意度进行相应的调查或评价；三是安全稳定方面，部分学校存在消防安全问题，如消防设施不合格、教学楼疏散指示标志被损坏、教学楼外违规安装防盗窗、未定时开展消防培训演练、未定时开展巡查检查及部分学校安全管理制度不完善，未根据学校发展实际情况及时修订等。

（五）资产与财务管理方面

资金是学校各项工作正常开展的重要保障，与公办学校相比，民办学校享受的政府补贴少，多数民办非学历高等教育机构自开办以来都经历过"少资金、缺校舍"的艰难历程。主要存在以下问题：一是个别学校资产负债率高，净资产低于开办资金，部分学校教育教学支出占比低等；二是校舍方面，绝大部分民办非学历高等教育机构无名下占地，只能租用第三方校舍开展办学活动，更换校舍不仅造成教学不稳定，更加大了学校运行的经济压力；三是财务管理方面，财务制度是单位财务管理的基础，但部分学校存在财务制度不完善的问题。

四　未来展望

民办非学历高等教育机构的发展需要在规范的基础上，不断适应社会需求和政策环境的变化，以质量求生存，以特色求发展。同时，各地政府也应加强对这类机构的管理和引导，以促进其健康、有序地发展。

（一）完善民办非学历高等教育机构政策体系及管理制度

政府发挥规划、统筹、引导功能，出台配套的奖励性政策，助力民办学校做优做强。《北京市民办非学历教育培训机构设置管理规定》自2007年颁布以来，鉴于时代的发展及民办非学历教育机构的实际情况，有必要进行相应的修订工作。一是制定民办学校的奖补制度和收费管理制度，参照同级同类公办学校生均经费等相关经费标准和支持政策，按照奖优惩劣原则对非营利性民办学校给予适当补助；二是设立民办教育发展专项资金，用于支持民办学校提高教育质量和办学水平、奖励举办者等；三是鼓励社会组织和个人向义务教育捐赠，鼓励以捐资、设立基金会等方式依法举办民办学校，为社会经济背景处境不利学生提供补偿性的资助计划；四是建立健全退出机制，通过市场手段引导办学质量不佳的民办学校有序退出，将积累下来的优秀办学经验转化为教育服务，提供给其他民办学校或者公办学校。

（二）提高民办非学历高等教育机构依法依规办学意识

需要严格遵守相关政策法规，在收费退费、资金管理、招生宣传、校园安全、课程设置等方面坚决不触红线，营造风清气正的办学环境，提升整体形象。一是加强党建工作，完善党组织建设，充分发挥党组织的政治引领作用，确保办学方向符合国家教育方针和社会主义核心价值观；二是建立健全内部管理制度，包括教学管理、教师管理、学生管理等方面，确保教育教学活动的有序进行；三是加强财务管理，确保资金使用合理、透明，并严格按照规定进行收费和退费操作；四是规范招生宣传，提供真实、准确的信息，不进行虚假宣传或夸大宣传；五是严格落实安全管理各项工作，建立健全学校安全管理制度，配备专职安全管理人员并定期开展安全生产培训，加强学生安全教育。

（三）鼓励民办非学历高等教育机构的差异化与特色化发展

需要敏锐感知人民群众对教育的新需求，在细分市场中去寻找适合自己的教育定位，按需进行教育改革创新，提供小众化、贴近性的教育服务，避免与公办学历教育同质竞争、零和博弈。一是结合市场需求和自身优势，提供差异化、多元化、特色化的教育供给，例如可以专注于某些特定领域或行业的培训，以满足社会对特定技能和知识的需求；二是加强教师队伍建设，提高教师待遇，定期组织教师培训和专业发展活动，提高教师的教学水平和专业素养，吸引和留住优秀教师；三是完善教学管理制度，关注行业动态和市场需求，及时更新课程内容，使教学内容更具实用性和前瞻性，建立教学质量监控和评估机制，不断优化课程设置和教学方法。

（四）发挥北京高校资源众多、产业布局广泛的优势

民办非学历高等教育机构借助校外资源开展人才一体化贯通培养，是一种创新的教育模式，北京作为全国政治中心、文化中心、国际交往中心、科技创新中心，校外资源尤为丰富，民办非学历高等教育机构应积极与其他教育机构、企业、协会等开展合作与交流，通过整合校内外资源，为学生提供从入学到就业的全链条教育服务，例如探索与高校合作开展产学研项目及继续教育项目、与国际教育机构合作提供海外学习和实习的机会、与企业合作开展定制化培训项目、与协会合作承办学术交流与研讨会，从而提高学校教育服务质量，进一步提升国内外品牌影响力。

（五）开展基于互联网的信息化教学和线上线下混合教学

民办非学历高等教育机构的优势在于其灵活性，能够为不同年龄和背景的学习者提供持续的学习机会，线上教学可以进一步放大民办非学历高等教育机构的这一优势，在教育现代化、信息化发展的浪潮下，民办非学历高等教育机构想要提高自身竞争力，必须构建"互联网+教育"的现代化教学生态。一是教学平台与技术方面，开发或选择具备互动答疑、学习数据统计等功能的平台，引入虚拟现实（VR）和增强现实（AR）技术为学生提供更加生动、直观的沉浸式学习体验，利用直播平台进行实时授课，使用学习管理系统进行课程管理和学生考核；二是教学资源建设方面，结合学校的专业

特色和优势，开发具有针对性的线上课程资源，邀请行业专家、企业导师参与课程资源的开发，确保课程内容的实用性和前沿性，并将学校的教学资源进行整合和分类，建立教学资源库，方便学生进行检索和学习；三是教学方法与策略方面，将线上教学与线下教学相结合，发挥两种教学模式的优势，根据学生的学习情况和学习需求，为学生提供个性化的学习方案和指导，并建立健全线上教学的管理制度，规范教学过程和教学行为。

五 结语

民办非学历高等教育本就定位于"满足多样化需求"，在满足创新人才的个性化需求与终身学习方面具有天然灵活的优势，是社会主义教育事业发展的重要增长点和促进教育改革的重要力量。民办非学历高等教育机构作为民办教育的重要组成部分，在鼓励和支持终身学习、培养各类实用型人才、满足人民对高等教育多样化需求等方面做出了积极贡献。随着经济社会发展，人们通过民办非学历高等教育机构来进行自我提升、技能培训的需求日益增加，对机构的教师队伍、课程设置、教学模式等方面都提出了新的要求。一方面，政府应积极鼓励社会力量参与教育事业，在办学审批、税收优惠、资金扶持等方面给予民办非学历高等教育机构一定的支持，并加强日常监管，在资质审批、招生宣传、教学质量等方面进一步规范民办非学历高等教育机构的办学行为，引导行业健康有序发展；另一方面，为增强自身竞争力，适应社会需求的变化，民办非学历高等教育机构要在规范办学的基础上，根据市场需求和行业发展趋势，及时拓展和优化课程内容，注重实践能力培养，加强师资队伍建设，并拓展教育资源，积极与企业、高校、行业协会等开展合作，借助网络平台线上线下融合发展，切实提高教学质量。在教育行政部门、民办学校、民办教育研究者、学生及家长以及社会各界的协同与合作下，充分发挥首都教育资源与人力资源优势，推动北京市民办非学历高等教育高质量发展。

三　专题报告

修法背景下北京市民办教育治理几对基本关系辨析

刘 熙[*]

摘 要：鉴于民办教育上位法先后历经修订，北京市人大常委会2006年11月3日通过的《北京市实施〈中华人民共和国民办教育促进法〉办法》（以下简称《办法》）已不能适应新形势新要求，需要进行修订。此次北京启动的修法采用全面修订模式，涉及的问题复杂，需要研究民办教育领域政府与市场、资本与教育、营利性法人与非营利性法人、社团法人与财团法人、学校教育与校外培训、民办普通高校与其他高等教育机构等几对基本关系，只有这样才能更好地处理修法需要面对的民办学校收费管理、关联交易、教职工与受教育者平等保护、财税扶持政策、举办者变更、设立基金会办学、校外培训管理、民办高等教育治理等问题。

关键词：民办教育 地方修法 北京

一 研究背景

2016年11月7日，全国人大常委会通过《关于修改〈中华人民共和国民办教育促进法〉的决定》，开启了民办教育分类管理的新格局。2021年4

---

[*] 刘熙，北京教育科学研究院教育发展研究中心副主任，主要研究方向为民办教育政策与法治。

月7日，国务院公布了新修订的《中华人民共和国民办教育促进法实施条例》（以下简称《实施条例》），对原条例做了全面、系统的修订。2021年5月21日，中央全面深化改革委员会通过了《关于进一步减轻义务教育阶段学生作业负担和校外培训负担的意见》（以下简称"双减"意见），提出"要完善相关法律，依法管理校外培训机构"。北京市民办教育地方性法规已经不能适应新的民办教育法律法规及相关中央政策要求，需要进行修订。经过两年立项论证调研，北京市人大决定2024年正式启动条款修订工作。2024年11月5日，北京市教育委员会、北京市人力资源和社会保障局就《北京市实施〈中华人民共和国民办教育促进法〉办法（修订草案征求意见稿）》（以下简称《征求意见稿》），向社会公开征求意见。此次北京民办教育地方修法采用全面修订模式，涉及的问题复杂，需要结合上位法有关制度规定，对相关基本理论问题进行研究。

二 民办教育治理需要处理好几对关系

民办教育是我国经济社会发展和教育体制改革的结果，涉及政府、举办者、办学者、教职工、受教育者等众多法律主体，为了增强修法的科学性，需要从宏观层面、学校法人层面和教育业态层面研究民办教育基本关系问题。

（一）宏观层面问题

民办教育由社会力量举办，具有教育属性和市场属性，需要理顺政府与市场、资本与教育的关系。

1. 政府与市场的关系

政府和市场是经济社会中两个重要的主体，它们在资源配置和社会发展中扮演着不同的角色。广义上讲，政府是行使国家权力的机构，包括立法、行政和司法机关。它从国家整体利益出发，通过法律、规划、税收、财政、行政监管、司法诉讼等途径，引导、推动、规范、保障相关改革[1]，推动社

---

[1] 《北京市制定地方性法规条例》（第十条）。

会经济发展。政府作用的发挥，首先体现在规划和引导方面，要求设立民办学校应当符合北京城市总体规划和京津冀协同发展战略，符合教育法和其他有关法律法规规定的条件；校外培训机构设立还应当符合"双减"工作要求（《征求意见稿》第五条）。其次体现为履行监管与质量保障职责。政府通过年检、质量评估、财务审计、信息公开、教育督导等，确保民办教育机构合法合规运营。最后体现为政策支持。政府通过财政资助、税收优惠、土地供应、师生同等权利等措施，支持民办学校发展，维护师生权益。

保罗·萨缪尔森等认为，市场"是买者和卖者相互作用并共同决定商品或劳务的价格和交易数量的机制"①，强调市场的定价机制和交易作用。市场通过供求关系和价格机制来调节资源的配置，通过竞争和合作来提高效率和创新，是资源配置的一种自发和自我调节的方式。民办教育具有天然的市场属性。举办者需要具有企业家精神，能够敏锐发现市场中公办教育不能满足的教育需求，然后筹集资金向政府申办学校，新建或者租赁校园，招聘教师，再将招收来的学生缴纳的学费作为收入持续经营，如果举办营利性民办学校还可以获得利润分红。《征求意见稿》设定了市场准入条件，要求市区政府保障民办学校依法自主办学，支持民办学校提供多样化的教育服务，充分发挥市场在满足个性化教育需求方面的优势。

政府与市场的关系需要平衡和协调，过度的政府干预会抑制市场活力和效率，而缺乏有效的政府监管会导致市场失灵和社会问题。根据《办法》第二十九条规定，民办学校对接受学历教育的受教育者收取费用的项目和标准实行审批制，审批手续和程序十分繁琐，实践中政府要么几年不受理民办学校调价申请，要么对同类学校的定价一刀切，导致市场"优质优价"的原则失灵，民办学校很难办出特色，提升竞争力。《征求意见稿》取消了民办学校收费审批制，同时政府对民办学校财务、成本核算、定价原则、收费

---

① 〔美〕保罗·萨缪尔森、威廉·诺德豪斯：《经济学》（第16版），萧琛等译，华夏出版社，1999。

公示等过程行为加强监管,防止民办学校收费失序的问题。[①]《征求意见稿》在收费问题上比较好地平衡了政府与市场的关系。

《征求意见稿》第18条要求建立民办教育信用管理机制。信用监管是上位法以及国家和北京市推行的民办教育新型的管理方式。传统监管方式主要依靠行政审批和日常检查,存在信息不对称、监管覆盖面有限的问题。信用监管引入了动态评价和社会监督,弥补了传统监管的不足。信用评价结果直接关系到学校的声誉和生存状况,促使学校加强自我管理,自觉规范办学行为。目前,关于民办学校的信用评价法律法规尚不健全,评价体系尚不完善,评价标准尚不统一,评价结果在政府部门间未实现共享互认,给监管工作带来挑战。《征求意见稿》将信用监管作为此次修法的重要内容,建立民办学校信用档案和举办者、校长执业信用制度,对于信用良好的民办学校,在学年检查等方面给予优待政策。这些规定有助于政府部门、民办学校、举办者、校长及其他利益相关者凝聚共识,健全信用监管体系,将政府监管和学校及相关主体自律相结合,提高民办教育治理效率,促进民办教育健康发展。

2. 资本与教育的关系

资本在经济学中通常指的是用于生产或投资的资源,包括货币、设备、技术和其他可以产生经济价值的资产。资本可以分为物质资本(如机器、建筑物等)和金融资本(如股票、债券、现金等)。在更广泛的意义上,资本还包含了知识、技能、品牌等无形资产。民办教育是国家机构以外的社会组织或者个人,利用非国家财政性经费,面向社会举办学校及教育机构的活动。举办民办学校利用的是非国家财政性经费,办学资金主要来源于社会资本,即社会组织、个人或其他非政府渠道的投资和捐赠。社会资本在民办教育领域发挥着至关重要的作用,它为民办学校提供了必要的经济支持和资源,使得这些学校能够在没有国家直接财政拨款的情况下运行和发展。

与《办法》出台的2006年相比,我国社会经济发展发生巨大变化。首

---

① 《北京市实施〈中华人民共和国民办教育促进法〉办法》(修订草案征求意见稿)第十七条。

先，我国经济高速发展，2010年成为世界第二大经济体，社会财富积累迅猛增加。其次，互联网和人工智能技术取得重大突破，教育技术投资日益兴盛，在线教育、智慧教育等新的教育形态不断涌现，资本在教育领域的作用更加凸显。最后，2016年新修订的《中华人民共和国民办教育促进法》（以下简称《民办教育促进法》）实施民办学校分类管理新政策，大大激发了投资者对教育资产证券化的热情，引发了民办学校在境内外资本市场上市的热潮。在资本的助推下，教育领域兼并、收购序幕拉开，教育集团控制的各级各类民办学校数量越来越多，民办学校管理问题浮现，尤其是民办幼儿园虐童事件、民办中小学招生问题广受媒体关注，引起党和政府的关注。如何在资本冲击的背景下保障民办教育的公益性，成为2021年新修订的《实施条例》关注的重点。《实施条例》规定了民办学校举办者的条件和资质（第5条、第6条）；举办者不再具备法定条件的，应当在6个月内向审批机关提出变更（第12条）。这些规定提高了社会资本进入教育领域的门槛。在学校层面，举办者必须保障民办学校法人财产权（第10条第1款），民办学校举办者变更不得涉及学校的法人财产（第11条）。这些规定削弱了社会资本并购民办学校的动机。在教育集团监管方面，其旗下的民办学校独立办学权受到法律保障，举办者或者实控人不得随意改变其非营利性民办学校的性质，不得通过兼并、协议控制等方式控制实施义务教育的民办学校、实施学前教育的非营利性民办学校（第13条）。这些规定切断了民办学校成为上市公司资产的通道。为了防止民办学校资产通过关联交易的方式被不当转移，《实施条例》第45条规范了民办学校关联交易行为。

北京此次《征求意见稿》规定，国家机构以外的社会组织或者个人可以单独或者联合举办民办学校，自主选择设立非营利性民办学校或者营利性民办学校。举办者为法人的，其控股股东和实际控制人应当符合法律、行政法规规定的举办民办学校的条件，控股股东和实际控制人变更的，举办者应当在其决策机构作出决议之日起30日内报主管部门备案并公示（《征求意见稿》第七条第2款）。《征求意见稿》增加了对《实施条例》第12条关于举办者控股股东和实际控制人变更的时间要求，旨在督促举办者及时履行备案和公示的义务。《征求意见稿》在《实施条例》第45条关于关联交易规范的基础上，要求民办学校建立利益关联方交易的信息披露制度，完善重大决策、定价论证、责任追究等机制（《征求意见稿》第十六条第3款）。这些规定有助于防止利益输送和保护学校的资产不受侵害，同时也保障了师生和其他利益相关者的权益。

（二）学校法人层面问题

随着《中华人民共和国民法典》的研制和颁布，我国法人制度也越来越成熟，民办教育法人制度也变得复杂，需要辨析。

1. 营利性法人与非营利性法人的关系

1997年国务院颁布的《社会力量办学条例》没有明确要求教育机构具有法人条件。2001年全国人大常委会制定的《民办教育促进法》明确要求民办学校必须具有法人条件，可以像自然人一样享有各种民事权利，如财产权、合同权等，并承担相应的民事义务和责任。民办学校以其全部财产独立承担民事责任。这意味着民办学校作为法人在民事活动中所产生的债务和损失，应由法人自身承担，而不是由其成员或负责人个人承担。同时，如果民办学校的法定代表人因执行职务造成他人损害，也由法人承担民事责任。不过，当时的法人制度适用的是1986年的《中华人民共和国民法通则》，该法只规定了企业法人、机关法人、事业单位法人和社会团体法人，民办学校主要登记为民办非企业单位法人，不属于上述法人的任何一种类型。2016年修订《民办教育促进法》时，《中华人民共和国民法总则》草案已比较成熟，法人制度已基本定型，法人分为营利性法人与非营利性法人。民办学校分类管理，自然也分为营利性法人与非营利性法人。营利性民办学校成立的目的是取得利润，并分配给股东或其他出资人。这类法人包括有限责任公司、股份有限公司等企业法人。非营利性民办学校成立是为了公益目的或其他非营利目的，不向出资人、设立人或会员分配所取得的利润。这类法人包括事业单位、社会服务机构（民办非企业单位法人）等。北京市非营利性民办学校多数登记为民办非企业单位法人，少数登记为事业单位。

学校组织形态不断演进，从非法人到法人，从公法人（公办学校）到私法人（民办学校），从传统的非营利性民办学校到营利性民办学校，都是为了满足社会日益多元化的教育需求。尤其是当今科学技术日新月异，知识更新频率加快，一方面为学校创造了巨大的教育市场，另一方面也要求学校更加多样，更有创造性。就私法人的民办学校而言，两类学校各有优势。传统的非营利性学校注重声誉机制和品牌效应，可以吸引优秀人才和社会捐赠，同时由于它们不受盈利压力的直接影响，可以更自由地探索和实践新的教育理念和方法。营利性学校也具有自身优势，在资金筹集方面，可以通过多种渠道筹集资金，如股东投资、银行贷款、资本市场投入等，为其发展提供更灵活的资金支持；在市场化运作方面，可以根据市场需求调整教育产品和服务，快速响应市场需求，提高竞争力；在管理方面，营利性学校往往采用现代企业管理方法，强调效率和绩效，也可以用股权激励的方式提高教职工的工作积极性。[1] 无论是营利性民办学校还是非营利性民办学校，都具有教育共有的公益属性。[2] 这两类学校法律地位是平等的，都应当得到社会和政府的公平对待，包括学校的设立条件和标准、学校的组织和活动、学校的资产与管理、政府的监督管理、市场退出等。尤其是这两类学校的教职工和受教育者，在法律上都是独立的主体，其基本权益都应得到法律的保障。

当然，营利性民办学校和非营利性民办学校作为两种不同的组织形态，在制度设计上，本质区别是税收待遇不同。[3] 以美国为例，对于多数美国营利性高校来说，要预留出税前收入的40%用来纳税。[4] 在修法调研过程中，不少民办学校对企业所得税诉求反映强烈。由于民办学校办学经费主要来源于学费和住宿费，目前按照25%的税率征收企业所得税，对学校财务影响

---

[1] 张国玲：《美国营利性大学竞争战略研究》，中国社会科学出版社，2020。
[2] 曹淑江：《论教育的经济属性、教育的公益性、学校的非营利性与教育市场化改革》，《教育理论与实践》2004年第17期。
[3] 根据经济学家弗里德曼的建议，应该在高等教育词典中删除"营利"与"非营利"的术语，代以更能说明问题的"纳税"与"免税"。参见：杨红霞：《美国营利性高等学校：生存与质量保障》，华中师范大学出版社，2012。
[4] 杨红霞：《美国营利性高等学校：生存与质量保障》，华中师范大学出版社，2012。

很大。另外，按照国家税务总局现行政策，非营利性民办学校很难获得免税资格，即使获得免税资格，学校收取的学费和住宿费在现行政策下也不能免征企业所得税。这样的税收政策不利于鼓励现有民办学校举办者选择登记为非营利性民办学校，与上位法分类管理、差别化扶持的立法精神相悖。《国务院关于鼓励社会力量兴办教育促进民办教育健康发展的若干意见》（国发〔2016〕81号）（以下简称《若干意见》）注意到这个问题，规定"非营利性民办学校与公办学校享有同等待遇，按照税法规定进行免税资格认定后，免征非营利性收入的企业所得税。"《征求意见稿》初稿采用了《若干意见》的表述。考虑到《若干意见》政策精神还没有落实为国家税务总局的税收措施，因而《征求意见稿》修改为，"民办学校按照税法和有关规定获得免税资格后，对其取得的符合税收政策规定的收入可以作为免税收入处理"，保留了政策灵活性，一旦国家税务总局落实《若干意见》税收政策，北京市民办学校即可依法享受企业所得税优惠政策。

在财政扶持方面，营利性民办学校和非营利性民办学校也存在明显的待遇差异。非营利性民办学校通常能够享受更为全面的财政扶持政策，包括政府补贴、基金奖励、捐资激励等。这些补贴和奖励有助于非营利性民办学校稳定运营、改善教学设施、提高教师待遇，进而提升教育质量。相比之下，营利性民办学校在财政扶持方面的待遇较为有限。虽然政府也会给予一定的支持，但通常以购买服务、助学贷款、奖助学金和出租、转让闲置的国有资产等形式体现。这些支持方式侧重于为营利性民办学校提供市场机会和公共服务，而不是直接的财政补贴或税收优惠。

《征求意见稿》第20条根据上位法要求，对现《办法》第33条进行修订[①]，规定营利性民办学校与非营利性民办学校实行差别化的用地政策。《征求意见稿》第20条规定，"对非营利性民办学校，经政府批准可采取划拨方式供应土地；对营利性民办学校经公示只有一个意向用地者的，经政府

---

① 现《办法》第33条规定："民办学校建设用地按科教用地管理。对非营利性民办学校，经政府批准可采取划拨方式供应土地；对营利性民办学校经公示只有一个意向用地者的，经政府批准可采取协议出让方式供应土地。"

批准可采取协议出让方式供应土地。"北京市民办学校除民办普通高校以外，相当一部分民办学校租赁场地办学，受限于租赁合同期限，影响民办学校可持续发展能力。《征求意见稿》明确民办学校用地政策，便利民办学校获得办学土地，改变了当前民办学校无自有场地办学的局面。

2. 社团法人与财团法人的关系

根据设立的依据，法人可以分为公法人（依据公法设立）和私法人（依据私法设立）。按照民法法人理论，私法人可以区分为社团法人和财团法人。[①] 营利性法人如公司都是社团法人，而非营利性法人可以是财团法人，也可以是社团法人。下面着重讨论非营利性法人领域，社团法人与财团法人在法律地位、设立方式、组织结构和运作方式上的区别。第一，组织目的和成员构成方面，社团法人通常是基于共同兴趣、信仰或目的而成立的组织，其成员是为了共同追求某一社会目标而自愿加入的。社团法人的典型例子包括行业协会、学术团体、联合会等。财团法人主要是为了实现某一特定的公益目的而设立的，它通常由捐赠人的财产构成，不以成员的集合为特征。财团法人的典型例子包括基金会、慈善基金会、寺庙、教会、古典大学等。第二，在财产来源方面，社团法人财产来源可以是会员的会费、捐赠、政府补助等多种形式。财团法人财产来源通常为单一或多个捐赠人的捐助，这些财产用于实现法人设立时所确定的特定公益目的。第三，在治理结构方面，社团法人通常设有会员大会或代表大会等权力机构，以及理事会、监事会等执行和监督机构。成员有权参与组织的管理和决策。财团法人治理结构相对简单，一般由捐赠人在章程中确定。财团法人的决策机构通常由理事会组成，而捐赠人不一定直接参与日常管理。第四，在法人目的的持续性方面，社团法人目的的持续性依赖于成员的持续参与和更新，组织的活动和目标可能会随着成员的变化而调整。财团法人目的的持续性较强，通常是为了实现捐赠人的意愿，一旦设立，其公益目的和运作方式相对固定，不易改变。第五，在法律地位和运作方式方面，社团法人在法律上具有较为独立的

---

① 王泽鉴：《民法总则》，北京大学出版社，2009。

法人地位，可以根据章程自主决定内部管理和运作方式。财团法人虽然也具有法人地位，但其运作方式和目的常受到捐赠人意愿和法律规定的限制。

在实践中，我国民办学校绝大部分登记为民办非企业单位法人①。《中华人民共和国民法典》（以下简称《民法典》）第九十二条将民办非企业单位法人归类为社会服务机构，而社会服务机构属于捐助法人。捐助法人为公益目的以捐助财产设立，是典型的财团法人。②因此，非营利性民办学校举办者出资是一种捐赠行为，民办学校一旦设立，学校作为捐助法人（财团法人）按照捐赠协议和章程运行，举办者在法律地位上成为民办学校的"局外人"，因而不存在举办者变更的问题。但在实践中出现审批机关按照民办教育法律法规允许举办者变更，而法人登记机关依照非营利性民办学校捐助法人的定性不予批准的尴尬局面。按照《民办教育促进法》及其《实施条例》的规定，政府允许社会力量采取多种形式举办民办学校，举办者可以联合也可以单独举办民办学校，可以采取独资、合资或者合作的方式举办民办学校。民办学校成立后，举办者及其代表可以进入决策机构，决策机构具有广泛的决策权，包括决定学校的分立、合并和终止（《民办教育促进法》第二十二条）。《实施条例》第十二条明确规定民办学校举办者可以变更，并且细化了变更程序。按照特别法优于一般法的原则，《征求意见稿》依照民办教育上位法多种法人类型的理念，允许非营利性民办学校选择社团法人或财团法人。作为社团法人的非营利性民办学校的举办者可以变更，民办学校举办者变更申请及修改后的章程经审批机关核准后，登记为非营利性法人的民办学校向民政部门或者编办申请核准或者备案修订后的章程，营利性民办学校向市场监督管理部门办理股东变更登记以及章程备案手续，登记机关应当在规定的期限内予以办理。

但是，作为社团法人的非营利性民办学校在学校治理中容易出现内部人

---

① 部分民办学校出资中国有资产超过1/3，因而被登记为事业单位。事业单位一般被认为是公法人，但登记事业单位的民办学校与公办学校存在很大差异，允许民办学校登记为事业单位，容易造成概念上的混乱。
② 王利明：《中国民法典释评：总则编》，中国人民大学出版社，2020。

控制的问题，举办者变更也容易发生买卖学校的不当交易。借鉴西方传统私立大学和浙江西湖大学的举办模式，探索财团法人类型的非营利性民办学校也是很有必要的。《实施条例》第五条规定，"国家鼓励以捐资、设立基金会等方式依法举办民办学校"。设立基金会办学是推动非营利性民办学校公益化的制度保障，北京应当鼓励民办教育在实践中探索基金会办学具体制度。

（三）教育业态层面问题

民办教育业态丰富，既有全日制的学校教育，也有非全日制的非学历培训教育。充分认识不同教育业态特征，有助于科学立法。

1. 基础教育领域：学校教育与校外培训的关系

北京作为全国贯彻落实中央"双减"意见9个试点地区之一，在全国最早设立校外培训工作处，校外培训治理工作取得卓有成效的实践成果与制度成果，有必要将校外培训管理作为"双减"经验上升为地方立法。

校外培训是针对基础教育领域中小学和幼儿园全日制学校教育而言的，是两种不同的教育形态。第一，在教育教学方面，学校教育具有固定的学制和课程设置，为学生提供全面、系统的教育，包括德、智、体等多方面内容，而校外培训机构往往针对学生的特定需求或兴趣，提供补充和强化教育。第二，在教师与受教育者方面，学校的教师通常具有相应的教师资格证，并经过系统的培训和考核；学生则是按照年龄和学业水平分班，接受统一的教育；政府和学校要保障学校教师和受教育者享受与公办学校同等的权益。校外培训机构的教师更加注重实际教学经验或特定领域的专业能力，按照市场原则获取劳动报酬。学生主要是基于自己的兴趣或需求选择参加培训，因此受教育者的年龄和学业水平更加多样化。第三，在资产与财务管理方面，学校通常拥有较大的校园和完善的设施，包括教学楼、实验室、体育场馆等，其经费主要来源于学费收入、政府拨款或社会捐赠，财务管理受到严格的监管和审计。校外培训机构则一般只有较小的教室或场地，其经费主要来源于培训费收入。由于规模较小，其财务管理相对灵活。第四，在支持与奖励方面，政府通常会为民办学校提供一定的财政支持和奖励措施，以促进学校的发展和提升教育质量。校外培训机构则更多依赖于市场竞争和口碑来提升竞争力。

尽管校外培训机构和全日制民办学校有众多差别，但是根据《民办教育促进法》第2条（法律适用范围）和第65条（本法所称的民办学校包括依法举办的其他民办教育机构），校外培训机构属于民办学校范畴。就组织形态而言，校外培训机构与民办中小学、幼儿园开展的都是有组织的教育活动，均需取得办学许可证，登记为法人。《民法典》第58条规定，"法人应当依法成立。法人应当有自己的名称、组织机构、住所、财产或者经费。法人成立的具体条件和程序，依照法律、行政法规的规定。设立法人，法律、行政法规规定须经有关机关批准的，依照其规定。"校外培训机构与其他民办学校作为法人，两者在政府审批、法人治理、资产与财务管理方面基本要求和规范是一致的。事实上，2018年4月20日，教育部发布《中华人民共和国民办教育促进法实施条例（修订草案）》（征求意见稿），从六个方面对校外培训机构进行了规范：一是确定概念与类型（第十五条第1款、第3款）；二是明确设置条件（第十五条第4款）；三是规范在线教育（第十五条第2款）；四是规范培训内容（第二十八条）；五是放宽对民办培训机构经营区域范围的要求（第二十二条）；六是鼓励行业自律（第四十七条）。尽管当时由于校外培训规范政策还在完善之中，正式生效的《实施条例》版本将这些内容删除，这也说明，将校外培训机构与其他民办学校统一规范是可行的。

此次北京的《征求意见稿》从以下几方面对校外培训机构进行了规范：一是明确非学科类培训机构业务主管部门（第四条第3款）；二是完善校外培训机构审批权限（第六条第4款）；三是规范校外培训机构预收费管理（第十六条第4款）；四是建立校外培训机构年检制度（第十五条第1款）；五是规定校外培训机构组织综合执法机制（第二十三条）。这些均是解决当前校外培训机构管理问题的基本制度。

2.高等教育领域：民办普通高等学校与其他高等教育机构的关系

根据《中华人民共和国高等教育法》第二条规定，高等教育是在完成高级中等教育基础上实施的教育。普通高校实施学历高等教育，其他高等教育机构实施非学历高等教育。其他高等教育机构出现在20世纪80年代初，在国家高等教育资源匮乏的背景下发挥了重要作用。成立于1982年的中华社会大学是北京市第一所民办高等教育机构，最初是高等教育自学考试助学机构，后来成为学历文凭考试试点学校，2002年经北京市政府批准成为承担学历教育的高职学院，并更名为北京经贸职业学院。随着时代的变迁，尤其是新冠疫情影响，其他高等教育机构招生困难，相当一部分难以为继。2023年教育部和北京市教育事业统计公报不再公布其他高等教育机构信息。2023年参加年检的其他高等教育机构有49所，其中全日制机构20所，非全日制机构29所。笔者作为年检专家了解到，相当一部分机构招收非学历三年制、四年制的学生越来越少，为了求生存，越来越多的机构开展短期培训活动。其他省市也出现类似现象，其他高等教育机构管理体制也发生相应变化。《辽宁省民办教育促进条例（2015年修正本）》第八条规定，"设立非学历高等教育学校报市、县教育行政部门审批。"上海市在2006年左右对高等教育管理体制进行了改革，其中包括将其他高等教育机构的管理职责下放到区级教育行政部门。

北京市教委已连续多年并且未来也不准备审批非学历其他高等教育机构，这类机构数量会逐渐减少，有的会向短期文化教育培训转型。为了更好地履行全市民办教育统筹协调的职能，市教委应当重点管理好民办普通高校，《征求意见稿》授权区教育行政部门依法履行非学历高等教育机构日常管理职责（第四条第2款）。

三　小结

北京市民办教育发展已有四十余年的历史，促进了北京市经济社会的发展。17年前民办教育立法是北京民办教育发展史上的大事，现在新的形势下修订这部法律，同样也是北京市民办教育发展史上的一件大事。民办教育涉及学校、举办者、教职工、受教育者、政府、行业组织等众多法律主体，作为民主立法的一部分,各方必然会对《征求意见稿》条款进行不同角度的解读并反映其诉求。为了增强修法的科学性,让法律体系更加和谐,需要研究民办学校政府与市场、资本与教育、营利性法人与非营利性法人、社团法人与财团法人、学校教育与校外培训、民办普通高校与其他高等教育机构等基本关系,只有这样才能更好地处理修法需要面对的民办学校收费管理、关联交易、平等保护、财税扶持政策、举办者变更、设立基金会办学、校外培训管理、民办高等教育治理等问题。只有理顺制度设计背后的逻辑关系,才能更好地解决北京市民办教育发展过程中出现的问题。

北京市民办义务教育的价值、定位与发展空间研究

李 曼 宋晓欣[*]

摘 要：北京市积极贯彻落实规范民办义务教育政策，强化政府责任，从合规到高质量发展是北京市民办义务教育发展的主基调，招生政策虽然给民办义务教育学校带来一定的影响，但北京市民办义务教育收费政策为学校特色化发展提供契机。北京市民办义务教育有其独特的价值，在增加教育供给多样性和选择性、课程改革和教学方式改革、促进城市国际化进程等方面发挥着重要作用。近年来，北京市民办义务教育学校合规程度不断提升、公益属性更加凸显、核心竞争力不断增强、课程改革不断突破创新。未来北京市民办义务教育仍有较大的发展空间，可以利用资源优势引进科技手段助力学校高质量发展；采用差异化模式为学生提供更多个性化服务；利用多样化手段探索拔尖创新人才早期发现和培养模式。

关键词：北京市 民办义务教育 教育教学改革

《中华人民共和国民办教育促进法实施条例》［中华人民共和国国务院令（第399号）］《关于规范民办义务教育发展的意见》（厅字〔2021〕15

---

[*] 李曼，教育学博士，北京教育科学研究院教育发展研究中心，副研究员，主要研究方向为民办教育管理、高等教育管理；宋晓欣，教育学博士，北京教育科学研究院教育发展研究中心，助理研究员，主要研究方向为教育管理、教育政策。

号)《教育部等八部门关于规范公办学校举办或者参与举办民办义务教育学校的通知》(教发〔2021〕9号)等文件的出台,预示着民办义务教育进入强监管时期。北京市深入贯彻国家政策,出台《北京市规范民办义务教育发展工作方案》,强化政府责任落实、严格依法依规办学、规范招生行为等,加强监管倒逼民办义务教育学校在合规基础上探寻多样化、特色化、差异化发展,在北京国际化城市定位、疏解人口政策、户籍政策以及家长群体特征等因素的叠加影响下,民办义务教育学校仍有较大发展空间。

一 北京市民办义务教育发展的政策环境

(一)从合规到高质量发展是北京市民办义务教育发展的主基调

为贯彻落实国家有关规范民办义务教育的政策,稳妥有序推进全市民办义务教育发展工作,北京市颁布了《北京市规范民办义务教育发展工作方案》,其中明确提出:坚持义务教育由国家统一实施,全市民办义务教育在校生规模占比不超过5%,各区民办义务教育在校生规模不超过15%。从北京市的相关数据来看:2021~2022学年,民办初中在校生有25395人,民办小学在校生有42981人,同期全市初中在校生有349611,小学在校生有1036584人,全市民办义务教育在校生占比为4.9%。2023~2024学年,民办初中在校生有17089人,民办小学在校生有38109人,同期全市初中在校生有370920人,小学在校生有1161797人,全市民办义务教育在校生占比为3.6%[①]。由此可见,从2021年规范民办义务教育发展开始,北京市调结构控规模,规范民办义务教育主要任务在于合规。

北京市2023年基础教育大会上,明确了民办教育的工作方向:"公参民"学校治理工作将继续深化,全面规范民办中小学办学行为,做好民办学校回归公办后的政策衔接,及时跟进后续配套保障措施;健全管理体制和

---

① 数据来源于北京市教委官方网站。

治理机制，督促学校严格落实国家法律法规和各项规定，对标优质公办学校，实施教育教学活动，加大对违规办学行为的查处力度。2022年全市7所民办学校改为公办①，11所民办学校去掉公办校名②，6所涉及部属院校的"公参民"学校得到治理③。2021年5月，中共中央办公厅、国务院办公厅正式印发《关于规范民办义务教育发展的意见》，明确要求民办义务教育学校名称要符合法律法规及相关政策规定：不得冠以"中国""中华""全国""国际""世界""全球"等字样；不得包含公办学校名称或简称等。同时要求，各地要按照审批管理权限，逐校核查民办义务教育学校名称，对不符合命名规范的学校，要依照有关规定责令其限期变更名称；北京市各区积极清理规范民办义务教育学校的名称，2022年3月，北京市朝阳区清华附中国际学校宣布正式更名为北京市朝阳区清森学校，这是北京第一所宣布更名的"公参民"学校，此后，北京越来越多的民办学校加入更名行列。北京市民办义务教育基本完成整改，合规程度越来越高，未来北京市民办义务教育逐步由合规转向高质量发展，探索现有政策背景下如何实现内涵式、特色化、个性化发展。

（二）招生政策对北京市民办义务教育生源的影响

招生政策影响部分民办学校生源的数量和质量。规范民办义务教育招生

---

① 清华附属实验学校转为大学举办的公办学校，民大附中实验学校转入由大学举办的民大附中；北大附中实验学校转入由大学举办的北大附中，人大附中分校转为区属公办学校；北外附校转为区属公办学校；建华实验学校转为区属公办学校；理工附中分校转为区属公办学校。

② 清华附中国际学校更名为"北京市朝阳区清森学校"；一零一实验学校更名为"北京市海淀区启慧未来学校"；人大附中北大附小联合实验学校更名为"北京市海淀区人北实验学校"；清华附中稻香湖学校更名为"北京市海淀区稻香湖学校"；北京市朝阳区北外附校双语学校更名为"北京市朝阳区北外同文外国语学校"；北京市第八中学怡海分校更名为"北京市丰台区怡海中学"；北大附属实验学校更名为"北京市丰台区新北赋学校"；人大附中朝阳分校更名为"北京市朝阳区人朝分实验学校"；北京八十学校更名为"北京市朝阳区睿森学校"；北京市朝阳区陈经纶中学分校实验学校更名为"北京市朝阳区将府实验学校"。

③ 指部属大学举办的民办学校。

政策的初衷是为了打击部分民办学校"掐尖招生""选拔生源",造成公办学校和民办学校办学起点的不公平,但在政策执行过程中,也给民办学校带来了一定的影响。

第一,审批地范围限制导致生源数量减少。《北京市规范民办义务教育发展工作方案》明确规定严禁义务教育学校跨区招生,各区统一组织实施民办义务教育学校招生报名和录取工作,优先满足学校所在区学生入学需求,与公办学校同步招生,对报名人数超过招生计划的民办义务教育学校,实行电脑随机录取。以北京市民办国际化特色学校为例,全市共有35所学校,其中9所分布在顺义区,8所分布在朝阳区,6所分布在海淀区,5所分布在通州区,其他7所分布在另外6个区,从区域分布来看呈现明显的地域聚集性,锁区政策意味着这些学校只能在审批范围内招生。根据项目组调研情况,不少学校反映义务教育招生政策实施以来,学校招生人数明显下降,再加上北京户籍政策的叠加影响,招生数量会进一步减少。对部分原来靠提前招生、全市范围掐尖招生的民办学校来说,面临生源短缺、学生质量下降的困境。

第二,报名人数减少导致生源不足。"同步招生"让家长对依靠生源取胜的民办学校转变了看法,对选择热门民办学校就读也日趋理性,以往民办学校提前招生时,如无法被优质民办学校录取,不影响家长进一步选择公办学校,"公民同招"后,家长在升学时只能二选一,通常情况下家长基于最优选择和利益最大化,会优先选择公办学校。在项目组调研过程中,不少学校反映,报名人数与往年相比出现下降的趋势,一次性招不足的民办学校数量明显增加。

第三,随机摇号政策导致生源质量下降。规范民办义务教育政策实施以前,许多民办学校通过设置招生条件、提前面试等途径,选拔区域内外的优质生源,生源质量往往优于公办学校。规范民办义务教育招生以来,民办学校不能跨区招生、掐尖招生,带来了招生的就近化、随机化,如前文所述,很多民办学校面临着报名人数减少、招不满的问题,生源数量问题已经成为制约民办学校发展的突出问题,学校更无暇顾及生源质量。项目组访谈中,民办学校校长普遍表示,近年来生源质量出现了明显的下降,学生的水平不再像以往那样优质化、均等化，以往区域内"牛娃"聚集的民办学校，现在的生源质量与好的公办学校已没有太多差别。

（三）北京市民办义务教育收费政策为学校特色化发展提供契机

《教育部等五部门印发〈关于进一步加强和规范教育收费管理的意见〉的通知》（教财〔2020〕5号）明确指出：按照民办教育促进法有关规定，非营利性民办学校收费的具体办法，由省级人民政府制定。上海、湖南、江西、深圳、浙江等地均出台了基础教育阶段或义务教育阶段的民办学校收费管理办法。多数省市实行政府指导价，对民办义务教育采取限价政策。北京市2023年出台的《关于加强民办义务教育学校收费管理的指导意见》（京教民〔2023〕2号），明确规定：本市民办义务教育学校应当基于办学成本和市场需求等因素，遵循公平、合法和诚实信用原则，合理确定收费标准；强化学校办学成本核算工作；民办义务教育学校收费项目和标准有调整时，应当提前征求社会、学生家长意见，切实做好论证协商、风险评估等工作。这就意味着北京市民办义务教育定价实行的是市场指导价，学校在做好成本核算和收费决策程序后是可以申请调整收费价格的，由此可见，北京市在收费标准制定上给予民办义务教育学校较大的自主权，注重在收费行为和过程中加强监管。

二 北京市民办义务教育发展的价值

北京市民办义务教育有其独特的价值，在增加教育供给的多样性和选择性、课程改革和教学方式改革、促进城市国际化进程等方面发挥着重要作用。

（一）增加教育供给的多样性，满足家长优质教育需求

政府所办的教育属于公共产品，解决的是教育的公平、公正和均衡问题。但是，公办教育资源无法满足每一位学习者的学习需求。学习者有权选择适合自己发展的教育，因而民办教育为众多学习者提供了选择教育的更多

机会。多元定位的民办学校反映了特定时期教育市场的供求关系，是深化教育供给侧改革的重要突破口。

因为区域教育水平发展不均衡与家长希望找更好学校之间存在矛盾，家长基于更优或最优策略会选择民办学校。这类家庭的孩子没有明确的出国留学计划，但是希望得到个性化的教育服务，希望学校能够提供多元教育的体验，包括小班教学、项目式教学等，不出国门就可以从小接触全球文化体系，获得更加全面的知识结构。随着全球经济一体化的深入，北京市作为现代化及国际化大都市，家庭对于子女教育的多元需求愈加强烈，一方面希望孩子能够具有国际视野、全球胜任力，另一方面在拓展国际视野的同时希望拥有民族自信、文化自信。民办学校提供以英语为主要教学语言的双语或多语种学习，在中外教育融合方面具有优势。此外，随着教育变革，家长对于子女教育的理念日渐成熟和理性，关注孩子健全的人格、独立解决问题的能力、增长见闻等综合素质的提升，以及孩子的个性化培养。一些民办国际化特色学校，如海淀外国语学校专门推出了综合素质班、综合素质多语种班、综合素质文体班、中英文课程班、双优运动班等不同班型，满足家长的需求。北京市不少民办国际化特色学校已经横向拓展，细分市场，对接不同类型家长的教育需求。

（二）是促进教育教学改革的重要力量，为义务教育注入新活力

民办教育推动了教育领域思想和观念的大变革，优质民办学校利用体制机制灵活性的特点在组织模式、管理模式、课程设置、教学形式等方面，形成了与公办学校不同的办学思路，民办学校的创新和突破为我国教育事业的发展注入了新活力和竞争力。

在课程研发上，民办义务教育学校探索出了个性化课程建设、特色化校园文化等。比如北京市私立汇佳学校个性化体育课程，学校进行了多样化的体育水平分层，精准满足不同学生的需求。海淀区人北实验学校开设综合实践课程，打破学科间、五育间的边界，以适合学生发展的方式，在综合实践活动中将其融为一体。北京二十一世纪学校打造了"世纪课程"，形成十门

十二年一贯制的课程，包括传统文化课程、体育健康课程、艺术审美课程、实际演说家课程、电影课程等。

在学校内部治理上，民办学校有更大的自主权，更能发挥人、财、物等要素的整体效应，实施绩效薪酬，提倡因事设岗、人尽其用、梯队动态管理，强调教师的非智力因素投入，从而提高教育教学质量，民办学校的薪酬制度具有更明显的激励效应。

在人才培养模式和教学模式改革上，民办义务教育跨越学科限制，将国际上主流的课程理念和课程框架融入国内课程，创设中国特色的国际课程体系，探索走班制、导师制、书院制等教学新模式。比如北京新英才学校高度重视"学生数字素养的培养"和"人工智能赋能下的传统课程创新"，学校成立了"数字科学中心"，汇集了来自产学研三方面的专家，开设"创客空间""科学市集"，组建"英才少年科学院"等。北京王府学校构建多元课程体系、探索灵活的教学组织方式、采用有效教学方法、搭建高端平台，逐步探索创新型人才培养的有效机制。

（三）国际教育作为配套服务，加速城市国际化进程

2021年，《北京市"十四五"时期加强国际交往中心功能建设规划》发布：围绕国际交往中心功能定位和发展目标，提出了7个方面31项重点任务，包括大力吸引海外人才，统筹推进国际人才出入境、停居留和生活服务便利化、国际化，提升国际人才吸引力和黏性；在"三城一区"等国际人才密集地区加强国际学校建设，优化国际学校学位配置。北京市教委出台《北京市国际学校发展三年行动计划（2019—2021年）》，精准对接区域产业布局，在人才引进密集地区新布局一批国际学校，加大国际教育供给，提升国际教育质量，为构建更加完善的涉外教育服务体系和国际化创新型人才培养体系创造了良好条件。

据北京教育科学研究院国际学校研究团队大规模调研[①]，2021年北京民

---

① 内部资料：北京教育科学研究院国际学校调研团队研究成果。

办国际化特色学校有35所，在校生有1.8万人，其中小学阶段在校生超过60%；从服务学生群体来看，以大陆学生为主，且非京籍学生和京籍学生各占50%；从服务学生家庭背景来看，社会地位和经济收入比较高，学生家长大多是本科及以上高学历且部分有海外学习或工作经历，具有一定的教育理念，大部分希望孩子在本科阶段出国留学。从调研结果看，北京市目前提供的国际教育学位能够充分满足不同类型家长的教育需求；在对学校的选择方面，家长普遍关注的是学校口碑、国际课程体系、教师资源、课程丰富程度以及权威认证等。对课程体系的选择决定了学生未来的目标留学国家及地区，学校口碑、教师资源和课程丰富程度则关系着学生所处的教育环境和未来发展的多样性。由此可见，家长对高质量的国际教育的需求仍有较大的空间。

三 北京市民办义务教育发展趋势

（一）规范发展程度不断提高

以2016年《民办教育促进法》修订和2021年新的《民办教育促进法实施条例》颁布实施为标志，一系列新法新政和配套政策的出台，使民办教育发展的外部制度环境趋于稳定，民办教育规范发展程度显著提高。义务教育阶段一系列政策包括要进一步依法规范民办学校办学行为，但也从法律层面强化了民办教育的地位与发展方向，让公众更加相信民办中小学不可能成为赚钱的产业，办民办中小学需要教育情怀，更需要捐赠精神，还要有为党育人、为国育才的使命自觉与责任担当。

义务教育民办学校内部治理结构和现代学校制度得到加强。2021年北京市颁布《关于加强北京市民办学校党建工作的若干措施》，完善了党组织参与重大事项决策制度、建立了党组织与决策机构沟通机制，贯彻执行了《民办教育促进法实施条例》赋予的各项权力，在党组织进入决策机构和监督机构、校长依照章程行使权力、决策机构和监督机构产生办法上发挥了较大的作用，学校决策机构成员大多符合要求，学校监督机构吸纳党的基层组织代表和教职工代表。

义务教育民办学校财务管理制度日趋规范。《北京市规范民办义务教育发展工作方案》要求加大财务监管力度，各区在对民办义务教育进行年检时，重点检查了举办者获取办学收益或分配剩余财产的情况、购买服务、关联交易情况以及通过兼并收购、委托经营、加盟连锁、协议控制等情况。2023年初颁布《北京市关于加强民办义务教育学校收费管理的指导意见》，实行市场调节价、加强收费过程监管，收费标准及时备案公示、完善退费制度。民办义务教育学校教师工资、福利待遇得以落实和保障，部分学校为教师缴纳补充养老保险或企业年金。义务教育阶段上市问题和交易问题得到有效遏制。

（二）公益属性更加凸显

民办义务教育党建工作水平全面提升，立德树人得以有效落实。新法实施以来，民办义务教育学校实现了党的组织和工作的全覆盖，各区逐步推进党政"双向交叉、双向任职"，决策机构吸纳"审批机关代表"，学校在严格坚持和落实中国共产党的领导上成效显著，党对民办义务教育学校的领导全面加强，民办义务教育学校党建工作水平全面提高，社会主义办学方向得到全面保障。党的教育方针在民办义务教育学校得到全方位贯彻，为党育人、为国育才的教书育人先进典型在民办义务教育学校中不断涌现，一批批合格、优秀的社会主义建设者和接班人从民办学校走向社会。如北京市朝阳区将府实验学校将高质量党建与教育教学深度结合，深化党员与骨干教师"双培养"制度，通过学习-积累-分析-提升的运行模式，学思想、强党性，提升了教师的职业素养和能力。

民办义务教育价值回归，民办义务教育公益属性得到坚持与发展。新法实施以来，民办义务教育阶段学校全部登记为非营利性，办学结余不能进行分配，确保民办义务教育的公益属性。各区通过民办中小学年检，加强对党建、办学方向、财务支出、关联交易等指标检查，规范和引导民办义务教育回归价值理性。如海淀区2024年颁布《海淀区民办中小学年度检查工作管理办法（试行）》，年检指标主要涵盖民办中小学党建工作、基本办学条件、依法治校、安全管理、资产与财务管理、师资队伍建设、招生管理和教育教学等方面，年检工作采取学校自查、实地检查、集中收审材料相结合的方式进行。

（三）核心竞争力显著提升

民办义务教育学校从关注硬件设备的环境之美、抢占优质生源的传统发展思路转向关注学校的整体系统优势，关注长期积淀下来的以价值选择、创新实践为核心的各种资源组合能力。

民办义务教育学校从关注硬件环境转向打造学校文化的整体优势。随着人们教育选择的理性化和多元化，空间环境已经不再是教育选择的重点，举办者和家长更加关注的是民办学校自身的教育价值与意义。民办学校开始探索教育理想与价值的生命启迪，从显性的理念标识转化为一种教育自觉行为的彰显，从局部亮点与特色的打造转变为战略规划、组织结构、文化底蕴、课程建设以及运行模式等系统优势。如北京新英才学校人工智能在学校教育教学中的运用、北京昌平凯博外国语学校科技创新特色、北京市私立汇佳学校个性化体育教育等。

民办义务教育从关注制度红利转化为关注内在持续发展的动力。规范民办义务教育系列政策出台与其说是对民办中小学的一种冲击，不如说是一种促进与推动，它将促使义务教育阶段民办教育市场得以净化，构建民办义务教育的新生态。民办义务教育学校开始注重把外在的市场竞争压力转化为内在动力，切实提升学校的专业性。北京市民办义务教育学校注重内涵式发展，如北京青苗学校面向未来的课程设计、北京海淀外国语实验学校动态化课后服务体系建构、北京王府学校探索拔尖创新人才培养机制等。

（四）课程改革不断突破创新

民办义务教育学校不仅关注学生学术能力的提升，更重视培养学生的综合素质和国际视野,在完成国家基础课程的同时,大多开发特色课程、校本课程或融合课程,课程改革不断突破和创新。国家基础课程是核心课程,严格按照国家教育大纲,为学生提供优质、全面的基础教育。"融合课程"吸纳 IB、ALEVEL 或其他国别课程的设计理念,将其融入中国的课程资源中,利用跨学科的课程形态打破学科壁垒,形成知识和学科的融合,让学生在学习过程中获得更全面的发展,开阔学生的国际视野,提升综合能力。北京市民办义务教育学校各具特色,尤其是在校本课程、特色课程、融合课程上注重学生的实践性和创新性,会根据学生的兴趣、特长和未来发展方向,开设综合实践性课程,比如马术、击剑、高尔夫、STEAM、编程、生命科学、皮划艇、管弦乐等,丰富学生的课余生活,为他们提供更多发掘潜能和兴趣的机会。

四 北京市民办义务教育学校发展空间

(一)北京市民办义务教育学校可以利用资源优势引进科技手段助力学校高质量发展

教育数字化是开辟教育发展新赛道和塑造教育发展新优势的重要突破口。随着互联网和人工智能的普及,传统的教育理念、教育模式、教育内容以及管理模式正经历着革命性的变革,这也将重塑教育格局,传统学校面临巨大的竞争压力。义务教育阶段民办学校在实行教育数字化上有一定的优势。

第一,学校决策自主,善于引进教育科技。北京市颁布了《首都教育现代化 2035》,提出要实现信息化与教育深度融合,发展"互联网+"教育服务体系,利用现代技术加快推动人才培养模式改革;2022 年出台了《北京教育信息化"十四五"规划》等文件,表明北京市在教育科技、教育数字化方面发展迅速。结合北京市民办义务教育收费政策分析,北京市民办义务教育学校在教育科技创新上大有空间,根据北京政策,民办义务教育学校可以根据办学成本、市场需求等自主定价，义务教育阶段民办学校可以充分利用办学经费的优势引进教育科技，提升教育质量。如北京新英才学校与科大讯飞合作，在中学搭建起"基于大数据的智慧教室"，通过教室中的"超脑"与学生端的"学习机"及教师端的软件连接，全方位记录学生学习情况、作业情况，在测试中展现的优势和暴露的问题，可以为学校提供教师在课堂教学、教学习惯、教研活动中的群体特点。未来，北京市将具有较好的教育科技政策环境、完善的基础设施设备、较强的人力资源储备，民办学校利用科学技术助力人才培养模式创新具有较大的空间。

第二，办学体制独特，可以长线布局整体谋划。公办学校在教育数字化进程中，需要根据整体区域规划和政府财政实力通盘考虑，受到财务预算拨款制度以及负责人职位变更等因素影响，教育科技规划具有一定的不确定性和不稳定性，民办学校办学体制比较独特，举办者可以立足自身发展需求，在数字化校园、课堂教学、教育管理等方面作出长远规划，分步实施，不断推进。

（二）北京市民办义务教育学校可以采用差异化模式为学生提供更多个性化服务

义务教育阶段民办学校定位于为部分有个性化需求的受教育者提供差异化教育服务，优质特色、多样化、可选择是民办中小学发展优势。

第一，借助专业团队打造个性化的育人体系。民办学校办学体制灵活，可以依托教育咨询公司或教育集团打造学校的课程体系和育人体系，采用精品化、差异化模式满足学生及家长的个性化需求。这些教育咨询公司或教育集团往往能在学校运营、管理与改进、学校托管、课程建构、团队培养、品牌塑造和咨询服务等方面为学校提供综合与个性化解决方案。

第二，实行小班差异化教学更加关注每个孩子。与公办学校的班额相比，民办义务教育学校一般是20~25人的小班化管理，使每个孩子得到更加充分的关注。有的民办学校可以采取一生一课标的新模式，甚至根据学生成长需要设置援助课程、书院课程，为每一位学生配备自己的学业导师、心理导师、生涯规划导师，使学生在每一个成长节点上都能得到足够的关注和支持。

（三）北京市民办义务教育可以利用多样化手段探索拔尖创新人才早期发现和培养模式

拔尖创新人才对国家自主创新、强国战略、可持续发展起着关键性的引领作用。目前大中小学段割裂、育人链条脱节、家校社资源分散且缺乏协同的现象存在，民办学校在探索拔尖创新人才早期发现和培养模式上具有一定的优势。

第一，可以整合优质师资加强课程迭代。民办义务教育学校的举办者一般都是教育集团、优质企业等，教育集团旗下包括不同学段、不同类型的民办学校，集团内部会投入大量的经费，联合全国各个领域的专家，将最新的资源融入课程研发，在集团校内部推广，一些课程教学改革实践对培养创新人才意义深远，如学科融合性课程、探究性课程、综合实践课程、小组合作学习、翻转课堂、选课走班、兴趣社团活动等。

第二，向外连接整合家校社资源开展协同培养。学校需要为学生提供更多的实践机会和社会实践项目，以培养他们的实践能力和创新意识，可以与高校实验室联系或者与企业的高新技术研究院建立联系，将优质师资引进学校，助力学校拔尖创新人才的早期培养。据调研，一些民办小学初中与企业建立合作，如北京新英才学校与科大讯飞合作建立人工智能实验室。同时，学校也需要更加注重与社会的联系，通过校企合作、校地合作等方式，为学生提供更多的实践机会和社会资源。

北京市民办高中多样化发展的探索

尹玉玲[*]

摘　要：推动普通高中多样化特色发展，满足不同潜质学生的教育需求，成为国家对普通高中教育的普遍要求。全国各地各校进行了普通高中多样化发展的实践探索。面对越来越严峻的发展形势，北京市有一批民办高中根据时代发展和市场需求，探索推进实施办学类型、办学层次、班型、活动创设的多样化，在科技、体育、艺术、外语、人文、综合实践、拔尖创新人才培养、国际化等方面突出特色，对全市和全国民办高中的发展发挥了示范引领作用。目前民办高中多样化发展面临着办学政治性和专业性相统一、办学特色可持续、师资数量不足和队伍不稳定、学校特色办学与学生升学、学校治理等问题。持续推进北京市民办高中多样化发展，民办高中要坚持政治性和专业性发展的高度统一，政府要依法履责为民办高中多样化发展搭台，民办高中要加强学校内涵建设，大力开发学校多样化发展模式。

关键词：民办高中　多样化发展　北京市

自1993年《中国教育改革和发展纲要》颁布以来，各地开展普通高中的办学体制和办学模式多样化改革。2010年《国家中长期教育改革和发展规划纲要（2010-2020年）》明确提出"推动普通中学多样化发展。

---

[*] 尹玉玲，博士，北京教育科学研究院教育发展研究中心副研究员，主要研究方向为教育体制机制改革。

促进办学体制多样化，推进培养模式多样化，鼓励普通高中办出特色。"在国家政策的倡导和引领下，全国各地、各校纷纷开启了丰富的普通高中多样化发展的实践探索，北京、上海、天津、南京等地成为普通高中多样化、特色化发展的国家级试验区。在这些进行改革试验的普通高中中，有一批民办高中应需而生，应选而存，成为活跃在多样化特色办学之路上的先锋。

一 国家对普通高中的政策要求

（一）明确普通高中教育的定位

从新修订的《课程标准》视角来看，我国普通高中教育是在义务教育的基础上进一步提高国民素质、面向大众的基础教育，其任务是促进学生全面而有个性地发展，为学生适应社会生活、高等教育和职业发展做准备，为学生的终身发展奠定基础。普通高中的培养目标是进一步提升学生的综合素质，着力发展核心素养，使学生具有理想信念和责任感，具有科学文化素养和终身学习的能力，具有自主发展能力和沟通合作能力。

（二）推动普通高中多样化特色发展的主要政策演变

自《国家中长期教育改革和发展规划纲要（2010—2020年）》颁布后，推动我国高中多样化特色化发展的相关政策就没有间断过，多样化特色发展成为对普通高中的普遍要求。

2013年《教育部关于深化教育领域综合改革的意见》提出，"深化高中办学模式多样化试验，加强高中学校特色建设，启动中小学与高校科研院所合作开展创新人才培养试验。" 2017年《高中阶段教育普及攻坚计划（2017—2020年）》要求"改革人才培养模式……增强普通高中课程选择性，推进选课走班，推动学校多样化有特色发展。" 2018年《中国教育现代化2035》强调"鼓励普通高中多样化有特色发展"。2019年国务院办公厅

《关于新时代推进普通高中育人方式改革的指导意见》对普通高中提出了多样化特色发展的改革目标,还专门对构建全面培养体系、综合素质培养、综合实践、学校课程管理提出了要求,如在课程方面,提出要"依照普通高中课程方案,合理安排三年各学科课程,开齐开足体育与健康、艺术、综合实践活动和理化生实验等课程。加强学校特色课程建设,积极开展校园体育、艺术、阅读、写作、演讲、科技创新等社团活动。鼓励普通高中与中等职业学校课程互选、学分互认、资源互通,促进普职融通。"这些要求给普通高中如何多样化特色发展指明了方向。

2023年《关于实施新时代基础教育扩优提质行动计划的意见》明确指出,"推动普通高中多样化发展。建设一批具有科技、人文、外语、体育、艺术等方面特色的普通高中……形成体现办学特色的课程系列,发挥示范引领作用。"2024年《教育强国建设规划纲要(2024—2035年)》再次强调,"统筹推进市域内高中阶段学校多样化发展……探索设立一批以科学教育为特色的普通高中,办好综合高中。"由此可以看出,国家对普通高中创新人才和科技人才培养高度重视。

二 民办高中面临的挑战

(一)公立高中国际部竞争大

民办高中的出现,就是为了满足一部分家长的特殊需求(多样特色或户籍所限不参加国内高考走出国留学的路),在办学中采用更加灵活的管理体制提高办学质量,而这也是公立高中所不具备的优势。但一些优质公立高中的国际部也成为很多家长的第一选择,因为这些国际部的国内、国外资源丰富,有着稳定的生源、良好的校风和声誉以及较好的升学出路。民办高中要与这些公立高中国际部争生源,除了具有招生、管理和投资的先天优势外,更需要在办学特色、个性化培养上下功夫。

（二）国家政策管控压力大

在招生上，政府对民办高中的要求是只允许在办学许可区域内招生，不得跨区招生，或者是按 70% 的比例在区域内招生，30% 的比例在区域外招生，这种招生限制非常不利于民办高中的招生，进而带来生源的不足。

在经费管理上，政府要求民办高中按市场指导价进行收费，且经费结余部分要用于教育教学和教师培训等。

在教学和课程设置上，民办高中需要在国家规定的教学大纲和课程要求内进行。对于开设国际课程的国际学校或者国际班，语文、道德与法治、历史三科必须使用国家统编教材。为了确保政治方向正确，国际学校引进和使用来自境外的课程及教材一直受到限制，需要接受严格审查。为了兼顾国际教育与国内教育政策，目前不少中小学国际学校已经以本土化的融合课程为主，这对国际学校实施 IB、AP、A-level 课程的本土化提出了更高要求。

（三）家长、社会和国家对民办高中高质量发展要求高

数字经济时代的到来，引起了全社会对人才培养的高度关注。随着社会经济对人才需求的变化，家长对孩子接受优质教育的需求日益高涨。当公立学校的教育环境和教育水平已经无法满足部分家长的特殊需求时，家长们把目光投向民办或私立教育，希望这样的教育形式能为孩子提供多元化、个性化、特色化教育，除教授知识以外，还要培养学生的创造力，挖掘学生的各种潜能，提升国际交往能力等，这些来自家长的教育高质量多元化需求对现有民办高中提出了更高的要求。但现实情况是，民办高中与公立高中相比，开办的时间相对较晚，政府管控多，在教育改革的浪潮中面临的困难和挑战也更多，切实需要在办学目标、育人方式、培养模式、评价方式等方面实施改革创新，否则难以持续发展。

从国家发展的角度来看，从民生上抓教育，就是要破解人民群众急难愁盼的教育问题，譬如学前教育更加普惠化、义务教育更具内涵的公平、高中教育更加多样和更具特色。民办高中作为普通高中的一种特殊形式，推动民

办高中教育的多样化、特色化发展不仅仅体现了对广大人民群众个性化教育需求的重视，而且也是积极响应国家创新型人才培养的必然要求，为中国教育现代化作出应有的贡献。

三 北京市民办高中的基本情况

根据北京市发布的《关于公示2023年具有招生资格的高级中等学校名单的通知》，北京市具有招生资格的普通高中学校共有321所，与去年相比增加12所。其中，共有民办高中73所，比2022年增加了2所，比2021年增加了9所。2023年民办普通高中在校生10932人，占普通高中在校生数的5%。初高中专任教师8414人，分别占全市初中和普通高中专任教师数的4.61%、10.2%。这些民办高中分布在全市各区，其中朝阳区和顺义区的学校最多。

这些民办高中归纳起来主要有以下几个特点：

第一，学校的国际课程以A-level、AP、VCE、IB等为主。

第二，不同学校收费标准不一样，而且不同校区、不同年级和学段的收费也有很大的差别。

第三，寄宿制占大多数。走读以小学低年级为主。

第四，学校中既有独立高中，也有K12。

第五，这些学校都结合中外教育资源，注重多学科和多元文化融通。以学生为中心，从培养学习兴趣、调动学习积极性入手，注重学生个性化发展和实践能力培养，使学生在国内的学校里享受国际化教育。

第六，国际双语学校居多，差别也很大，有升学好的，也有升学一般的。这类学校招生在幼升小、小升初阶段会有户籍或住房要求，比如需要满足"五证"，如果是外籍学校，学生必须有外籍或者港澳台身份。入学只需要参加学校自主出题的考试，招生时间灵活，每年分为春秋两季招生，其他时间段可选择插班入学。

第七，办学历史悠久和办学历史不长的学校并存。办学历史悠久的如青苗国际双语学校，1998年办校至今已走过26个春秋。学校规模大，在全国办有分校，在北京市朝阳区、海淀区、顺义区均有校区。同时，也存在办学时间不长且规模较小的学校。

第八，民办国际高中的课外活动非常多，能很好地满足孩子的各种需求，特别注重体育和艺术教育。

第九，除国际学校外，还存在公立学校与国外学校合作举办国际课程项目，在读学生以课程项目的形式走留学路线，以美国居多，也有英国的。北京市教育委员会发布的许可公告显示，2023年共有11所在京学校能够继续开展中外合作办学项目。其中，普通高中共计9所，外方主要为美国高中。如人大附中石景山学校与美国泰伯中学合作举办中美高中课程项目、北京师范大学附属中学与美国得州国际领袖（环球）学校合作举办中美高中课程项目、北京市第十二中学中美高中课程项目、北京市二十一世纪学校与美国费尔蒙特学校合作举办中美高中课程项目、北京亦庄实验中学与美国万山赤中学合作举办中美高中课程项目、北京中学与美国格伦罗克中学合作举办中美高中课程项目。此外，还有外方为英国高中的，如中国人民大学附属中学与英国惠灵顿中学合作举办国际文凭高中课程项目、北京潞河国际教育学园与英国皇家文法学校合作举办中英高中课程项目等。

第十，大部分学校实行双轨制，两条腿走路。一方面为非京籍学生提供出国留学的机会，另一方面开设国内班，为京籍学生提供多元出口。如北京市新英才学校，它的国内班以国内课程为核心，以国内高水平大学和知名艺术院校为主要升学方向，学校以丰富的课程体系为依托，打造"教育立交桥"，为聚焦国内高考的学生提供多元出口。

四 北京市民办高中多样化发展的实践探索

北京民办高中经历了20世纪90年代的公办学校改制和21世纪初"公参民"以及规范"公参民"的政策演变。经过二十多年的发展，在国际化和高质量发展的大背景下，迎来了多样化发展的格局。不同办学模式的民办高中，发挥潜在的体制外办学优势，打造特色，因材施教，分层教学，对拥有不同禀赋和特长的学生进行个性化培养与塑造。

从举办者角度来看，办学类型多样化：

第一类，由大学举办，如北外附校双语学校，是由北京外国语大学创办的一所全日制国际化学校。依托北外优质的教育资源，为学生提供高质量的国际化教育；北京外国语大学国际课程中心（以下简称北外ICC），是由北京外国语大学直属教学单位北京外国语大学国际教育集团负责实施教学的国际高中；北大附属实验学校，是北京市教委、北京大学批准成立的一所集小学、初中、高中于一体的寄宿制学校。学校依托北京大学的办学优势，共享北京大学优质教育资源。

第二类，由名校（中学）举办，如人大附中北大附小联合实验学校，是一所全日制的民办公助性质的12年一贯制的学校，学校的小学部由北大附小承办，中学部由人大附中承办。

第三类，与名校合作办学，如北京市实验外国语学校（以下简称北实外），成立于2000年，是北京市教委批准成立的一所全日制完全中学。2011年，在北京市教委和朝阳区教委的批准和支持下，北实外与朝阳区公立名校北京市陈经纶中学携手开展办学合作，创办了陈经纶中学国际教育部。2020年初，北实外与清华大学管理下的赛尔教育集团签订合作办学协议，整合国际优质教育资源，通过融汇中西的国际化课程体系，培养"根植于中国，行走于世界"的未来国际化英才。北实外作为一所走读制普惠型国际化学校，高度融合公办教育的标准与民办教育的特色。

第四类，公司（集团）举办，如北京市私立汇佳学校，隶属于汇佳教育机构。

第五类，个人举办，如北京市私立君谊中学系出身于教育世家的段君宜女士创办。

第六类，中外合作举办，如北京中加学校通州华仁学校，成立于1997年，是一所涵盖小学、初中、高中的全日制民办学校。学校采用中加两国教育理念，注重学生的品德、智慧、体质和审美全面发展，提供多元化课程，注重培养学生的创新能力和综合素质。

这些学校在办学的过程中根据时代发展需要和市场需求，不断进行改革创新，探索推进办学类型、办学层次、班型、活动创设的多样化。

（一）走科教融合之路

为积极响应国家强国建设重大战略，民办学校重视拔尖创新型人才的培养，以科技为特色，打造科教融合的教育模式。以北京怀柔索兰诺中学为例。索兰诺中学成立于2001年，其办学定位就是打造具有科技特色的国际学校，致力于服务怀柔区域功能定位，满足在怀国际高端人才子女和科研人员子女教育需求。学校和怀柔科学城各大实验室紧密合作，鼓励学生走进实验室，真正接触先进实验设备与设计理念，参与实践课题，实现与科技零距离。同时，学校也邀请科学家走进校园与师生互动，激发学生探索科学的兴趣，培养学生科学创新的能力。学校的科技副校长由中国科学院国家实验室科研专家担任，重点打造人工智能、材料、精细化工、量子力学、天文等学科，在配套怀柔"一核四区"高端人才子女教育的同时，为科学城的持续建设培养高素质科技人才。再比如，北京市昌平区凯博实验学校，通过构建与实施科技创新课程体系，开展校内外科技创新活动，提升学生的科技创新能力。在课程方面，开发了机器人工程、编程语言、人工智能基础等。还注重跨学科的整合，将数学、物理、计算机科学等学科知识融入科技创新课程中。新英才学校，顺应国家科技强国建设的战略需要，将学生数字素养的培养和人工智能赋能传统课程作为学校未来发展的重要内容。学校研制了《数字时代的全人教育——北京市新英才学校行动纲要》，提出了"聚焦数字与科学教育的教科研探索"战略，设立了"数字与科学中心"，与科大讯飞合作建立了"AI创新实验室"，与北师大合作建设了"数字科学实验室"，还成功申请成为国际人工智能奥林匹克IOAI中国区的理事单位之一。同时，开发出了24门以上涵盖数字素养和信息科技领域的课程，稳步推进数字化赋能教育教学。

（二）以艺术、体育特色育人

民办学校利用独有的办学优势和相对灵活的育人方式，在艺术和体育方面走出了自己的育人特色。体育特色学校，比如北京市私立汇佳学校，充分尊重每一个学生的个体差异，积极探索并实践个性化体育特色教育。课程设置多样化，除常规体育课程的七大门类外，特色体育课程包含高尔夫、马术、冰球、棒球、网球和游泳等。根据不同年龄阶段学生的发展需求，让学生在不同学段都能体验到特色体育课带来的快乐。根据不同的体育项目制定了系统化的课程等级评估标准。学校进行体育水平分层培养，将体育教学设计成了"体育普及""体育俱乐部""体育精英校队"和"双优菁英计划"四个层次，更精准地满足不同层次的差异化需求。此外，学校还通过运动数据智能化为每个学生提供个性化的运动处方，把校内赛事全员化与校外赛事专业化相结合，促进学生全面成长。

（三）多种班型适应不同需求

面对竞争激烈的生源市场，民办学校在开设多样化班型、满足不同升学需求方面走出了特色。如北京新府学外国语学校，是一所全日制寄宿民办学校，学校在注重学术课程的同时全面培养学生对艺术、科技和第二外语的兴趣，促进学生多样化发展。它的国内班开设有英语高考班、小语种高考班、美术高考班、港通DSE班，旨在帮助学生通过双轨制通道，寻找到更适合自己的升学方向。近年来除了几大热门留学国家外，像日本、韩国、德国、西班牙、意大利等国家也深受家长们的青睐。有些学校以开办各种小语种班为特色，如新东方国际双语学校（日语、德语），北京东方红学校明德学院（日语、韩语），北京市清华志清中学（日语、德语、新加坡语）。

（四）综合实践课程提升核心素养

2017年国家颁布《中小学综合实践活动课程指导纲要》，提出中小学综合实践活动课程是义务教育和普通高中课程方案规定的必修课程，与学科课程并列设置，从小学到高中，各年级全面实施，所有学生都要学习，都要参加。综合实践活动课程覆盖面广，包括研究性学习、社区服务与社会实践、劳动与技术教育等领域，并渗透信息技术教育。民办学校因为得天独厚的条件，非常有利于将综合实践活动课程得以落实并形成特色。北京市海淀区人北实验学校，占地面积较大，有校内自建的农耕实践基地、生物实践基地，还有标准的400米跑道与足球场，为开展学科融合的实践教育提供了良好的基础，综合实践活动课程成为它的一大特色。在五育并举理念的指引下，学校开发的综合实践活动课程分三个层级来实施开展，层级一：主题活动。如校园写生、室内音乐会、诗词讲座等；层级二：系列活动。如户外徒步、领导力培养、博物馆课程等；层级三：研究活动。如科学考察、文化研究等。每个层级的知识维度不一样。这些综合实践活动，均按照项目化的方式推进。全体教师在综合实践活动课程的建设、设计以及落实过程中，以达成"五育融合"为目标，让不同学科的知识在同一个活动中尽量地交汇呈现。聚焦立德树人根本任务，学校特色综合实践课程的实施取得了显著成效，学校得到全方位发展，学生核心素养得到全面提升，教师能力得到多元发展。

（五）十二年一贯制课程全面育才

课程是培养人的核心。打造基础教育全链条课程，为整个基础教育阶段孩子的个性化需求和全面发展做好贯通培养，成为部分学校的办学特色。北京市二十一世纪学校就是实施开创十二年一贯制课程体系的典范。在保证国家课程开足开齐的基础上，学校在小学、初中、高中均构建了三类课程，分别为基础课程、拓展课程和实践课程。在这三类课程的基础上，对国家课程、地方课程、校本课程进行整合，适当扩展，充分挖掘活动育人的价值，形成了十门十二年一贯制课程，并将其命名为"世纪课程"。目前已开设的十二年一贯制课程有：中华传统文化课程、英语直通车课程、体育与健康课程、艺术审美课程、世纪演说家课程、电影课程、研学旅行课程、科学课程、劳动课程、心理课程。"世纪课程"实施十年，提倡的"全人教育"理念得到了更有效地落实，学生获得了更全面的发展，"世纪课程"体系中的多门课程成果获奖,在海淀区2024学年基础教育社会满意度调查中,满意度总体得分高于全区平均水平。

(六)传统文化特色育国才

在大家的认知里,民办高中大多以国际课程为特色,国家课程是基础。在"中西合璧"的理念里,中西方文化并存,甚至西方文化的影响更加明显。但是,北京市昌平区汇贤学校,倡导党建引领下的传统文化特色办学。学校按照"尊道贵德、博文约礼、文武兼修、接轨国际"的理念办学,把中华优秀传统文化全方位融入思想道德教育、文化知识教育、艺术体育教育、社会实践教育各环节,助力国学特色素质教育的普及。以小初高教材为重点,构建中华文化课程和教材体系。开展"少年传承中华传统美德"系列教育活动,推进戏曲、书法、高雅艺术、传统体育等进校园,实施中华经典诵读工程,开设中华文化公开课,抓好传统文化教育成果展示活动,加强面向全体教师的中华文化教育培训,全面提升师资队伍水平。中华传统文化特色课程分核心课程(语文、数学、英语、体育、音乐、科学等),国学经典(《孝经》《四书》《道德经》等),国艺课程(书法、国画、围棋、古琴、诗词等),修身课程(少儿武术、田园种植、传统体育、行为习惯等)。学校将中华优秀传统文化浸润到学校的教学、管理和生活的各个环节,把"文化强国"的种子埋进每个孩子的心田。

(七)拔尖创新人才培养

党的二十大报告指出要"全面提高人才自主培养质量,着力造就拔尖创新人才"。基础教育回应强国建设对教育、人才的期待,肩负着培养拔尖创新人才的使命。有些民办高中聚焦国家战略需求,紧盯课程、教材等人才培养改革关键,加快推进教育教学改革和育人方式改革,加强拔尖创新人才的自主培养。如北京王府学校,在28年的办学历程中,逐步探索创新型人才培养的有效机制,构建了"创新型人才培养"的实践体系和稳固"创新型人才培养"的保障体系，通过多元的课程体系、灵活的教学组织方式、有效的教学方法、高端的资源平台等，促进办学体系、学生培养、教师专业发展多维提效。以课程设置为例，小学部构建了以国家课程为核心，素质选修课程、STEAM特色课程、主题探究课程等为拓展的课程体系，为学生创新能力的发展奠定基础。初中部构建了以国家课程为核心，以指定选修课程和任意选修课程为基本框架的课程体系，为学生自主选择创新领域提供空间。高中部构建了以科学素养、数学素养、人文素养、艺术素养等为基本维度的课程体系，为学生创新能力的成果转化提供保障。在"创新型人才培养"的保障方面，重点建设"创新型教师"队伍，学校以"学术立校、科研兴校"为基本理念，为教师队伍的发展指明方向。一方面，推行教师"走出去、引进来"，学校每年安排多达200人次的教师参加国内外学术会议及培训，为教师增长专业知识、改进教学方法、加强与国内外同行交流沟通创造机会；另一方面，鼓励并全额资助教师到全球顶尖教育学院攻读硕士、博士学位。通过攻读学位整体提升教师队伍的认知深度与研究水平。

（八）高中大学预科教育

大学预科亦称大学基础课程（University Foundation Year），属大学前的预备教育。大学预科是西方教育体系中重要的一环，它在国外教育体系中属于高等教育的范畴。大学预科在基础教育顺利接轨高等教育的阶段中具有不可替代的作用，因此被视为高中教育跨越到高等教育的重要基石。预科课程往往是由大学的专业教师精心设计，用以满足该大学以后教学的实际需要，学习周期一般为一年。

现在国内的一些民办高中，也引进了这种大学预科教育模式。如北京东方红学校，就有国际课程中心英国斯旺西大学预科班。北京东方红学校作为英国斯旺西大学授权的学校，成立了斯旺西大学课程中心，为高三（12年级）合格毕业生提供双证（高中毕业证及英国斯旺西大学课程证书）。课程中心以现有的A-level及IGCSE课程为基础，结合英国斯旺西大学课程体系，采用"一人一方案"模式，全方位提升学生国际综合竞争力，为学生进入国际大学奠定基础。通过斯旺西大学课程中心的学习，帮助学生在学术上，包括学习技巧、论文写作、学习内容、授课方式等方面转换到英国的教育模式。斯旺西大学课程中心与高中课程同步，学生毕业后除提供高中毕业证外，也衔接大学正式课程，满足学生多维度发展需求。合格毕业生可直接就读斯旺西大学正式课程，根据学生需要也可申请其他大学正式课程。授课期间，英国斯旺西大学会随时参与，同时学生也可以利用假期，提前去斯旺西大学参观体验自己想读的专业，整个课程全程由斯旺西大学官方支持。北京东方红学校国际课程中心英国斯旺西大学预科班的办学特色，直接满足了部分家长对学生直通留学的需求，避免了外包预科的风险。

（九）国际化特色

还有一部分学校，其培养目标、师生结构、课程设置、人才培养方式和学校风情风貌等，无一不体现出浓厚的国际化特色。如北京市海淀区稻香湖学校，是一所涵盖幼儿园、小初高全学段的国际化学校。学校的办学特色就是"国际品质、中国根基、清华特色"。稻香湖学校学生的国籍呈现多元化特征，来自美国、加拿大、澳大利亚、新加坡、英国、韩国、泰国、新西兰、牙买加、比利时、匈牙利、巴西、菲律宾、德国、俄罗斯、法国、南非、瑞典、瓦努阿图、越南等 20 多个国家和中国的港澳台地区，国际生占比超过 20%。一线教师中外籍教师占比约 40%，来自全球 28 个国家和地区，课程体系方面，幼儿园实行蒙氏教育，小学部实行美国国家核心课程标准+新加坡数学+部编版中文；中学部实行美国国家核心课程标准+Next Generation Science Standards+部编版中文；高中部实行美国国家核心课程标准+AP+部编版中文。目前学校获得美国 Cognia 认证、美国大学理事会（College Board）AP 认证、英国大学和学院招生服务中心 UCAS 认证等，同时也是 PSAT、SAT、AP、TOEFL 等考试的官方考点。

五 民办高中多样化发展面临的困难与问题

(一)办学特色可持续的问题

办学特色的形成,需要持续地投入和坚持。一方面是办学经费的持续投入不够。从教学场地到教育教学设备,从教师聘请、培养培训到社会专业力量的加盟,从教学评估到国际课程体系认证,都需要持续不断的经费投入。从调研来看,有的学校场地不足的问题、学费收入投入教学改革和学校建设占比不足的问题比较突出。在资源分配上,有的学校面对的不仅是硬件设施的不足,还包括软件资源的匮乏。例如学校在引进高端科研设备和实验材料方面存在资金限制,这直接影响了学生进行高质量科技创新实践活动。另一方面是课程资源不够丰富。民办高中走特色化办学之路,很大程度上需要丰富的课程资源。但实践中不少民办高中自主开发特色课程资源的能力还不够。以五育融合的综合实践活动课程为例,还无法做到完全由自有教师开设,而是需要借助校外机构的力量。而且在课程开展的过程中部分教师对课程开展的模式和运用资源的方法还没有形成自己的课程组织方案。

(二)师资数量不足和队伍不稳定的问题

师资力量是民办高中多样化办学的一个非常重要的考量因素。尽管民办特色高中的优秀教师,有很大一部分是以人才引进的方式吸纳到学校来的,要么具有国外留学的背景,要么具有在公立高中丰富的教学经验,但从特色发展的项目要求来看数量远远不够,不少学校每年都面临着招贤纳士的艰巨任务。而且与公办学校相比,民办高中教师的流动性相对较大,教师的流动为教学的稳定性与连贯性带来了一定的挑战。从有些学科的教师和高层管理者的履历看,在圈内学校间"跳槽"是普遍现象。以科创教师为例,尽管不少民办高中努力通过内部培训来提升教师的专业能力,但与那些能够吸引和留住顶尖科技人才的学校相比仍显不足。

（三）学校特色办学与学生升学的问题

民办高中承担着满足高中生个性化需求和多元升学的双重任务。学校要有特色，是家长选择时的重要考虑因素，但能不能解决部分非京籍家庭不能升公立高中的问题，能不能实现部分家庭想避开高考，给孩子创造多元升学路径的愿望，是学校在特色化办学过程中需要解决的问题。但在办学的实践中，无论是小班化、走班制，还是设置多种班型、开设多种国际课程，兼顾办学和升学目标总是存在不协调的地方，有些民办高中的升学通道还不是很畅通，家长的选择还不够多元。

（四）学校治理的问题

学校办学过程中面临着外部治理和内部治理的问题。外部治理主要是来自政府政策和管制的压力。如事前审批、全流程监控，以及时不时地进行评估和各类检查。内部治理主要是指学校内部的管理方式。民办学校内部的管理问题主要有法人治理结构不健全、运行机制不科学、"内部人控制"和"家族化管理""家长制"等。这种自上而下的内部管理方式显然不利于民办高中多样化发展。

此外，还有家校沟通的问题。家长的认可，是民办高中生存和发展的动力。现在民办高中在探索多样化发展的道路上十分重视家长的参与。不少学校的家长活动开展得有声有色，成为学校的一大亮点。

六 推进北京市民办高中多样化发展的政策建议

（一）民办高中要坚持政治性和专业性发展的高度统一

党的二十大报告明确提出教育、科技、人才是全面建设社会主义现代化国家的基础性、战略性支撑。新时代教育有新的特征，要"坚持从政治上看教育、从民生上抓教育、从规律上办教育"。2024年全国教育大会提出，要牢牢把握教育的政治属性、人民属性、战略属性，这是对教育本质与规律的科学认识，是对于中国特色社会主义教育发展规律的准确判断，对于建成教育强国具有重要的指导意义。民办高中是公办教育的重要补充，作为一种重要的教育类型，民办教育的多样化和高质量发展理念的提出是基于国家对教育的基础性和战略性的重视，是创新型人才培养的必然要求。其办学和发展一是必须坚持正确的政治方向，坚持"为党育人、为国育才"；落实立德树人根本任务，不能违背教育政策。遵循教育规律，坚持五育并举，促进学生全面发展。二是必须遵循教育规律，发挥潜在的体制优势，打造特色，因材施教，分层教学，对不同禀赋和特长的学生进行个性化培养。

（二）政府要依法履责为民办高中多样化发展搭台

民办高中多样化发展，离不开政府的依法引导规范和履责。在依法引导规范方面，贯彻落实《中华人民共和国民办教育促进法》《中华人民共和国民办教育促进法实施条例》，加快《北京市民办教育促进法实施条例》出台（目前已完成起草），保障全市民办学校依法办学自主管理，规范健康发展。健全完善民办学校学年检查和学年报告制度。在政府履责方面，培育、支持学校自主性成长。减少事前审批，加大事中事后监管力度，在招生、学籍管理等方面为更多家庭的教育选择提供包容性制度。对民办高中在办学过程中遇到的校舍搬迁、租赁、家校舆情等热点难点问题，政府要及时给予相关的指导和援助。对办学行为规范、教育质量较好、社会信誉良好的民办特色高中学校给予奖励和扶持。严格落实国家各项学生资助政策，民办学校应从学费收入中提取不少于5%的资金，用于奖励和资助学生。

（三）民办高中要加强学校内涵建设

第一，重视课程建设。现有的民办高中已经开发了一系列高质量的课程并成为学校的特色，必修课、选修课、国际课程、校本课程可谓应有尽有。

在开办各种不同类型文化班级的同时，还开设有体育、美术、传媒、音乐、舞蹈、科技等特色班级和课程。要进一步总结经验，提炼精华，打造精品课程，推进实施班型、活动创设的多样化。随着教育强国建设战略的推进，民办学校要更加重视拔尖创新型人才的培养，进一步完善科创课程体系，培养学生的科创兴趣和科学思维能力。

第二，重视打造多样化的活动平台。不同样态的学校，以各自的特色课程为代表，通过丰富的教育教学活动，如实验室模拟、项目式学习、学术交流、研学探索等，从不同方面培养学生的综合素养，增强学生的自信，激发学生的综合潜力，开阔学生视野，增强学生思考能力、应变能力和实践创新能力。

第三，重视师资建设。学校多样化特色发展对教师的要求高，要大力引进各学科优秀人才，同时，通过学科培训、教科研活动提升学校教师的专业能力和教育教学水平。学校实施精细化服务，给予教师在校的优厚待遇和家的温暖。建立健全社会保障体系，维护国内外教师的合法权益。

第四，重视学校内部管理。加强学校内部的民主治理，民办学校理事会、董事会或者其他形式的决策机构、审议机构应发挥应有作用。消除中间环节，实行扁平化管理，提高学校管理效率。围绕学生的个性化多样化需求，构建教师、学生、家庭和社会多元参与的学校管理机制。

第五，重视家校社合作。家校沟通要跟进。学校在大力推进特色课程时，要将理念、活动内容、实施方案等准确地传递给家长，获得家长的认可。学校要持续、高水平地开办家长学校，对学校的办学规划、办学理念、人才培养模式、教育法律法规和政策、亲子关系、育儿、留学等各个方面进行普及。特别是对于学校办学中出现的偶发事件，要建立健全学校应急风险防范机制，及时做好事实澄清和公关工作。

（四）大力开发学校多样化发展模式

民办高中由于办学体制机制灵活，在多样化发展上具有天然优势，要瞄准公立高中办不了、群众有需求的和具有显著社会效益的方面，围绕民办教育的多样化与高质量发展，始终坚持因材施教、适性扬才的办学理念，在办学理念、办学模式、课程设置等方面办出特色。学习借鉴全国其他地方的实践经验，进一步积极探索"综合高中""普职融合"等办学新模式，走出一条民办高中差异化、错位发展的路子。

北京市民办国际化特色学校发展研究报告

丁秀棠[*]

摘 要：本研究对北京市民办国际化特色学校现状、特征等进行了比较全面的分析。报告首先界定了民办国际化特色学校的概念，即采用国际先进办学理念，开设与境外高校招生相衔接的课程或项目，主要服务于计划出国留学家庭的民办学校。据不完全统计，2023年北京市共有该类学校38所，学校以十二年一贯制为主，课程与项目丰富多样，包括IB、A-Level和AP等主流国际课程以及香港DSE课程、日语等小语种课程以及艺术项目等。师资力量以硕士为主，但职称普遍较低。报告分析了学校发展的特征，包括办学时间较短、区域分布集中和办学水平分化等。与此同时，该类学校发展面临一些挑战和困难，包括招生竞争加剧、国际课程与本土课程融合困难、师资流动性大和办学成本高等。为此，报告建议对该类学校进行界定并对民办中小学进行分类管理，对该类学校更加科学地确定其招生范围、招生方式，依法给予一定的课程设置自主权，通过相关支持帮助其降低办学成本等，以促进民办国际化特色学校的高质量发展。

关键词：民办国际化特色学校 高质量发展 北京市

---

[*] 丁秀棠，博士，北京教育科学研究院教育发展研究中心，副研究员，主要研究方向为民办教育政策与教育治理。

一　当前北京市民办国际化特色学校发展现状

"民办国际化特色学校"并不是一个具有严格标准界定的概念，有时也会被笼统称作"国际学校"。2019年2月，《北京市国际学校发展三年行动计划（2019-2021年）》对国际学校的范畴做了明确规定，国际学校指的是以下五类：一是外籍人员子女学校，二是使馆人员子女学校，三是高中中外合作办学机构和项目，四是国际化特色民办学校，五是具有接收外国学生资质的普通中小学。其中，国际化特色民办学校一般是指以开展国际教育为主要特色的民办中小学。但事实上，该概念界定并不清晰，尤其关于"国际化特色"缺乏明确的界定标准。为了便于分析，本报告将民办国际化特色学校（本报告将"民办"二字放在前面）界定为：采用国际先进办学理念或教育教学组织方式，开设与境外高校招生相衔接的国际课程或采用国际公认的先进课程理念框架，为打算出国留学的学生提供教育教学服务的民办学校。

（一）基本情况

1. 学校与学生

根据上述对民办国际化特色学校的基本界定，2023年北京市有民办国际化特色学校38所[①]，其中34所学校共有在校生18310人，以义务教育阶段学生为主，包括小学阶段在校生11327人，初中阶段在校生5183人，而高中阶段在校生只有1800人。从学生来源看，北京民办国际化特色学校以大陆地区学生为主，有少量来自中国香港、澳门、台湾地区以及其他国家的学生。同时，根据课题组对学校的调研发现，许多学校非京籍生源占比较高，尤其是高中学段。总体上，相较普通民办中小学，民办国际化特色学校

---

① 需要指出的是，由于相关数据来自不同区的统计，而各区在进行统计时实际掌握的标准存在差异，因此该数据只能作为参考。

的生源结构要更加复杂与多样。

2. 学段分布

38所学校中,十二年一贯制学校数量最多,共有28所;九年一贯制学校2所,完全中学2所,高中5所,小学1所。需要说明的是,28所十二年一贯制学校中只有23所学校全学段都开设了国际特色课程,有5所学校只在高中阶段开设国际特色课程。2所完全中学中,只有1所学校全学段开设了国际特色课程。因此,在小学阶段开设国际特色课程的学校有32所,初中阶段开设国际特色课程的学校有33所,高中阶段开设国际特色课程的学校有35所,显然高中阶段涉及学校数量最多。

3. 课程类型

北京市民办国际化特色学校提供的国际课程种类(或采用的课程框架、项目)比较丰富,其中国际文凭组织的IB课程框架、英国的A-Level课程和美国的AP项目是主流课程。这三类课程分别有21所、13所和11所学校开设(有的学校同时开设两类及以上国际课程)。除上述三大类课程外,一些学校还通过与境内外学校合作或取得国外政府等有关机构授权等方式,开设丰富多元的其他种类国际课程,如有8所学校开设香港DSE课程、加拿大BC课程、艺术课程、西班牙课程等国际特色课程。调研发现,除了考虑升学外,课程内容的科学性和国际接受度等也是家长择校时考虑的重要因素。因此,课程开设的丰富性能够促进生源的多样性。

4. 师资力量

由于民办国际化特色学校主要服务于高层次人才子女教育需求,因此该类学校对教师队伍的学历要求较高。数据显示,北京市民办国际化特色学校教师队伍学历层次普遍较高,硕士学历占一半。同时,教师队伍整体年龄结构比较年轻,但由于各种原因职称情况不太理想。具体来看呈现以下特征:一是结构年轻化。教师年龄集中在25~39岁,占比近70%。其中,25~29岁占21.54%,30~34岁占25.85%,35~39岁占20.76%。二是以硕士学历为主。硕士学历占比58.62%,本科学历占比36.55%,博士学历占比3.92%。三是职称普遍较低,有大量未定级人员。数据显示,34所学校766

名专任教师中,正高级占0.13%,副高级占6.66%,中级占9.27%,助理级占23.11%,未定职级的占比高达60.57%。

5.收费情况

根据国际、国内一些机构的数据对比,总体上北京市民办国际化特色学校收费标准比较高,不仅在国内排名前列,在国际上也属于高收费。在学费收取方面,就各学段平均收费标准而言,高中阶段收费最高,其次为初中阶段,小学阶段平均收费标准最低。具体来看,小学阶段的学校中,学费最低的为每年73800元,最高的为30万元,其中每年学费收取标准在20万~30万元的最多,有16所学校,占一多半;10万元以下的有2所学校。初中阶段的学校中,学费最低的为每年74000元,最高的为32万元,收费在20万元以上的共有15所学校,超过一半。高中阶段且实际招生的学校中,学费最低的为每年59800元,最高的为30.5万元,有19所学校收费超过20万元。在住宿费方面,由于不同学校提供的服务不同,所收取的住宿费标准差异也比较大。如小学阶段,住宿费收取标准最高的为每生每年7万元,最低的为5000元;初中阶段,住宿费收取标准最高的为每生每年8万元,最低的只有4000元;高中阶段,住宿费收取标准最高的为每生每年9万元,最低的为5000元。

(二)发展特征

1.办学时间普遍较短

作为中国首都,北京民办国际化特色学校的产生和发展与首都经济社会发展紧密相连。伴随着中国进入WTO、申办奥运等重大事件,本土、外来教育品牌纷纷涌现,本土如海嘉、青苗、启明星、哈罗,国际如德威、诺德安达等教育集团品牌,都在北京扎根发展民办国际化特色学校。根据学校问卷调查,北京民办国际化特色学校成立时间最早的是1993年,但有一多半是在2010年以后成立的,共有17所学校,包括2021~2022年成立的4所。2000年之前成立的只有4所,2000~2010年成立的有9所。同时,需要指出的是,有些学校并非建校之初就是国际化特色学校,如有的学校虽然是

1993年成立，但直到2010年才开始提供国际课程。因此，作为国际化特色学校来说，大部分民办学校成立或办学时间都不长，相当一批学校属于三年或五年内新建学校。

2. 区域分布比较集中

北京市民办国际化特色学校在区域分布方面具有明显的地域聚集性特征。总体来看，38所学校共分布在北京市10个区，但其中的30所学校集中分布在北京金融、科技、外来人口相对集中的地区，即海淀区、顺义区、朝阳区和通州区四个区，聚集性特征非常明显。具体为海淀区9所、顺义区9所、朝阳区8所、通州区4所；其他8所分布在另外6个区，包括大兴区3所、经开区1所、丰台区1所、怀柔区1所、平谷区1所、房山区1所。这种空间布局具有"聚商环金，青睐科教"的特性——朝阳区为金融行业、数字经济发展核心区，海淀区以高新技术研发、创新产业、教育文化行业著称，顺义区属于国际化群体居住比较集中的地区。然而，在新的招生政策下，这种区域分布的聚集性特征反而成为制约学校发展的因素。

3. 办学水平分化严重

从教育投入、教育过程、教育成效视角来看，北京市民办国际化特色学校总体办学水平不高，且学校之间差异比较大。2022年12月，香港专业教育出版社（HKPEP）教育信息研究院发布《2023HKPEP中国最具教育竞争力国际学校100强》，教育竞争力评选指标是基于联合国教育、科学及文化组织出版的统计年鉴有关国际通用的教育指标，采用"教育投入—教育过程—教育成效"的评比架构。其中，教育投入占比30%，教育过程占比20%，教育成效占比50%。教育投入包括教育资源设施、教师质素、师生比率三个指标，各占10%的权重；教育过程包括教学质素、学生支援措施两个指标，权重分别为15%和5%；教育成效包括学业成绩、课外活动表现、校风三个指标，权重分别是30%、10%和10%，上榜的国际学校来自大陆、香港、澳门、台湾共24个城市。100强中，北京有17所，但大部分都是公办高中国际部，如北师大附中国际部、人大附中国际部等，均排名在前五位，而北京市民办国际化特色学校中只有鼎石学校上榜，且排名仅第41位。

由此说明，总体而言北京市民办国际化特色学校的办学质量、办学声誉还相对偏弱，只有少数几所学校成为行业内知名学校。

二 面临的主要问题与挑战

（一）招生形势严峻，招生数量普遍减少，加上在校生流失，导致学校规模缩小，办学经费不足

近年来，受各种因素影响，民办国际化特色学校招生形势日益严峻。一方面总体招生规模缩小，另一方面在校生流失现象也有所加重。根据对学校实地调研了解，近三年不少学校招生规模持续缩小，有的学校当年某个学段招生只有个位数。根据对民办国际化特色学校生源家庭经济社会背景的调研发现，私营企业主子女是学校的重要生源，但前几年私营企业受新冠疫情影响比较严重，导致不少家庭学费支付能力下降，难以继续支付相对高昂的学费。另外，近两年高净值家庭移民数量有所增加，导致部分民办国际化特色学校在校生流失或高学段生源减少。招生规模缩小与在校生数量的减少，不仅让一些学校陷入办学经费不足与学校资源闲置浪费的困境中，也导致学校的生均培养成本进一步攀升，进而引发新的财务问题。

（二）学校之间招生竞争更加激烈，出现过度商业化招生与不公平竞争问题

在严峻的招生形势之下，一些学校面临生存压力，学校之间的生源竞争更为激烈。为了争夺有限的生源，部分学校采用一些过度商业化的招生手段，由此破坏了行业发展秩序。调研发现，部分学校通过各种措施相互"挖学生"，如通过学费打折等方式吸引家长"团报"。在此"诱惑"之下，部分家长为了经济利益而失去对学校的客观真实评价与口碑宣传。有的学校通过招生中介过度商业化招生，导致招生宣传存在夸大问题，家长难以获得真实有效的信息。与此同时，学校招生成本也在攀升，一些学校招生方面的

支出在整体办学支出中占比过高。为了竞争生源,学校或招生中介之间会相互"诋毁"。上述现象都不同程度地恶化了学校正常发展的公平环境,进一步提高办学成本,也为整个行业发展带来负面影响。

(三)国际课程与本土课程融合面临一定的挑战,同时一些学校为了吸引更多生源而不断增加新的课程类型,存在鱼龙混杂问题

由于民办国际化特色学校主要为满足高层次人才对子女出国留学教育的需求而设,在课程开设与教育教学活动方面必须对标国际标准,尤其是境外高校录取标准,但一些学校在课程开设与教育教学活动方面还处于相对初期或简单的模仿、复制阶段。与此同时,随着国家对民办中小学课程开设的规范力度加大,尤其是义务教育阶段明确规定学校不能使用境外教材,让不少学校面临挑战。如何将国际课程与国家课程进行深度融合,基于国家课程标准高质量实施国际课程理念、实现国际课程本土化,有些学校明显探索不够,在办学资源方面也缺乏支撑。另外,为了满足不同学生个性化教育需求,吸引更加多样化的生源,近年来民办国际化特色学校在增设新的课程方面也加快了步伐。但由于缺乏相应的监督,关于课程开设的许多信息不够公开透明,课程开设质量也难以得到保障。

(四)师资队伍存在流动性偏大以及聘用成本增加等问题

受教师编制、职称晋升以及社会保障制度差异等因素影响,民办学校教师流动性始终相对偏大。而民办国际化特色学校近年来更是受新冠疫情等因素影响,在教师稳定性和教师聘用尤其是外籍教师方面出现更多困难。一方面,选择空间变小,师资队伍质量难以得到保证;另一方面,师资队伍流动性增大,很大程度上影响学校办学质量。根据家长问卷调查发现,关于"孩子所在学校教师的稳定程度",外籍教师的稳定程度作答平均值要更低一些。调研发现,外籍教师平均任职年限大部分为2~4年,且不少学校出现年限进一步缩短情况。随着外籍教师供给"短缺",学校之间围绕优质外籍教师的竞争也更加激烈,相互之间"挖教师"现象加剧,相应的各种成本，包括聘用成本、教师工资补贴成本等也不断攀升。上述教师队伍方面所存在的问题或出现的新挑战，都对民办国际化特色学校的高质量发展产生不良影响。

（五）学校办学成本普遍较高，非教育教学投入成本不断攀升，一定程度上影响学校高质量发展

调研发现，受举办模式与投入形式、学校发展阶段与办学品牌成熟度、办学资源整合与利用以及外部制度环境等各种因素影响，不同的民办国际化特色学校办学成本构成结构差异比较大。尤其是近年来在校生数量下降，但招生宣传、教师聘用、场所租金、税收等成本却在攀升，一些学校开始出现支出大于收入的亏损问题，财务风险增加。部分学校非教育教学成本支出占比过高，教育教学投入不足，进而影响学校的办学质量。以办学场所租金为例，对连续三年租金变化情况的调查发现，大部分学校租金呈逐年增加趋势。一些学校的租金支出占当年收入的近1/3，从支出比例来看，有些学校的租金支出甚至超过40%。

三 关于推动北京市民办国际化特色学校健康高质量发展的建议

（一）根据民办学校服务对象与办学定位差异，将民办学校划分为不同类型，明确民办国际化特色学校标准，实施分类管理

北京作为国际化大都市，社会阶层多元，人口流动性相对较大。而公办教育体系受制于财政经费来源、管理体制与保障基本教育公平等，无论是教育机会还是教育质量都难以充分、有效地满足社会多样性的教育需求。从保障受教育权利以及家庭选择权的视角，需要有一个更加灵活、开放、包容的民办教育体系来接纳公办教育无法满足的教育需求。但由于教育需求的多元性、个性化，不是所有的教育需求都属于公共教育服务范畴。因此，应根据

民办学校服务对象特征与服务群体教育需求类型，对民办学校进行分类管理。特别是民办学校利用、整合各类国际特色教育资源，通过开展各类国际特色教育活动，构建国际特色教育服务体系，主要服务于高收入群体国际教育需求的，应被界定为"民办国际化特色学校"。对于该类学校的管理与引导，应当区别于普通民办学校，特别是由于政府公办学校学位不足而被纳入政府购买学位范畴的民办学校。

（二）科学合理确定招生范围，根据办学条件核定办学规模，在优先审批地范围内招生前提下，将剩余学位面向其他区域开放

"审批地范围内招生"政策出台背后的逻辑，是由于外省市一些地区义务教育阶段学校"民强公弱"，民办学校与公办学校同质化竞争容易破坏义务教育学校办学秩序与教育生态。而北京市民办国际化特色学校则更多提供差异化、选择性教育服务，与公办学校属于非同质化发展，加上民办学校区域分布的高度集中性、非城区型分布和寄宿性等现实特征，民办国际化特色学校招生政策应体现开放性、包容性和灵活性，由审批部门根据学校办学条件合理确定办学规模，并由学校自主确定招生标准，真正实现"学有所教、有教无类"，满足各类群体教育需求。具体当年招生计划由学校根据现有办学规模与核定办学规模之差，结合自身办学资源状况来自主确定；在招生方面确定一定的优先顺序，譬如优先招收审批地范围内生源，在有空余学位的情况下，其他招生范围由学校自主确定。

（三）在课程建设方面依法给予学校相应的自主权，同时也要加强对课程开设类型与开设质量的必要监管与评估

2021年新修订的《民办教育促进法实施条例》规定，"实施普通高中教育、义务教育的民办学校可以基于国家课程标准自主开设有特色的课程，实施教育教学创新，自主设置的课程应当报主管教育行政部门备案。实施义务教育的民办学校不得使用境外教材。"基础教育领域的国际特色教育，应是立足于学校本位的国际特色教育。因此，在满足国家课程开设要求的前提

下，民办国际化特色学校在课程开设方面享有一定的办学自主权与创新探索空间，充分展现学校各自办学特色，培育各自办学优势，形成"各美其美"的多样化国际特色教育格局。同时，学校开展中外融合课程实验的，中外融合课程方案、课程计划及教材须经有关部门审查并备案。鼓励高中阶段通过国内外合作等方式开设国际课程，对双文凭课程、双联学制课程等经过评估达到标准后予以认可，对国内高中生赴海外进修、研习、实习或服务学习的学分予以认可或认证。

（四）通过各种扶持性措施降低学校办学成本，让更多办学经费投入教育教学活动中，不断提高办学质量

受各种因素影响，民办国际化特色学校办学成本普遍比较高，由此导致学费收取标准也比较高。为了让更多有需要的家庭能够支付得起，同时也为了让学校将更多办学经费投入教育教学活动中，以不断提高办学质量，提高首都北京国际教育吸引力和竞争力，建议依法落实各种扶持性政策，通过政府支持降低不必要的非教育教学支出成本。如在土地、办学场所等方面予以必要的扶持。对于无自有办学场地、办学质量高的学校，优先协调闲置的公有办学场地免费使用或低于市场价租用，提供稳定的办学场地，同时降低办学成本。对学校引进、聘用高层次人才符合有关标准的，予以协调落实高层次人才各项扶持政策与优惠待遇，包括给予一定的进京落户指标、对住房补贴予以税收减免等。加大对高层次外籍教师的服务保障力度，在医疗保险、住房补贴、子女教育等方面出台更符合其需求的相关政策，帮助学校降低高层次外籍教师聘用成本，吸引高水平优秀人才任教。

（五）针对民办教育市场中的"失灵"问题，积极发挥政府引导与社会规范作用，为民办学校营造更加公平的发展环境

为了优化市场环境，推动公平竞争，并保障学生及家长等相关群体的合法权益，应针对民办国际化特色教育市场中的一些"失灵"现象与不规范问题采取合理措施。包括允许民办国际化特色学校通过校园开放日等活动，

让学生及家长能够充分了解学校实际办学情况,以便在信息对称的前提下做出理性选择,防范过度商业化的招生宣传中介基于利益导向而对学校进行夸大不实宣传。在教师聘用方面,支持由第三方非营利性机构搭建公共平台,帮助学校降低师资聘用成本,同时也规范师资聘用市场,减少师资聘用过程中的不公平竞争现象。

北京市民办高职院校国际交流合作创新与实践

宋晓欣 刘 熙*

摘 要： 民办高职院校作为首都教育体系的重要组成部分，长期以来坚持教育国际化发展，满足广大市民对多样化教育的需求。北京市民办高职院校采取的国际交流与合作方式包括：国（境）外高校国际本硕直通车项目、与国（境）外院校间师生互访的短期交流项目、教师境外专业培训（包括管理者）、聘请外籍教师、国（境）外学生来华非学历留学。目前，存在的问题体现在政府、学校和社会组织三个层面，未来，民办高职院校应以专业发展为抓手开展国际合作；搭建促进民办高职院校国际交流与合作的平台；政府层面为民办高职院校提供多渠道经费支持；高职院校增强开放意识，提升国际化教育水平。

关键词： 民办高职院校 国际交流与合作 北京市

从人口规模、经济文化产出与贡献、对世界政治经济的影响、城市知名度和品牌美誉度等方面看，北京已经成为对全球事务具有重要影响的中心城市。《北京城市总体规划（2016—2035年）》从顶层设计的高度强

---

* 宋晓欣，北京教育科学研究院教育发展研究中心，助理研究员，主要研究方向为教育管理、教育政策；刘熙，北京教育科学研究院教育发展研究中心，副主任，主要研究方向为民办教育政策与法治。

调了北京作为国际交往中心的战略定位。北京是我国的首要外交舞台，是东方传统文化与现代多元文化交融和中国文化自信的展示窗口，是全球科技创新和交流合作的枢纽。首都教育须在支持城市功能建设上发挥更大作用，北京举办主场外交、国际交往活动更加频繁，更加积极参与国际事务，国际交流的深度和广度不断提升，这就要求首都教育通过推进国际化发展培养更多人才。民办高职院校作为首都教育体系的重要组成部分，长期以来坚持教育国际化发展，通过推进高水平教育开放，引进吸收国际先进的教育理念、办学模式和教育教学模式，打破原有固化的人才培养模式、封闭的课程资源、单一的管理组织结构，激发学校办学活力，提高学校办学质量，很大程度上满足了广大市民对更加多样、更高质量教育的需求。本研究对北京市民办高职院校在开展国际交流与合作、服务北京国际交往中心功能建设方面的创新与实践进行总结，并分析其面临的困难和问题。

一 北京市民办高职院校国际交流与合作现状

2023年6月，教育部发布的全国高校名单显示，北京市现有高职院校25所，其中公办高职院校16所，民办高职院校9所。从中外合作办学情况来看，9所民办高职院校暂无中外合作办学机构，中外合作办学项目涉及较少，教育部"中外合作办学"监管工作信息平台2023年6月更新的数据显示，北京市由地方审批报教育部备案的民办高职中外合作项目仅有1项。具体情况如下：北京科技职业学院2010～2012年（每年1期）开设了中外合作办学项目，名称为北京科技职业学院与德国德累斯顿工业大学继续教育学院合作举办物流管理专业高职教育项目，每期招生人数为40人，学制3.5年；颁发的证书包括中方的高职教育毕业证书、外方的德国IHK职业资格证书，该项目批准书已于2015年12月31日过期。

从国际交流与合作情况来看，9所民办高职院校中仅有4所开展了相关活动①，分别为北京培黎职业学院、北京汇佳职业学院、北京经济技术职业学院、北京北大方正软件职业技术学院。北京市民办高职院校国际交流与合作情况如下。

（一）负责国际交流与合作工作的机构

北京市4所民办高职院校中，北京培黎职业学院专门设有"国际交流与合作办公室"，北京汇佳职业学院专门设有"国际合作中心""国际交流合作中心"，主管学校的国际交流与合作工作，主要职责包括：以多种形式开拓国际市场、与国外大学开展合作、进行海外合作项目联合洽谈、协议签署、组织实施、监督管理、协调评估和研究创新等，致力于甄选出优质的海外合作院校与资源，努力为学生打造质量过硬的国际平台。其余两所院校均未专门设立负责国际交流与合作工作的组织机构，将国际交流与合作的职能融入学院办公室、招生处等行政机构。其原因在于国际交流与合作的工作量还不足以单独设置一个部门专门管理。北京培黎职业学院、北京汇佳职业学院将国际交流与合作工作单列出来，这也从一个侧面反映了该项工作在学院的地位，需要一个专业的部门加以统筹和协调。

（二）国际交流与合作的主要表现形式

北京市民办高职院校采取的国际交流与合作方式主要有以下五种：国（境）外高校国际本硕直通车项目、与国（境）外院校间师生互访的短期交流项目、教师境外专业培训（包括管理者）、聘请外籍教师、国（境）外学生来华非学历留学等。可以看出，北京市民办高职院校国际交流与合作以操作相对比较容易、见效比较明显、受外部因素影响较小的交流方式为主。尚未涉及开设中外合作办学项目、境外办学、招收攻读学历留学生、组织国际

---

① 本文资料来源于4所民办高职院校官网。

学术会议等国际交流与合作方式，因为这些方式涉及学校本身的综合实力和国际影响力，北京市民办高职院校仍有较大差距。影响国际交流与合作的因素较为复杂，外部影响因素主要包括院校所处地区、地方政府的支持力度、政策法规、信息渠道因素等，内部影响因素主要包括院校专业结构、师资队伍、领导观念、工作经费、院校自身发展水平、院校工作人员个人能力等。

北京市民办高职院校开展国际交流与合作的具体情况如下。

1.国（境）外高校国际本硕直通车项目

国（境）外高校国际本硕直通车项目以满足学生在国外提升学历的需求为主，在国外完成学业后可获得学历证书。本硕直通车项目的入学要求一般包括：一是语言要求，需达到申请进入国外学校规定的入学语言水平，比如西班牙语达到A2水平、日语学习达到五级水平等；二是专业成绩合格，取得国家承认的学历；三是符合办理留学签证的所有要求。

国（境）外高校国际本硕直通车项目分为面向本校学生（即需要在本校完成专科学历学习）和非本校学生两种情况。对于非本校学生的项目，民办高职院校主要充当了"中介"的角色，帮助学生提升语言能力以达到出国的语言要求，提供境外留学服务的申请工作，最终帮助其获得国外高校的录取通知书。北京市面向非本校学生的国际本硕直通车项目如表1、表2、表3所示。可知，项目主要包括高起本、专升本、专/本升硕、本硕连读等；留学国家涉及西班牙、日本、英国、泰国、美国五个国家；专业涉及经济管理类、新闻媒体类、艺术类、人文社科类、工程制造类等；留学总费用方面，泰国、日本的留学成本明显低于美国、英国，但英国留学具备学制短的特点，一般本科需3年，硕士需1年，缩减了时间成本。

主要优势在于：一是学历含金量高，颁发的文凭、证书规范，获得我国及世界各国认可；二是留学性价比高，部分留学项目奖学金丰厚，留学生享受学费减免制度等；三是就业前景良好，以北京培黎职业学院为例，就业以外资企业、国家机关等为主（见表4）。

表1　北京培黎职业学院的国际教育（无本校学习要求）

项目	招收对象	合作国家及学校	专业	总费用
高起本（国外1年语言预科+国外4年本科生课程）	高中毕业生或高中在读生（必须有会考成绩）	【西班牙】马德里康普顿斯大学、马德里卡洛斯三世大学、胡安卡洛斯国王大学、马德里理工大学、巴塞罗那大学等；【日本】东京大学、京都大学、东北大学、大阪大学、九州大学、早稻田大学等；【英国】拉夫堡大学、谢菲尔德大学、艾克斯特大学、贝德福德大学、伦敦大学、杜伦大学、埃克斯特大学、利兹大学等	国际贸易、经济管理类、会计与财务管理、计算机工程、汽车工程、环境工程、汽车制造、互联网自动化、多媒体传播、网络商务学、休闲运动、经济学、媒体传播学等	【西班牙】本科五年约45万元人民币，硕士两年约25万元人民币【日本】本科五年约50万元人民币，硕士三年约28万元人民币【英国】本科四年约70万元人民币，硕士两年约40万元人民币
专/本升硕（国外1年语言预科+国外1年硕士课程）	专科/本科毕业学生或专科/本科在读生	【西班牙】拉科鲁尼亚大学、巴亚多利德大学、圣地亚阿哥德波孔特拉大学；【日本】拓殖大学、吉备国际大学、武藏野学院大学等；【英国】奥斯特大学、贝德福德大学		

表2　北京汇佳职业学院泰国格乐大学国际本硕项目（无本校学习要求）

项目	办学层次	招生对象	学制	覆盖专业	收费标准/学杂费①
泰国格乐大学国际本硕项目	本科	应（往）届高中毕业生/专科生	高中起点本科学制4年，专升本学制2年	人力资源管理、数字市场营销、商务计算机、旅游与酒店、金融与会计、国际物流与供应链管理、航空商务管理、大健康促进与医疗大数据、艺术设计与数字传媒、音乐与舞蹈学、艺术与设计、新闻传播与戏剧影视学、国际中文教育、儿童早期教育、交际泰语等	高起本4年学制：泰文授课7.98万元人民币，英语授课9.98万元人民币，中英双语授课11.98万元人民币，中英泰多语言授课15.98万元人民币；专升本两年学制：中英泰多语言授课7.98万元人民币

---

① 学杂费包括：报告申请费、注册费、教材资料讲义费、课程考试费、国际学生管理费、指导费（本科毕业设计指导/研究生的论文指导）等。自理费用：签证费、境外保险费、学习期间生活费、住宿费、交通费、本班组织的相关考察活动可能涉及的额外费用。

项目	办学层次	招生对象	学制	覆盖专业	收费标准/学杂费
泰国格乐大学国际本硕项目	硕士	应往届本科毕业生	硕士学制2年	音乐与舞蹈学、艺术与设计、新闻传播与戏剧影视学、人力资源管理、市场营销、金融与会计、全球化物流管理、创新管理、工程技术管理、大健康促进与医疗大数据、国际中文教育、法学、教育管理、体育教学等	泰语授课4.98万元人民币;中英泰不同的多语言专业学杂费存在区别,为9.8万~15.8万元人民币

表3 北京汇佳职业学院美国纽约电影学院国际专本硕项目（无本校学习要求）

项目	招生对象	覆盖专业	学制	收费标准
美国纽约电影学院国际专本硕项目	高中以上学历毕业生（同等学力）	电影制作专业、影视媒体制作	2+1专科项目:2年国内课程学习+1年国外艺术副学士学位AFA学习	国内学费:49000元人民币/年 国外学费:16583美元/学期
			2+2本科项目:2年国内课程学习+2年艺术学士学位BFA学习	国内学费:49000元人民币/年 国外学费:17085美元/学期
			2+2+1本硕连读:2年国内课程学习+2年艺术学士学位BFA学习+1年文学硕士学位MA学习	国内学费:49000元人民币/年 国外学费:16492~17085美元/学期

表4 北京培黎职业学院国外留学的就业情况

留学国家	就业前景
西班牙	国有企业单位,如中国外交部、外国驻华使馆、中国大型央企等,占比42% 外资外贸企业,如西班牙外资企业、中国大型外贸公司,占比35% 留在海外发展,如进入国外当地的外贸公司或华人单位,占比12% 自由职业人员,如教师、翻译人员、旅游从业者等,占比11%
日本	日资企业占比50%~60%;国家机关(包括外交部、各级政府机关、海关、外经贸办公室和贸易促进协会等)占比20%左右;日语教师和日语导游各占比10%左右

面向本校学生的项目,需要完成本校的学习任务,获取本校毕业、学历证书后再申请出国留学(见表5、表6、表7),北京培黎职业学院国际英才班、北京汇佳职业学院国际菁英人才培养项目均是这种模式。国外学校的办

学层次以本科和硕士为主；留学国家涉及英国、西班牙、日本、美国、澳大利亚、加拿大、新加坡、马来西亚、韩国、西班牙、俄罗斯等；专业涉及经济管理类、语言类、新闻媒体类、计算机软件等；总费用方面，北京培黎职业学院国内学习的学费统一为 6 万元人民币，北京汇佳职业学院国内学习期间除缴纳学费、住宿费外，还需缴纳国际费 7.8 万元人民币/人。

表 5　北京培黎职业学院国际英才班（要求在本校完成学业）

留学国家	办学层次	专业覆盖	国内学习	国外学习费用	合作学校
英国	硕士	金融管理、证券与期货、会计、国际经济与贸易、电子商务、市场营销、连锁经营管理、工商企业管理、商务英语	办学层次：专科；学制：3 年；国内学费：6 万元人民币；录取保障：完成培黎学业（专科毕业）、语言达标	一年总费用 20 万~25 万元人民币	阿尔斯特大学、贝特福德大学、诺森比亚大学等
西班牙	硕士	金融管理、证券与期货、会计、国际经济与贸易、电子商务、市场营销、连锁经营管理、工商企业管理、汽车营销与服务、工程造价、旅游管理、体育运营与管理、广告设计与制作、环境艺术设计、数字媒体艺术设计、新闻采编与制作、应用西班牙语、学前教育、计算机应用技术、软件技术、数字媒体应用技术		一年总费用约 10 万元人民币	拉科鲁尼亚大学、巴亚多利德大学、马拉加大学等
日本	本科	金融管理、证券与期货、电子商务、市场营销、连锁经营管理、广告设计与制作、环境艺术设计、数字媒体艺术设计、新闻采编与制作、学前教育、计算机应用技术、软件技术、数字媒体应用技术		一年总费用约 10 万元人民币	武藏野学院大学、吉备国际大学、拓殖大学、樱美林大学、明治大学、法政大学、城西大学等
	本科硕士	国际经济与贸易、工商企业管理、旅游管理			
美国	本科	金融管理、证券与期货、会计、国际经济与贸易、电子商务、市场营销、连锁经营管理、工商企业管理、学前教育		一年总费用 17 万~25 万元人民币	美国东北州立大学、美国匹兹堡州立大学、圣里奥大学

表6　北京汇佳职业学院国际菁英人才培养项目（面向本校学生）

项目	招生对象	费用	国家	合作学校
国际菁英人才培养计划	本校在校生	学费、住宿费以及其他杂费参照学院公布的收费标准①；国际费②为78000元人民币/人	英国、美国、澳大利亚、加拿大、新加坡、马来西亚、韩国、西班牙、俄罗斯等	英国：谢菲尔德大学、考文垂大学、伯明翰大学；韩国：高丽大学、东国大学、中央大学；西班牙：圣维森特马蒂尔天主教大学、胡安卡洛斯国王大学、巴塞罗那自治大学；俄罗斯：太平洋国立大学、东西伯利亚国立技术与管理大学、哈巴罗夫斯克国立经济与法律大学等

表7　北京经济技术职业学院斯坦福德郡大学联合办学（面向本校学生）

项目	招生对象	合作学校	学制	费用
斯坦福德郡大学联合办学	本校学生	斯坦福德郡大学	国内完成全日制3年专科学习，毕业后通过IELTS考试后即可升入国外大学学习两年获得硕士学位	不详

高职院校对于在国内期间的学习设计了一套完整的方案，为毕业后出国留学做好准备，一般包括语言学习、预备课程、对国外文化的理解、实践课程、国外管理制度的沿用等，不同留学项目的安排存在一定的差异。如表8、图1所示，除学习专业课外，还需要在不同阶段完成为出国留学做准备的预备课程、语言强化课程等。

表8　北京汇佳职业学院国际菁英人才培养计划

学习阶段	学习任务
大一（国内）	大一入学、组建班级、导师宣讲、第二外语基础测试、第二外语入门课程、工作坊
大二（国内）	语言强化、工作坊、语言测试/考级、确定意向国家/学校
大三（国内）	语言强化、语言考级、完成毕业考试、完成海外大学预备课程、完成申请并获得offer

① 不同的专业学费存在差异，为10800~22000元/年；教材费为500~900元/年；杂费为1550~1980元/一次性；住宿费按四人和六人标准分别为5060元/年和3300元/年。
② 国际费包括：语言课程教学、人文教养课程、教材资料费、导师服务与工作坊课程、海外院校择校指导、海外院校申请服务、面试辅导及沟通技巧、海外大学本硕项目咨询及指导、申请资料指导费、签证申请辅导、境外服务协助（接机、住宿申请协助、安全教育）。

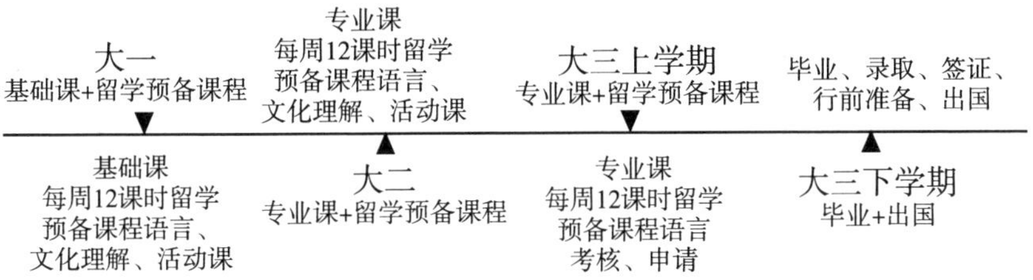

图 1　北京培黎职业学院国际英才班——英国留学计划安排

2. 短期交流项目

短期交流项目以满足学生开拓国际视野、感受国外社会环境和文化氛围的需求为主。如表9、表10所示，学校成立访学团队，招生对象为本校学生，学生自愿报名参加，无语言要求，门槛较低，时间较短，国家/地区涉及英国、澳大利亚、加拿大和中国台湾地区。交流结束后，国外学校为交流生颁发交流学习证书。

表 9　北京经济技术职业学院英国短期游学项目与斯坦福德郡大学联合办学

项目	招生对象	参访国家及学校	游学时间	报名费用①
英国短期游学项目	本校学生	英国：Newcastle Under Lyme College、胡弗汉顿大学、德比大学的酒店管理优异中心、牛津大学等	共15天	26800元人民币/人

表 10　北大方正软件职业技术学院国外短期交流情况

合作项目	招生对象	概况
英国奇切斯特大学文化交流项目	本校学生	商务类专业学生可前往该学院进行语言及1~3个月短期研学，为毕业后申请该学院做准备
澳大利亚桑瑞亚理工学院项目	本校学生	学生可根据自己的专业选择桑瑞亚理工学院对口的专业插班学习，自愿参加，无语言要求，和本地学生及国际生共同上课。还为学院学生提供每天4小时的外教英语课程。项目结束后，桑瑞亚理工学院会为交流生颁发交流学习证书

---

① 费用包括：往返机票、签证费、课程学费、住宿费、境外餐食费、境外交通费、英国境内旅行保险、行程中涉及景点大门票费用。费用不含：个人行李托运超重费用、行程中机场或飞机上三餐、行程列明之外的景点或活动所引起的费用。

续表

合作项目	招生对象	概况
加拿大卡纳多学院短期游学项目	本校学生	学生可根据自己的专业选择加拿大卡纳多学院对口的专业插班学习，自愿参加，无语言要求，和加拿大本地学生及国际生共同上课。还为学院学生提供每天4小时的外教英语课程。项目结束后，加拿大卡纳多学院会为交流生颁发交流学习证书
中国台湾辅英科技大学短期交流项目		针对北方方正软件技术学院护理、学前教育、管理类专业学生，学生可前往中国台湾进行为期四个月的短期研修，学生研修完毕并成绩合格方可回校置换学分

3. 来华留学情况

北京市民办高职院校仅查询到北京培黎职业学院的来华留学情况，招生对象为愿意遵守中国法律法规及学校纪律，尊重中国风俗习惯的持有有效外国护照的非中国籍公民，学历要求高中以上、HSK四级合格，年龄为18~45周岁。学费标准为1万元人民币/学期（含一次在学期间免费周末文化体验活动），教材费为100~200元人民币/学期。

北京培黎职业学院的来华留学分为学历项目和非学历项目，其中学历项目涉及三个系和专业方向：国际商务系的国际经济与贸易专业、双语幼儿教育系的学前教育专业、医药健康系的中医养生保健专业，学制均为3年，学费均为22000元人民币/年。

非学历项目旨在向世界推广汉语和中国文化，针对普通进修生的不同特点和需求，设计汉语教学课程方案，开设多层次的培训课程模块。学校注重将留学生培养成掌握专业知识和实际技能的复合型人才。非学历项目上课时间灵活、课程种类丰富，从零基础到初级、中级、高级，汉语课程覆盖所有层次，除听说读写等主干课外，还开设HSK考前强化、商务汉语、中国历史和文化等课程。学校在课余时间组织留学生参加游学、参观访问、艺术表演、体育比赛等活动，走出校园接触中国社会，了解各地历史文化和风土人情。

二 北京市民办高职院校国际交流与合作存在的问题

（一）政府层面：缺乏统领各高职院校国际合作与交流的管理与推介平台

国家专门出台了《中华人民共和国中外合作办学条例》，其内容对于高校国际交流与合作有一定的指导和管理作用。但是，目前在北京市地方层面缺乏明确可行的国际化战略规划，尤其是针对北京市民办高职院校缺乏具体可操作的举措。调研可知，北京市民办高职院校国际交流与合作是零散的、被动的，缺乏系统、可持续的制度保障，缺乏长期交流与合作的详细规划，也缺乏较为稳定的资金保障，这导致其国际交流与合作发展缓慢。由于没有一个稳定有效的、可以统领各高职院校进行国际合作与交流的管理与推介平台，北京市民办高职院校之间无法实现资源共享，在中外合作交流方面只能依靠中介机构或者校长、教师个人的人脉关系，具有随机性、碎片化特征，也极易出现合作项目雷同和教育资源浪费等现象。

（二）学校层面：民办高职院校开展国际交流与合作的动力不足

在高等教育国际化的大背景下，很多高校都在积极地以不同形式引进和利用国外优质教育资源。但受到多因素制约，民办高职院校发展动力不足。主要表现在以下几个方面。

第一，学校领导对于学校开展国际交流与合作的重要意义认识不足。调研发现，当前北京市民办高职院校的校长中具有明确的国际交流与合作规划的凤毛麟角，大多数校长认为国际交流与合作仅是一份锦上添花的工作，并非学校必须开展的重要工作，因此将其边缘化。学校层面战略规划的缺失反映出校领导对此项工作的认识不足，缺乏主动意识和开拓精神。一部分民办高职院校校长没有能够及时敏锐地观察到当前国际人才市场供求情况，在教育资源配置、培养目标设定、专业设置及课程体系建立等方面缺乏国际化理念。

第二，在配备专业的国际交流与合作人员和建立独立的机构方面尚不健全。调研发现，北京市多数民办高职院校没有设立专门的国际交流与合作机构、专职人员，仅有2所学校设有专门的机构统领国际合作交流事宜。专业的人员需要具备良好的对外沟通交流的能力，熟知学院发展目标方向和发展规划，能够根据学校实际情况对引进的国外资源进行有效的整合及规划等。专业的机构可以保障国际化活动实际有序地开展。当前，北京市民办高职院校在配备专业的国际交流与合作人员和建立独立的机构方面尚不健全。

第三，资金短缺。无论是选派教师到国外学校参加交流参访等活动，还是为学生提供国际交流的资助或奖学金，以及开展科研项目的合作研究等，均需要资金的支持。没有经费保障是当前影响北京市民办高职院校开展国际交流与合作的重要因素。

第四，竞争力不足，我国民办高职院校与国际高水平的职业院校相比存在较大差距，尤其是民办高职院校在师资水平、课程体系、管理模式等方面受到主客观因素的限制，国际化程度尚待提高，缺乏国际交流与合作的竞争力。在实践中具体表现为：民办高职院校进行国际交流与合作规模小、层次低，学生的外语水平有限，民办高职院校具备较高外语水平、能胜任双语教学的师资不足等。调研发现，民办高职院校的部分课程无法与国外校际交流学校的专业课程顺利对接，阻碍了民办高职院校国际交流与合作竞争力的提升。

（三）社会组织：社会组织在民办高职院校国际合作中的作用未充分发挥

社会组织在国际交流与合作方面扮演着非常重要的角色。相较于政府组织，社会组织的运作机制、管理制度更加灵活多变，具备政府部门难以突破的制度、资金等优势，能够采取更加便利的方式进行交流与合作。而当前北京市民办高职院校的国际交流与合作参与主体相对单一，尚未发挥出社会组织的辅助作用。

三　北京市民办高职院校国际交流与合作未来展望

（一）民办高职院校以专业发展为抓手开展国际合作

第一，民办高职院校的部分优势特色专业积极申报为本科层次，以此突破不能与境外本科层次的院校合作的政策限制。2022年新修订的《中华人民共和国职业教育法》，进一步从法律层面明确了专科层次高等职业学校设置的培养高端技术技能人才的部分专业，符合条件的可以经审批实施本科层次的职业教育。这里的部分专业显然是指院校中那些发展基础好、有特色有优势的少数专业。通过专升本打开与国外本科层次院校开展中外合作办学的新局面，能够激发民办高职院校加速发展的内生动力，有利于促进民办高职教育整体高质量发展。

第二，对于未能升本的专业加强国际交流与合作，以此推动专业人才培养模式改革，实现专业转型升级。有选择地借鉴和引进国外先进优质的教育资源，打造特色化的专业建设，在专业层面开展国际交流与合作，实现课程和职业资格的无缝对接、学分互认等，在学生学历提升、教师专业能力提升等方面更加有针对性、实效性。需要注意的是，在实践过程中要避免过度追求"高大全"的国际交流与合作，而是要立足学校专业发展的实际需求，使国际交流和对外合作的内容切实地落在专业上，在专业改革、课程和教学资源建设，以及教师发展、学生成长等方面真正受益，避免随意性和短视的行为。

（二）政府层面为民办高职院校提供多渠道经费支持

第一，针对民办高职院校开展国际交流与合作提供专项补助资金。在对北京市民办高职院校申请的国际交流与合作项目和成果进行审核的基础上，对重点项目进行支持，对优秀成果进行奖励。国际交流与合作的形式多样，包括海外办学、招收留学生、教师外派留学、高水平人才引进、国际学术会议举办等。

第二，建议扩大资助群体，比如资助优秀的高职毕业生留学，为高职教师参与国际教科研合作、参加国际会议设立专项基金，建立民办高职的教师海外培训基地，设立外国学者研究基金和高职院校海外专家工作室，鼓励外国优秀学者到高职院校开展教科研工作，促进中外教师之间的交流与合作等。

（三）搭建促进民办高职院校国际交流与合作的平台

当前，民办高职院校处于相对弱势的地位，国际交流与合作仅靠单个学校的力量是非常有限的，建议把各民办高职院校联合起来，搭建起共同促进学校国际交流与合作的平台，每所学校充分发挥和利用自身在国际化方面取得的优势，将其有效整合，形成高职品牌，借助政府、媒体等各种渠道，向全球进行宣传和推介，这能够有效促进院校间的信息共享和经验交流。各校的专业优势存在差异，合作伙伴的需求也不同，以平台为载体，共享中外双方信息，能够有效提升合作成功率。在外籍教师聘请方面，平台也能够发挥作用，比如，建立外籍教师资源库，在增加可选择对象的同时也可提供预警等。

（四）民办高职院校增强开放意识，提升国际化教育水平

拥有开放意识是民办高职院校顺利推行国际化建设的重要前提。在全球化视野与国际化理念下，民办高职院校要坚持开放包容、共建共享、对话协商、互利共赢的国际发展观，重点推进"一带一路"建设，凝聚多元主体力量，推动形成全面开放新格局。改变国际化发展意识薄弱、国际合作积极性不高的现状，深刻认识到"走出国门、面向世界"的必要性。尤其是在教学标准开发、课程建设、师资培训、学生培养等方面应加强国际交流与合作，将国际化理念纳入教育教学全过程，以国际化人才培养为主线，加强国

际交流与合作，提升国际化教育教学能力，推动教育教学改革创新，积极参与国际规则制定，着力培养国际化高端技术技能人才，全力打造视野开阔的"工匠型"人才。从学校培养目标、发展路线、工作准则等方面入手制定适切可行的国际化办学方案，加快推进民办高职院校国际化办学进程。

四 借鉴报告

2023~2024学年辽宁省民办教育发展报告

郎 佳[*]

摘 要： 近年来，辽宁省民办教育事业不断发展壮大，取得了一定成绩，为全省教育改革和经济社会发展做出了积极贡献。受相关政策影响，辽宁省民办教育办学规模略有下降，主要集中于学前教育、义务教育和非学历培训机构，其他学段较为稳定。全省民办教育在规范办学行为、思想政治教育、以评促建、五育并举等方面积累了宝贵经验，但是在党建工作、学校内部治理、办学风险、办学质量等方面仍存在诸多问题。基于此，本文有针对性地提出加强党建、完善内部治理、严格监管、引导鼓励民办学校高质量特色发展等对策建议。

关键词： 民办教育 教育质量 辽宁省

在各级政府的有力领导下，在社会各方的关心支持下，辽宁省民办教育发展的政策环境进一步优化，办学条件进一步改善，教育质量不断提高，为全省教育事业改革发展作出了积极贡献。全省各级各类民办学校坚持以习近平新时代中国特色社会主义思想为指导，全面贯彻党的二十大和二十届二中、三中全会精神，落实立德树人根本任务，呈现健康

---

[*] 郎佳，辽宁教育学院辽宁省教育科研评估中心，副研究员，主要研究方向为民办教育。

发展的态势，涌现出一批规模较大、投入较多、特色鲜明、社会信誉好的民办学校。

一 民办教育发展基本情况

近三年来，全省民办高中和高校的办学规模趋于稳定。受新生儿出生率和民办教育相关政策的影响，民办幼儿园、义务教育阶段学校及在校生数量呈明显下降趋势。截至2023年，全省共有各级各类民办学校（教育机构）13158所，其中，幼儿园5503所、小学27所、初中42所、高中121所、中等职业学校92所、高校31所、非学历培训机构7342所。

（一）民办学前教育规模显著下降

截至2023年，全省共有民办幼儿园5503所，较2021年减少924所，下降14.4%（见图1）；民办幼儿园在园幼儿34.2万人，较2021年减少10.9万人，下降24.2%（见图2）；民办幼儿园在园幼儿占同类型的比例从2021年的51.7%，下降至2023年的46.9%（见图3）。

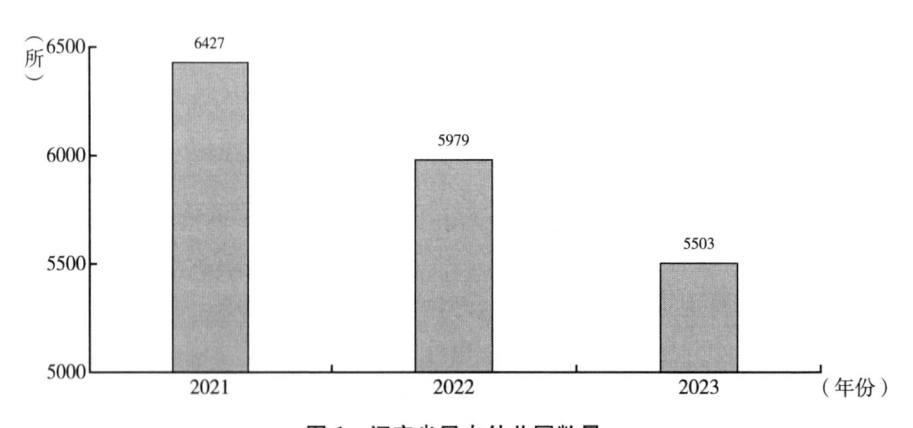

图1 辽宁省民办幼儿园数量

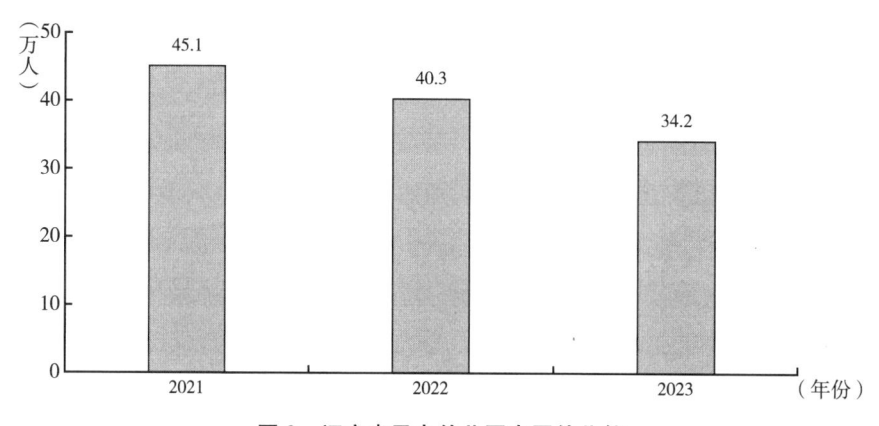

图 2　辽宁省民办幼儿园在园幼儿数

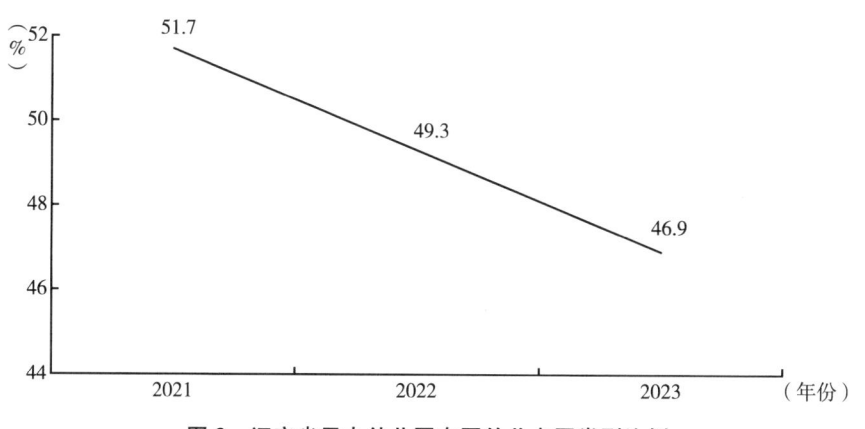

图 3　辽宁省民办幼儿园在园幼儿占同类型比例

（二）民办小学数量逐年下降

截至 2023 年，全省有民办小学 27 所，较 2021 年减少 3 所，下降 10%（见图 4）；民办小学在校生 5.4 万人，较 2021 年减少 0.7 万人，下降 11.5%（见图 5）；民办小学在校生占同类型的比例从 2021 年的 3.1%，下降至 2023 年的 2.7%（见图 6）。

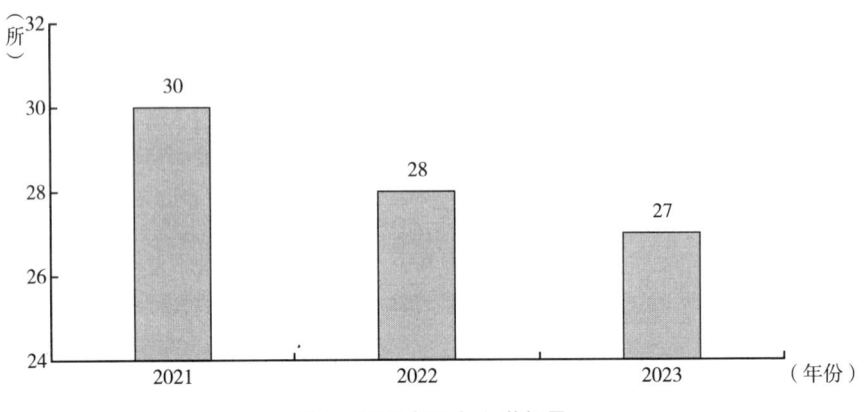

图4 辽宁省民办小学数量

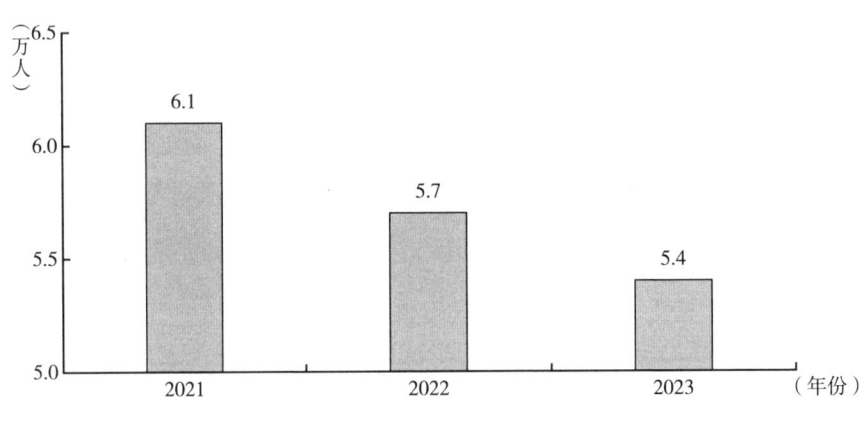

图5 辽宁省民办小学在校生数

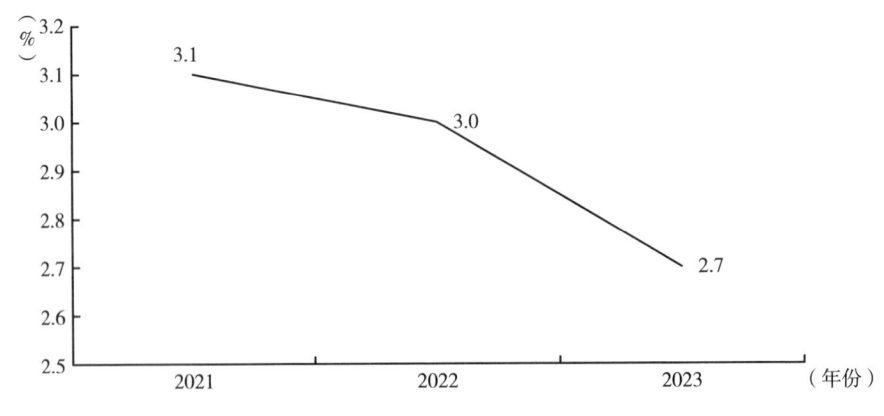

图6 辽宁省民办小学在校生占同类型比例

（三）民办初中在校生数量减少近1/4

截至2023年，全省有民办初中42所，较2021年减少2所，下降4.5%（见图7）；民办初中在校生5.2万人，较2021年减少1.7万人，下降24.6%（见图8）；民办初中在校生占同类型的比例从2021年的7.0%，下降至2023年的5.6%（见图9）。

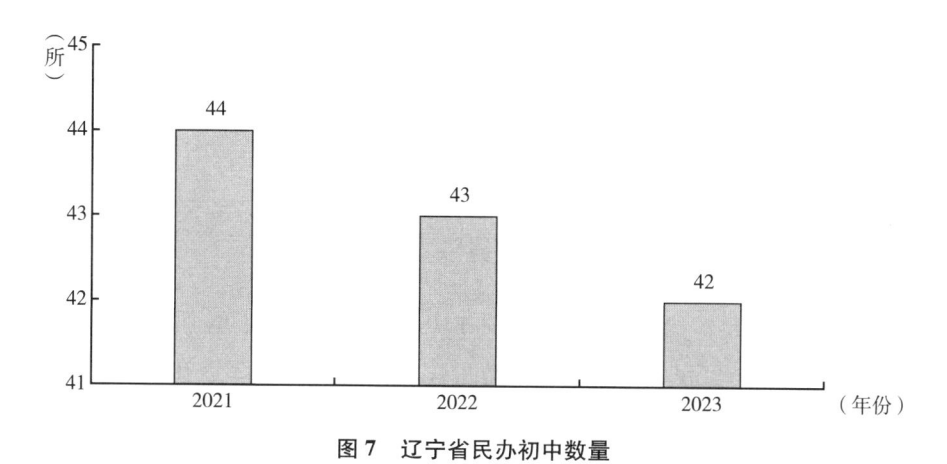

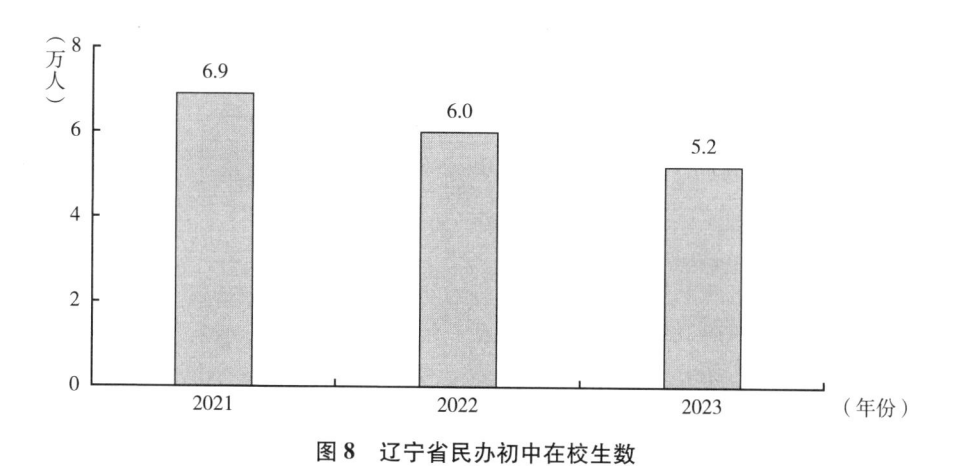

图7 辽宁省民办初中数量

图8 辽宁省民办初中在校生数

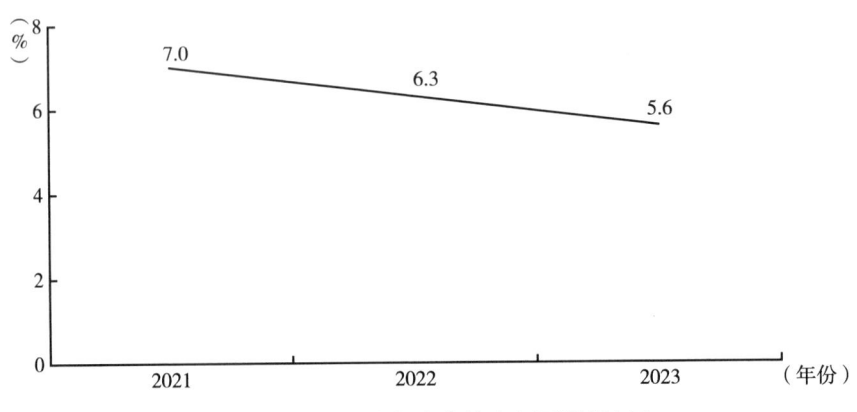

图9 辽宁省民办初中在校生占同类型比例

（四）民办普通高中在校生数量较为稳定

截至2023年，全省有民办高中121所，较2021年增加5所，增长4.3%（见图10）；民办高中在校生数量较为稳定，2021年、2022年、2023年分别为10.4万人、10.5万人和10.4万人（见图11）；民办高中在校生占同类型的比例略有下降，从2021年的17.0%下降至2023年的16.7%（见图12）。

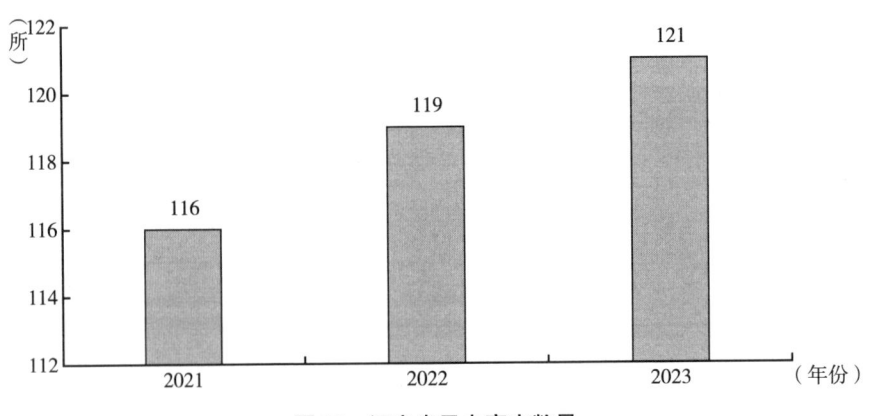

图10 辽宁省民办高中数量

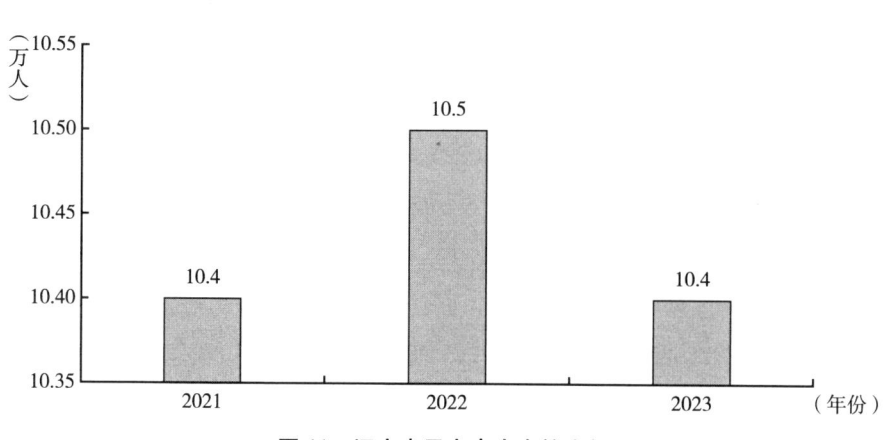

图 11 辽宁省民办高中在校生数

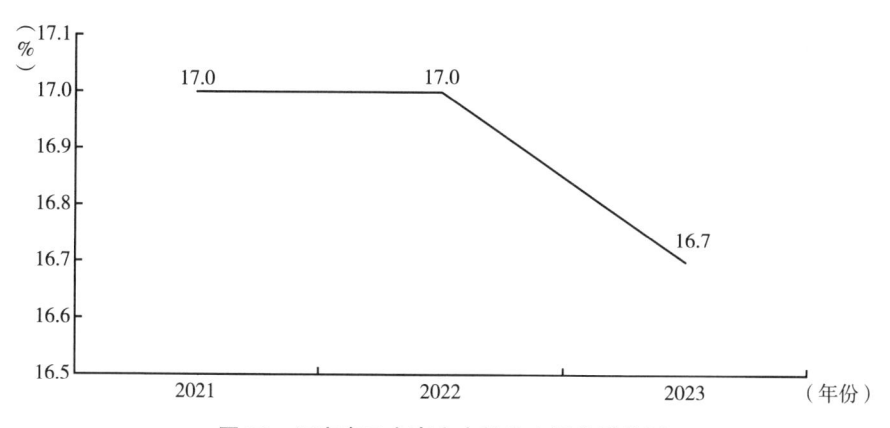

图 12 辽宁省民办高中在校生占同类型比例

（五）民办中等职业学校在校生数量略有减少

截至 2023 年，全省有民办中等职业学校 92 所，较 2021 年增加 6 所，增长 7.0%（见图 13）；民办中等职业学校在校生数量略有减少，2021 年、2022 年、2023 年分别为 4.5 万人、4.4 万人和 4.1 万人，2023 年较 2021 年下降 8.9%（见图 14）；民办中等职业学校在校生占同类型的比例有所下降，从 2021 年的 16.6% 下降至 2023 年的 15.2%（见图 15）。

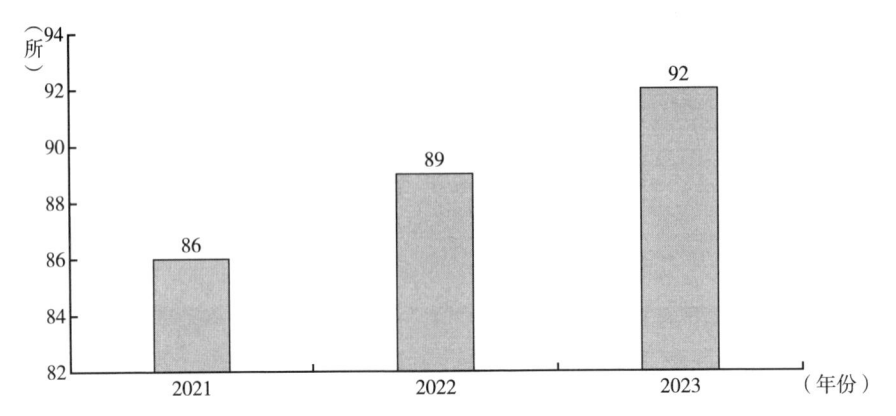

图 13　辽宁省民办中等职业学校数量

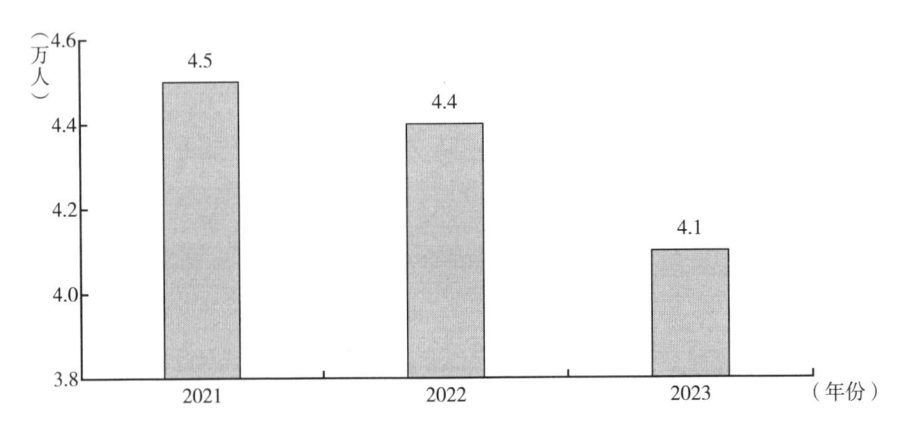

图 14　辽宁省民办中等职业学校在校生数

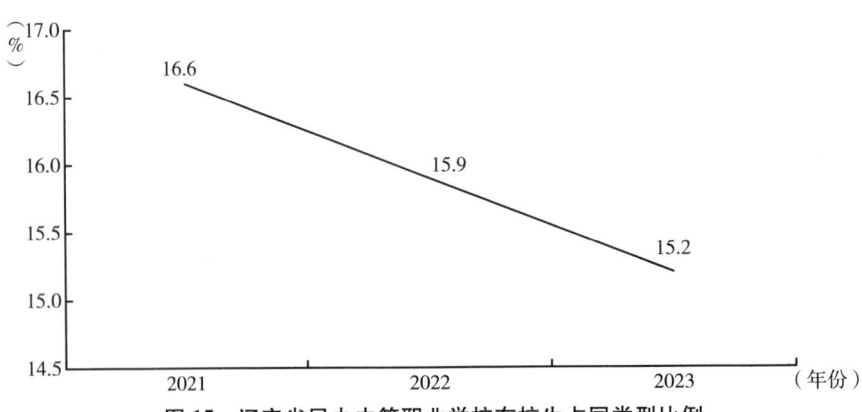

图 15　辽宁省民办中等职业学校在校生占同类型比例

（六）民办高校办学规模较为稳定

截至 2023 年，全省有民办高校 31 所，数量较为稳定。其中，普通本科 13 所、职业本科 1 所、独立学院 8 所、高职院校 9 所。在校生数量及在校生占同类型比例均保持稳定，2021 年、2022 年、2023 年在校生数量分别为 26.9 万人、26.8 万人和 26.1 万人（见图 16），占同类型的比例略有减少，分别为 22.8%、22.7%、22.6%（见图 17）。

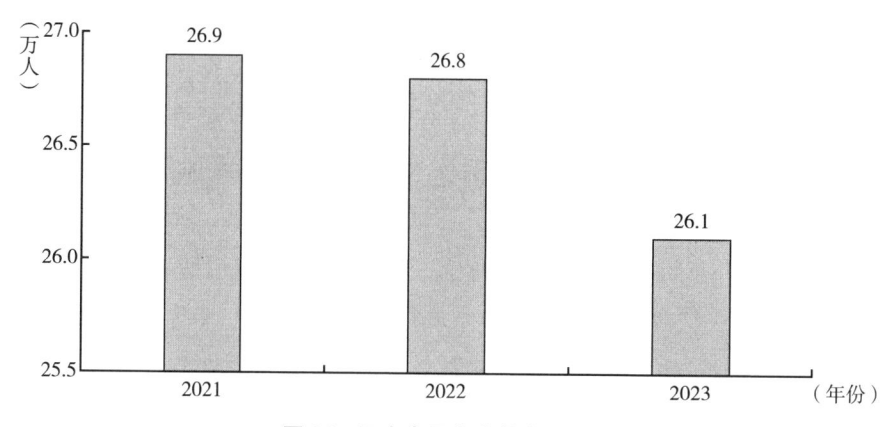

图 16 辽宁省民办高校在校生数

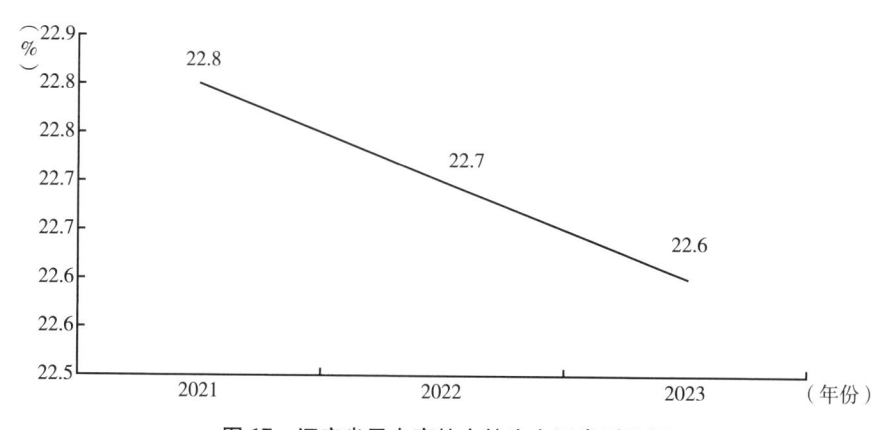

图 17 辽宁省民办高校在校生占同类型比例

二 民办教育改革进展与成效

在辽宁省委和省政府、辽宁省教育厅等多方支持下，辽宁民办教育事业不断发展壮大，积累了宝贵的经验，取得了一定的成绩，为全省教育改革和经济社会发展作出了积极贡献。

（一）规范民办学校办学行为

党的二十大报告指出，要引导规范民办教育发展。根据国家的政策要求及民办学校的实际情况，辽宁省出台了相关文件，进一步规范民办学校的办学行为。省教育厅、省发改委、科学技术厅等九部门联合印发《辽宁省校外培训机构预收费资金监管工作指引（试行）》（辽教发〔2021〕81号），进一步规范校外培训机构预收费资金监管工作，严防"退费难""卷钱跑路"等损害群众利益的问题发生。要求将面向中小学生（含幼儿园儿童）的各类校外培训机构全部纳入预收费资金监管范围。预收费监管可采取银行托管或风险保证金方式，预收费资金应全额纳入监管范围。

《辽宁省教育厅关于进一步加强教育收费管理规范收费行为的通知》（辽教发〔2022〕5号）明确严禁普惠性民办园收费不执行政府最高限价；严禁民办学校违规随意上调学费标准；民办学校要合理确定收费标准，杜绝过高收费；加强校外培训机构收费管理，规范课后服务收费行为；义务教育阶段民办学校收费标准应和学校获得的生均公用经费补助一并公示，对按规定应当公示而未公示的收费，或公示内容与规定政策不符的收费，学生有权拒绝缴纳。

辽宁省认真贯彻落实关于规范民办义务教育发展的相关要求，制定了一系列实施方案和工作计划。压实政府主体责任，原则上不再审批设立新的民办义务教育学校。严格落实招生入学政策，实施义务教育学校免试就近入学，民办义务教育学校招生报名和录取工作由县区教育局统一组织实施，严格执行现有民办义务教育学校招生规模只减不增。对报名人数超过招生计划的学校，实行电脑随机录取。同时，严肃查处义务教育学校违规跨区域招生、与社会培训机构挂钩招生等行为。

（二）扎实推进思想政治教育工作

各级各类民办学校坚持以习近平新时代中国特色社会主义思想为指导，牢记为党育人、为国育才初心使命，结合自身实际，创新党建、思想政治教育、德育工作的载体、手段和方法，得到各级党委的肯定。学校在健全完善工作管理体制、提升党组织建设水平、抓好德育和思想政治工作等方面做了大量工作，涌现出一些好经验、好做法。同时，高度注重将党的教育方针融入改革发展、日常管理等各项工作，增强贯彻落实工作的科学性和有效性，努力形成对党的教育方针准确把握、有力执行、全面贯彻的长效机制。坚持把立德树人作为学校教育的根本任务，把思想政治工作贯穿教育教学全过程，积极探索利用各种资源开展思政工作，实现全员育人、全过程育人、全方位育人。

案例1　大连艺术学院独具特色的大思政育人体系

大连艺术学院坚持以大思政理念为引领，把立德树人的成效作为检验学校一切工作的唯一标准，始终将思想政治教育工作作为学校发展的生命线，听党话、感党恩、跟党走，探索出了独具大艺特色的大思政育人体系，用心用情用力培育堪当民族复兴重任的时代新人。

结合艺术专业特点，学校积极探索思政课程艺术化，总结学校思想政治理论课教学改革的经验，积极探索思政课程艺术化的"教、讲、诵、评、感、演、展、赛、研、传"十字教学法；完善大思政"七进"工作标准，加强思政课"进课堂、进教材、进头脑、进实践、进科研、进网络、进社团"工作；构建"1+X"思政课程与课程思政协同育人体系和"一院一品牌"的思政育人项目。

在第二十七次全国学校党建工作会上，学校党委书记作为全国唯一的民办院校代表作了经验交流发言。学校荣获辽宁省先进基层党组织、辽宁省学校先进基层党组织、辽宁省思想政治工作先进单位、辽宁省党史学习教育基地等称号。

（三）以评促建成效显著

合格评估是国家对 2000 年以来未参加过教学工作评估的各类新建普通本科学校开展的一种本科教学评估形式。近三年来，辽宁省参加本科教学合格评估的学校多为经国家正式批准独立设置的民办普通本科学校。截至 2024 年 10 月，全省 13 所普通民办本科学校均已接受合格评估，其中一所民办本科院校将于 2025 年接受合格评估复评。合格评估涉及参评学校的方方面面，是对学校办学水平的全方位检验，是对学校基本办学条件的历史性大考，关系到学校的生存问题，因此，各民办高校众志成城，高度重视。通过合格评估，能有效促进民办高校的办学经费投入、办学条件改善、教学管理规范、教学质量提高，使民办高校办学条件基本达到国家标准，教学管理基本规范，教学质量基本得到保证，切实达到"以评促建、以评促改、以评促管、评建结合、重在建设"的目的。

2022 年，国务院教育督导委员会办公室印发《关于做好"十四五"期间普通高等学校本科教育教学审核评估工作的通知》。2023 年，辽宁省教育厅印发《辽宁省"十四五"期间地方普通高等学校本科教育教学审核评估实施方案（2023—2025 年）的通知》，正式开始了辽宁省本轮审核评估工作。本轮审核评估设计了两类指标体系四种方案。第二类第三种方案适用于已通过合格评估 5 年以上，首次参加审核评估、本科办学历史较短的地方应用型普通本科学校，辽宁省此种类型的学校共有 8 所，其中 7 所为民办高校。截至 2024 年底，辽宁财贸学院、辽宁对外经贸学院、大连艺术学院已完成新一轮审核评估，大连东软信息学院、沈阳城市学院、大连科技学院、辽宁何氏医学院将于 2025 年接受审核评估。参评学校本科教育教学审核评估工作启动早，坚持"以评促建、以评促改、以评促管、以评促强"，认真对照指标体系扎实做好自评自建，不断提升本科教育教学水平和人才培养质量。

近两年来，在省示范高中和省特色高中评选中，民办高中也取得了不错的成绩。2022年，沈阳市志成中学被评为省示范性普通高中。大连渤海文谷高级中学被评为德育特色高中、大连枫叶国际学校和沈抚育才实验学校被评为国际交流与合作特色高中、兰开美术高级中学被评为美术特色高中、抚顺德才高级中学被评为劳动教育特色高中。2023年，大连华南中学和丹东敬业实验高中被评为德育特色高中、鞍山市新世纪实验学校被评为科技特色高中、辽阳市集美中学被评为劳动教育特色高中。

案例2　沈阳工学院合格评估成效显著

沈阳工学院于2021年和2024年两次接受教育部本科教学合格评估，不断加大办学投入，切实达到了"以评促建，以评促改"的目的，办学成效显著。

学校连续五届共获得省级教学成果奖一等奖10项、二等奖18项、三等奖23项，连续三批获得国家级一流专业建设点3个、省级一流示范专业14个，获批国家级一流课程1门，省级一流课程93门，省级优秀教材8部，省级课程教学团队7个，省级大学生校外实践教育基地8个，省级实验教学示范中心7个，省级创新创业学院1个，省级创新创业基地1个；先后两批获批国家级"新工科"项目2项，其中1项验收结论优秀（全国民办高校唯一），获批国家级首批"新农科"项目1项；在辽宁省首轮本科专业综合评价中，参评的30个专业中有23个专业在新建本科院校中排名第一。近三年与国家、省、市级政府开展校地项目342项，到款金额939万元，与科研院所和企业实施科研合作385项，到款金额4347万元；在"2022中国民办本科院校科研竞争力排名"中学校位列第26，位列辽宁省第一。

（四）"五育并举"促进学生全面发展

各级各类民办学校深入贯彻全国教育大会精神，聚焦立德树人，落实五育并举的发展要求，进一步夯实德育、智育基础，积极引导体美劳教育特色发展，助力实现素质教育，促进学生健康成长，取得了明显成效。引导学生树立正确的世界观、人生观和价值观，推进各类素质教育活动的开展，提高学生的综合素质和创新能力。通过加强教育教学研讨、开展教育教学比赛等活动，提高教师的教育教学水平和教育教学质量。重视与家长的沟通和合作，共同关注学生的成长和发展，为学生的全面发展提供更好的教育环境和教育资源，促进学生全面发展，让每名学生都能成为有道德、有智慧、有体魄、有美感、有劳动精神的优秀人才和有用之才，为社会的发展作出贡献。

案例3　辽宁对外经贸学院构建全面培养的教育体系

辽宁对外经贸学院坚持"五育并举"，构建了以德为本、以智增慧、以体育智、以美润心、以劳筑基的德智体美劳全面培养的教育体系。

学校以德为本，实施铸魂固本工程，通过思政课程、课程思政、文化熏陶固本强基，认真落实"一个计划、三项工程、一个行动"，深入开展"十种教育"，让每周升国旗、每个假期参加社会实践成为学生热爱祖国、奉献社会的思想自觉和行动自觉；以智增慧，开展新时代育人工程，不断深化教育教学改革；以体育智，实施体质增强计划，践行"运动，在每一天"的体育理念，让万人出早操成为学校一道亮丽的风景线；以美润心，实施美育浸润计划，让千人奥运五环舞、千人安塞腰鼓、千人太极拳、千人华尔兹各美其美；以劳筑基，实施劳动习惯养成计划，让学校的每一寸土地、每一个房屋都遍布学生劳动创造的足迹。

案例4　沈阳城市学院创新教育教学体系，促进学生全面发展

沈阳城市学院创新教育教学体系，在强化德育和智育教育的基础上，将体美劳教育统一纳入人才培养方案，促进学生全面发展。

学校全面实施体育俱乐部教学，成立了橄榄球、轮滑球、高尔夫、击剑、游泳、皮划艇等20个体育俱乐部，按照"活动+训练+比赛"的方式，使学生掌握体育技能，培育体育精神；在人才培养方案中设置专项美育学分，组建民乐团、行进管乐团、歌剧团、曲艺团、话剧团、京剧团、书画团、流行乐团等十大艺术团。通过开展艺术训练、艺术活动和艺术展演，使学生掌握一项艺术才艺，提高艺术修养，陶冶审美情操；学校在2009年设立了1学分的劳动教育课程，成立劳动与社会实践部，统筹劳动课的组织与实施，建立了校园公益劳动周和"五一""十一"社会实践周制度，规定学生在校期间每人要集中参加一周的校园环境维护和卫生管理工作并计入学分。

学校在体美劳教育上取得了丰硕成果，学生参加省市和全国体育美育大赛展演累计获省级以上奖励730余项，先后荣获中国大学生啦啦操锦标赛冠军、中国大学生高尔夫锦标赛女子团体冠军等奖项。

三 存在的主要问题

（一）党建工作有待进一步强化

部分民办学校站位不高，对党建工作的重要性和紧迫性认识不足。"重业务轻党建""两层皮"现象依然存在，未能将党建工作与业务工作统筹安排、有机融合。经查年检报告和决策机构备案，有的学校党建工作机制不健全，党组织负责人没有进入决策机构，个别民办高校党委班子成员只有2人。部分民办学校党务工作人员数量较少，且流动性大，工作缺乏连续性，经验不足，影响力和组织力欠佳。

（二）学校内部治理制度有待进一步完善

民办学校以董（理）事会为核心的法人治理结构仍需进一步完善，民主与监督机制需进一步强化，管理体制有待进一步健全。部分民办学校决策机构设置不规范，未建立监督机构（监事会），不符合《中华人民共和国民办教育促进法实施条例》有关规定。存在董事会人数与该校章程规定不一致、校长没有进入董事会、董事会成员亲属较多等问题。部分民办学校法人财产权落实不到位，不同程度地存在宿舍、教学行政用房等未完成资产过户问题。部分学校章程不规范，有的学校提出"董事长认为有必要时，就某一事项采取董事签署文件的形式作出决定，代替董事会的会议"；一些民办学校章程中没有提及设置监督机构；一些院校把法人治理结构中的监督机构与党组织的纪委职能混淆，把纪委当成法人治理结构中的监督机构。

（三）办学风险有待进一步防范

部分民办学校存在管理、财务、债务等办学风险。以民办中职院校为例，截至2023年底，全省92所中职类学校中，有73所学校（职业高中61所、中等职业技术学校12所）产权占地面积、产权建筑面积、产权学生宿舍面积均为0，占全省该类型学校总数的79.35%。在校生共计27957人，占72.04%；住宿学生23511人，占74.25%。学校办学场所为租赁或借用，一旦对方不再租赁或借用，学校将面临被迫搬家、学生无处安置的风险。对于没有固定投入的轻资产办学，举办者终止办学的风险更高。

（四）办学质量有待进一步提升

民办学校的办学水平参差不齐，尤其是在生源逐渐减少、家长对优质特色教育资源需求不断增加的背景下，民办学校的教育质量亟待提升。民办高校经过三十余年的发展，已成为辽宁高等教育事业的重要组成部分，但是从办学质量看，仍处于高校末端，提质空间较大。调研发现，3所民办中职学校的学生流失率超过30%，8所民办中职学校的学生流失率超过15%。学生已经办理入学手续，又选择退学，说明学校在教育质量、服务水平等方面不尽如人意。同时，民办学校教师队伍整体水平不高，普遍存在教师结构不合理、师资力量不足的问题，高校学科带头人、博士等高级人才严重匮乏。教师流动性大，学历、职称相对较低，教学经验丰富的骨干教师相对较少，有些教师所教课程与所学专业跨度较大，影响学校的人才培养质量。部分民办学校为节约办学成本，在师资培训方面投入严重不足，教师外出培训、进修等机会相对较少。

四　对策与建议

（一）加强党建，发挥党组织的政治核心作用

一是全面加强民办学校党的领导和党的建设。要充分认识到党的建设在推进民办学校依法办学和提高办学质量等方面的必要性和重要性，充分发挥党组织的政治核心作用，确保学校始终行走在正确的办学轨道上。二是建立健全党组织参与决策和监督机制。推进党组织班子与学校决策层、管理层"双向进入、交叉任职"，健全完善党组织与学校董（理）事会、监事会日常沟通协商及党组织与行政管理层联席会议等制度，保证党组织在重大事项决策、监督、执行各环节有效发挥作用。三是要提高基层党组织的治理效能。将党建思政工作的触角向组织末端充分延伸，确保党建思政工作和业务工作同布置、同考核，提高党建思政工作和业务工作融合发挥作用的效能，实现高质量发展。要加强党务工作者的选用工作，选优配强党组织书记。

（二）完善内部治理，规范民办学校办学行为

一是全面提升民办学校法人自治水平。强化民办学校决策机构设置与章程备案审查，指导民办学校按照法律法规的要求规范设置决策机构，修改完善学校章程。使办学能够以章为引领，举办者参与学校管理的权限及程序得以规范，各项决策有据可循。二是督促民办学校建立健全监督机制，重点推进监事会制度建设，依法完善民办学校教职工代表大会制度，探索"教代会"民主管理和民主监督的多种实现形式。建立健全决策—执行—监督三位一体，既相互制衡又相互协调的法人治理结构。三是加强对民办学校相关法律法规政策的系统培训。建议教育行政部门充分发挥行业组织的作用，委托其开展对全省民办学校举办者、校长和决策机构成员进行相关法律法规

培训的活动。使其对学校内部治理的相关法律法规制度、民办学校财务管理制度、民办学校举办者权益等学校运行核心问题的法律法规有全面的了解，从而提升民办学校内部治理水平，规范民办学校办学行为，促进民办学校高质量发展。

（三）严格监管，防范民办学校办学风险

一是加强财务监管。政府对民办学校的财务活动进行定期审计和检查，确保学费等收入合法合规使用，防止挪用、侵占等行为。督促民办学校设立学费专户，所有学费收入必须进入学费专户，并接受监管部门的监督。督促民办学校建立健全相关资产管理和财务内控制度，尽快分类研制符合不同法人属性民办学校特点的财务管理办法，完善民办学校学年财务、决算报告和预算报告报备制度，适时制定营利性民办学校结余分配管理办法，严控过度逐利行为。二是完善督导评价制度。强化评估结果的反馈与应用，使学校能够及时了解自身存在的问题和不足，并采取有效措施进行改进。要充分利用好民办学校学年检查，使年检工作不走过场，切实起到检查督查的作用。建议年检也要采取专家进校的形式，不是教育行政部门的工作人员简单看材料，重点要督查日常教学经费投入、仪器设备值、生师比等，并强化结果运用。三是建立风险预警机制，做好应急预案。针对办学条件与教学资源投入不足、教学质量不高、追逐利益等问题，教育主管部门要重视潜在的办学风险，对于办学风险较高的学校要予以密切关注，提前做好学生及教师安置的应急预案，将负面影响降至最低。

（四）积极引导，鼓励民办学校高质量特色化发展

一是适当奖励与政策扶持。鼓励差异化、多元化、特色化的民办教育供给，建立对改革成效突出、办学成绩显著、特色鲜明的民办学校的单项或综合奖励机制，给予资金、项目等方面的政策扶持，支持民办学校高质量发展。二是稳步提升人才培养层次。在切实办好民办本科教育的基础上，支持省内居于领军地位的优秀民办本科学校积极创造条件，争取研究生培养资

格，实现民办学校硕士学位授予单位零的突破。三是加强师资队伍建设。教师是影响教育质量的关键因素，提高教师的专业水平和教学能力，有助于提升教育质量。要注重师资队伍的年龄、学历、专业和职称结构的合理性，确保师资队伍的多元化和全面性，强化教师的引领带动作用。定期开展各类培训和学习活动，提升教师的专业素养和教育教学能力。

2023~2024学年广东省民办教育发展报告

刘 铁[*]

摘 要： 随着新出生人口率的下降和民办教育新法新政的实施，广东省民办教育学校数量、新招学生总数、在校生总数下降趋势明显。面向未来，政府应优化政策环境，扶持民办教育发展；落实相关政策法规，保障民办学校师生合法权益；依法加强管理，规范民办学校行为。作为民办学校自身，应依法依规办学，练好内功，提高办学质量，并着力提升办学特色。

关键词： 民办教育 教育政策 广东省

一 广东省民办教育发展的基本情况

（一）2023年广东民办教育总体情况

2023年全省共有各级各类民办学校1.49万所，较上年减少276所，占全省各级各类学校总数的比例为38.1%。[①]

其中，民办幼儿园1.28万所，在园幼儿237.92万人。民办义务教

---

[*] 刘铁，中山大学马克思主义学院副教授，主要研究方向为民办教育基本理论、民办高等教育管理。

[①] 本文数据均来源于《广东省教育事业发展统计公报》（2020~2024年）。

育阶段学校1629所，在校生293.17万人（含政府购买学位239.05万人）。民办普通高中310所，在校生39.41万人。民办中等职业学校106所（不含技工学校），在校生23.24万人。民办高校53所，在校生86.23万人。其中，普通本科学校23所（含独立学院5所），本科层次职业学校2所，高职（专科）学校27所（比上年增加1所），成人高等学校1所。

（二）2020~2023年广东民办教育发展变化情况

1. 民办幼儿园

2020年，全省有民办幼儿园1.36万所，较上年减少1051所，下降7.2%；入园儿童100.13万人，较上年减少19.74万人，下降16.5%；在园幼儿282.94万人，较上年减少44.21万人，下降13.5%。

2021年，全省有民办幼儿园1.31万所，较上年减少427所，下降3.2%；入园幼儿89.24万人，较上年减少10.89万人，下降10.9%；在园幼儿280.27万人，较上年减少2.65万人，下降0.9%。

2022年，全省有民办幼儿园1.31万所，较上年减少73所，下降0.6%；入园幼儿77.2万人，较上年减少12.04万人，下降13.5%；在园幼儿268.56万人，较上年减少11.71万人，下降4.7%。其中，非普惠性民办幼儿园有3175所，占全省的14.7%，在园幼儿67.45万人，占全省的13.5%。

2023年，全省有民办幼儿园1.28万所，在园幼儿237.92万人，较上年减少11.71万人，下降4.2%；入园幼儿77.2万人，较上年减少12.04万人，下降13.5%。其中，非普惠性民办幼儿园有3175所，占全省的14.7%，在园幼儿67.45万人，占全省的13.5%。

2. 民办义务教育阶段学校

2020年，全省有民办义务教育阶段学校1733所，占全省的12.1%，在校生304.26万人，占全省的20.8%。

其中，民办普通小学有670所，较上年减少3所，下降0.4%；招生

37.01万人，较上年减少6.79万人，下降15.5%；在校生227.41万人，较上年减少1.14万人，下降0.5%。

民办初中有1063所，较上年增加14所，增长1.3%；招生33.55万人，较上年减少280人，下降0.1%；在校生93.42万人，较上年增加3.01万人，增长3.3%。

2021年，全省有民办义务教育阶段学校1743所，较上年增加10所，占全省的12.1%；招生75.1万人，较上年增加4.54万人，增长6.4%；在校生327.45万人，较上年增加6.62万人，占全省的21.7%。

2022年，全省有民办义务教育阶段学校1663所，占全省的11.5%，在校生304.26万人，占全省的19.8%。其中，不含政府购买学位在校生50.28万人，占全省的3.27%。

其中，民办普通小学有602所，较上年减少40所，下降6.2%；招生30.75万人，较上年减少7.59万人，下降19.8%；在校生211.50万人，较上年减少17.86万人，下降7.8%。

民办初中有1061所，较上年减少40所，下降3.6%；招生31.93万人，较上年减少4.83万人，下降13.1%；在校生92.75万人，较上年减少5.34万人，下降5.4%。

2023年，全省有民办义务教育阶段学校1629所，较上年减少34所，占全省的11.2%；在校生293.17万人（含政府购买学位239.05万人），较上年减少11.09万人，占全省的18.5%。

3.民办普通高中学校

2020年，全省有民办普通高中228所，较上年增加22所，增长10.7%；招生10.83万人，较上年增加1.15万人，增长11.9%；在校生27.71万人，较上年增加2.73万人，增长10.9%。

2021年，全省有民办普通高中265所，较上年增加37所，增长16.2%；招生人数为12.45万人，较上年增加1.62万人，增长15%；在校生32.27万人，较上年增加4.56万人，增长16.5%。

2022年，全省有民办普通高中283所，较上年增加18所，增长6.8%；

招生 13.14 万人，较上年增加 0.69 万人，增长 5.6%；在校生 35.91 万人，较上年增加 3.64 万人，增长 11.3%。

2023 年，全省有民办普通高中 310 所，较上年增加 27 所，增长 9.5%；在校生 39.41 万人，较上年增加 3.5 万人，增长 9.7%。

4. 民办中等职业学校

2020 年，全省有民办中等职业学校 100 所，较上年减少 12 所，下降 10.7%；招生 6.77 万人，较上年增加 4696 人，增长 7.5%；在校生 16.99 万人，较上年增加 9486 人，增长 5.9%。

2021 年，全省有民办中等职业学校 98 所（不含技工学校），较上年减少 2 所，下降 2%；招生 8.14 万人，较上年增加 1.37 万人，增长 20.2%；在校生 19.78 万人，较上年增加 2.79 万人，增长 16.4%。

2022 年，全省有民办中等职业学校 101 所（不含技工学校），较上年增加 3 所，增长 3.1%；招生 8.57 万人，较上年增加 0.43 万人，增长 5.2%；在校生 21.82 万人，较上年增加 2.04 万人，增长 10.3%。

2023 年，全省有民办中等职业学校 106 所（不含技工学校），在校生 23.24 万人。

5. 民办普通高校

2020 年，全省有民办普通高校 50 所，与上年持平。普通本专科学校招生 28.93 万人，较上年增加 9.02 万人，增长 45.3%；在校生 78.04 万人，较上年增加 9.80 万人，增长 14.4%。

2022 年，全省有民办普通高校 52 所，其中，普通本科学校 23 所（含独立学院 5 所）、本科层次职业学校 2 所、高职（专科）学校 26 所、成人高等学校 1 所。民办普通、职业本专科招生 28.77 万人，较上年增加 8.36 万人，增长 41%；在校生 85.36 万人，较上年增加 7.31 万人，增长 9.4%。

2023 年，全省有民办普通高校 53 所，其中，普通本科学校 23 所（含独立学院 5 所）、本科层次职业学校 2 所、高职（专科）学校 27 所、成人高等学校 1 所。在校生 86.23 万人。

二 民办教育的政策举措及学校特色

(一)民办教育领域相关政策

1. 民办幼儿园普惠性倾向明显

为引导和扶持民办幼儿园面向社会开展公益性、普惠性的学前教育，建立覆盖城乡、布局合理的公益普惠性学前教育公共服务体系，保障适龄儿童接受基本的、有质量的学前教育，2022年，广东省教育厅、省发展改革委、省民政厅、省财政厅、省人力资源和社会保障厅、省市场监管局制定了《广东省普惠性民办幼儿园认定、扶持和管理办法》（粤教基〔2022〕21号），自2022年9月1日起施行，有效期为5年。该办法明确普惠性民办幼儿园的认定标准、认定程序和退出机制，普惠性民办幼儿园每年认定一次，认定后有效期为3年。

在普惠园的扶持方面，新建、改扩建普惠园，应按照与公办幼儿园同等对待的原则，以划拨等方式给予用地优惠。同时，通过采取政府购买服务、减免租金、以奖代补、派驻公办教师等方式，扶持普惠园发展，努力保障普惠园在分类定级、评估指导、项目申报、教师培训和职称评审等方面与公办幼儿园具有同等地位。按照政策要求，各地级以上市和县（市、区）参照全省公办幼儿园生均公用经费财政拨款标准，对普惠园给予经费补助，鼓励有条件的地区适当提高补助标准。

2. 多项政策举措助力民办义务教育规范发展与质量提升

（1）2021年7月12日，广州市教育局发文《关于落实规范民办义务教育审批相关工作的通知》，被业界称为"率先打响了民办学校第一枪！"主要包括以下几个方面内容。

一是停止审批民办义务教育学校。无条件立即停止审批设立新的民办义务教育学校（含民办九年一贯制学校、十二年一贯制学校和完全中学）；不得批准已有民办义务教育学校设立新校区，不得同意已有民办义务教育学校扩大办学规模。

二是全面核实基本办学条件。对基本办学条件不达标、专职教职工数量不足、招生规模扩张过快、存在大校额大班额的学校，要督促整改，对不具备整改条件或经整改仍不合格的，要依法依规进行处理，直至责令其停止办学。

三是对举办者资质和资金来源进行审查。广州各区教育局于2021年10月31日前完成对辖区内民办义务教育学校的举办者资质和资金来源审查，禁止外资违法违规进入或变相进入义务教育领域。

（2）2022年10月21日，为顺利推进深圳市民办中小学分类管理改革，加强民办学校财务管理，促进民办教育健康有序发展。深圳市出台《民办中小学财务管理办法》。该办法自2022年12月1日起实施。

长期以来，深圳市民办中小学校有的登记为民办非企业单位（非营利性），有的登记为事业单位（非营利性），还有少部分登记为公司（营利性）。这三类学校要按照各自登记的法人类型分别执行三种不同的会计准则和会计制度。同时，2006年出台的《深圳市民办教育管理若干规定》第二十四条规定"不要求取得合理回报的民办学校的会计制度参照民间非营利组织会计制度执行，要求取得合理回报的民办学校的会计制度参照企业会计制度执行"，已不符合新的民办教育促进法规定。迫切需要统一民办中小学校教育教学管理和教育服务管理的业务处理思路，使学校财务管理活动有规可依。

（3）2023年，广东省出台《民办义务教育收费管理办法》，旨在促进民办教育健康发展，规范民办义务教育收费行为，保障学校和受教育者的合法权益。

主要包括以下内容：一是明确收费项目、管理方式和定价权限；二是明确收费定价程序及机制；三是明确学校收费调整间隔期和调整幅度；四是规范学校收费行为。

（4）2024年，广州市发布《关于进一步加强民办基础教育分类扶持和管理的实施意见》（以下简称《意见》）。

《意见》的出台，一是提高了民办学校教师最低薪酬指导标准。规定民办学校教师最低薪酬指导标准为广州市企业职工最低工资标准的2.5倍。二是明确提出重点支持义务教育阶段民办学校建立教师从教津贴和年金制度，有条件的区普惠性民办幼儿园可参照执行。政府对符合条件的义务教育阶段民办学校按其实有专任教师数，以每人每月1000元（每年12000元）的标准给予补助。同时提出有条件的区普惠性民办幼儿园可参照执行，相关经费由普惠性幼儿园所在区财政负担。三是扩大了帮扶对象范围。由义务教育阶段民办学校扩大到基础教育民办学校，结合"红联共建育英才"工作机制，推动更多基础教育民办学校特色发展和规范办学，尽快提升教育教学质量和教师专业素养。

3.民办高中明确设置标准

2023年9月8日，广州市制定了《广州市民办普通高中设置标准》。分别从学校基本信息、举办者资质、场地建设、设施配备、人员配备、经费筹措、组织机构设置、管理制度等方面，对民办普通高中的设立条件提出了明确具体的要求：学校的设立必须符合全市教育发展的需要；学校的举办者必须具备良好的资质；学校的场地建设、人员配备必须按照相应标准执行；学校必须具备基本的管理体制和组织架构；学校必须具备足够的经费保障运行。

主要特点：对场地设施集约化办学作出明确规定；服务于民办教育优质特色发展的目标；设立独立普通高中需达到相应规模（民办普通高中设置为每班50人，原则上按36个班以上规模建设）；民办普通高中需配备满足要求的人员。

4.民办高校学年检查更为严格

2021年，《广东省教育厅关于印发〈广东省教育厅关于民办高等学校年度检查实施办法（试行）〉〈广东省教育厅关于民办高等学校年度检查指标体系（试行）〉的通知》，对2013年颁布的《广东省教育厅民办高等学校年度检查实施办法》（以下简称《实施办法》）《广东省教育厅民办高等学校年度检查指标体系》（以下简称《指标体系》）作了修订。

本次修订贯彻落实国家民办教育新法新政要求，在2013年版《实施办法》和《指标体系》的基础上，细化指标体系、完善检测内容、明确结果使用，引导和促进广东省民办高等学校规范办学，防范办学风险，提高管理水平。

修订原则：既适应新时代民办高等教育改革发展新要求，又维持年检办法框架基本稳定；既落实分类管理改革精神，又体现对营利性、非营利性民办高校监管的共性要求；既强化监督管理，又着力鼓励扶持；既注重指标设计和结果评定办法的科学性，又强调年检工作的可操作性；既依法开展全面检查，又突出重点和关键。

修订内容：与原有指标体系相比，指标数量大幅增加、赋予指标等级判定、定量和定性相结合。与《民办高等学校年度检查指标体系（试行）》相比，修订后的指标体系在符合基本内容框架要求的基础上有变化、创新和完善。

（二）广东省支持民办院校发展的创新做法及案例

1. 投入专项资金支持高质量发展

广东省教育厅公示了2024年广东省级教育发展专项资金（民办教育发展方向）安排方案。根据方案，结合广东省民办教育实际，2024年省级教育发展专项资金（民办教育发展方向）为9600万元，除安排60万元的工作经费外，其余9540万元全部用于支持民办高等教育发展。

2024年拟获得此项资金的民办院校有16所，比2023年的36所、2022年的31所有所减少，但资金比2023年、2022年增加近百万元。这意味着2024学年的资金使用将更加集中。其中，8所本科院校获得4800万元资金支持，8所高职（含职业本科）院校获得4740万元支持。

与此同时，2024年资金的使用去向也更加透明。2023年和2022年都是按照评价等次奖补给学校，而2024年是按照项目奖补。近年来，广东推进民办高校品牌学科、特色专业、精品课程建设，不断提升人才培养质量和科技应用创新水平。在此背景下，民办院校也逐步承接一些理工类和前沿科技的重点项目。例如广州理工学院的智能制造及人工智能关键技术、珠海科技学院的特色优势学科专业建设与工业软件和集成电路应用型人才培养、广东文理职业学院的智能制造专业群建设等。通常，理工类的项目相较社科类的项目所需要的资金投入、资源投入、人才投入更大，这也说明民办院校的办学实力、人才资源水平正在逐步提升，已经可以承担国家科研等重要的任务。

2. 创新工作做法

（1）幼儿园：汕头经济特区中心幼儿园幼教集团正雅园自创发展指南

正雅幼儿园以《3~6岁儿童学习与发展指南》《幼儿园教育指导纲要》为指导，坚持依法治园，实践创新活园，探索科研兴园，立足特色强园，努力打造具有本园特色的金字招牌。办园水平不断提升，受到社会各界及家长的认可和好评，社会美誉度不断提高，园所整体和谐、优质发展。不断创新管理的激励机制，以"着眼教师整体发展、立足教师个体成长"为思路，采用"分层培养、按需培训"的特色培训模式，积极搭建"合格教师→成熟教师→优秀教师→知名教师"成长阶梯，打造一流人才梯队，使每位教师都能在规范创新的管理中充分发挥能量，人尽其才。

（2）小学：佛山市协同学校的外籍生校本特色研学课程

学校一直坚持校本特色研学项目，荣获 2023 年广东省中小学教育创新成果奖三等奖，成为禅城区唯一获该荣誉的民办学校。

学校构建了独特的国际理解教育类校本课程，包括英语节、模拟联合国少年外交官双语特色课程、英语精品阅读课程等，并定期由英语学科教师团队开展以"世界看中国、中国看世界"为主题的"跨国界、跨年级、跨班级、混龄"周末亲子研学活动。其中包括开发学科融合校本课程，帮助外籍生学习中国岭南传统文化。

这一外籍生校本特色研学课程项目是协同学校国际理解教育的一大亮点，涵盖语文、科学、地理、美术等多个学科领域，同时融入跨学科实践活动，设计专门的研学手册，让学生在丰富的研学情景中感受岭南魅力，体会中华优秀传统文化，为外籍生开阔视野提供良好契机，实现"国际理解"的双向内涵。

（3）初中：广州市黄埔区华实初级中学的多样化实践活动

秉承"立德、尊师、勤学、博爱"的校训，践行"育人为本，立德为先，自强不息，多元发展"的办学理念，形成了"文明、守纪、求实、创新"的校风、"诲人不倦"的教风和"学而不厌"的学风，黄埔华实初级中学摸索出"走精品目标创百年名校"的办校之路。

在理念先行之下，充分利用长洲岛的自然资源和人文资源，让学生走出校门，围绕"文学、艺术、科技、体育"四大主题，开发各种校本课程和实践活动。积极推动"大师进校园"系列活动，提供学生与各领域名家大师进行深度对话的平台，拓宽学生学术视野。这些特色化的办学实践，提升了学生格局境界，有利于学生实现多元发展。

（4）高中：中山市广东博文学校的多元化教学方式

博文学校提出坚持"以质量为中心、以奋斗者为本、坚持思想领先、坚持自我反思"的管理方针，通过一系列教与学的积极探索，博文学校教学实现了从有效课堂到高效课堂的转变，教育教学质量大幅提升，向全国各地"985""211"等一流高校输送了一批批优秀毕业生。

（5）中职：广州市白云工商技师学院——以赛促学、以赛促教

广州市白云工商技师学院通过构建学生竞赛长效机制，将竞赛项目融入课程教学内容，强化学生核心技能和综合技能训练，形成了自己的教学特色和优势。该学院将继续坚持"以赛促学、以赛促教"的教学理念，为培养更多高素质复合型人才贡献力量。经济管理系商务外语和国际贸易专业经过不断地实践和探索，建立了以大赛为载体的职业育人模式，形成了专业有特色、班班有队伍、人人能参与的良好氛围。经管系师生也在多个省级和国家级竞赛中斩获多项大奖。

（6）高校：珠海科技学院——传统文化创新性发展创造性转化

珠海科技学院非遗表演全校大巡游不仅包括了传统的舞龙舞狮，更有广东味道十足的潮州大锣鼓、英歌舞等"硬菜"，如此专业的节目表演，表演者都是该学院学生。此外，珠海科技学院也面向全校师生举办了传统的扎染、脸谱绘画与布贴画创作等非遗系列主题活动。在2023年高校传统文化

社会实践视频征集展示活动中,珠海科技学院的三支队伍脱颖而出,并入围百强作品。

三 广东省民办教育面临的问题与挑战

(一)个别地区出现场地租赁续约难问题

2020~2024年,广州市多个区内至少15所民办中小学停止办学或即将停止办学,至少10所民办中小学停止招新生,涉及荔湾区、天河区、黄埔区、白云区、花都区等。而停办,与生源短缺、办学场地安全不达标、租赁到期、资金链断裂等方面有关。

(二)很多学校面临师资流失、生源不足的困境

2023年全省共有各级各类民办学校1.49万所,较上年减少276所,占全省各级各类学校总数的38.11%。一方面,"少子化"背景下,幼儿园、小学生数量不断减少。另一方面,由于民办学校的学费昂贵,家长在选择时会更多地考虑公办院校。同时,受传统思想影响,"重学历、轻技能""公办比民办好"的观念在一些家长的头脑中根深蒂固,招生难成为民办基础教育学校普遍头痛的问题。为了生源,一度陷入恶性竞争的局面,直接影响到民办基础教育的整体发展,加之缺乏优秀的教育管理团队,给民办学校的发展带来了很大的挑战。

以广州市为例,广州民办小学招生学位数量从2020年的71879个暴跌至2024年的44981个,"瘦身"37.4%。报名人数方面,五年来报名民办小学的学生经历了小幅增长后大幅下跌的过程。民办小学报名人数在2021年达到39102人的高峰,比2020年的32007人增加7095人,但2022年锐减4869人,2023年与2022年基本持平,2024年报名人数再次锐减5364人,较上年减少15.5%,为五年来最低。可以预见,未来民办小学招生规模将持续呈收缩态势。而且,随着适龄儿童的逐渐减少,民办小学将面临更大的

竞争压力和生存危机。

从办学动力来说，《中华人民共和国民办教育促进法》规定，禁设义务教育阶段的营利性民办学校。强调民办学校的非营利性质。也就是说，对于投资小学和初中民办学校的资本来说，不仅不能赚钱还要加大投入，自然会有一些资本主动退出。

因此，未来民办义务教育阶段学校会有三大趋势。一是数量减少，民办学校总体规模和数量会逐渐缩减；二是质量提高，民办学校在本轮的"大浪淘金"优胜劣汰之下，有质量、有口碑的学校才能留下；三是定位准确，民办学校将从教育发展的重要力量，变成教育发展的有益补充。

（三）民办高校存在专业同质化问题

广东省的民办本科和高职院校在办学定位上往往缺乏特色，许多学校都将目标设定为培养应用型人才，导致在人才培养目标、专业设置等方面同质化。会计、市场营销、国际贸易等经管文科专业在大多数广东民办院校中普遍开设，这种趋同使得学校之间的竞争加剧，同时也难以满足社会对多样化人才的需求。

在培养目标方面，多数民办高校将人才培养层次集中于本科教育，专科层次和研究生层次教育发展相对不足，且在本科教育中，多侧重于理论型或通用型人才培养，对应用型、复合型、创新型等多元化人才培养重视不够，使得人才培养类型较为单一，难以满足社会对不同层次、不同类型人才的多样化需求。

《广东民办高等教育发展报告（2018）》显示，27所民办高职院校中有艺术类2所、占7.40%，理工类2所、占7.40%，财经类5所、占18.51%，综合类18所、占67.67%。珠江三角洲地区有25所，其中有民办综合高职16所、民办理工高校2所、民办财经高职5所、民办艺术高职2所。西翼地区有综合类1所、东翼地区有综合类1所。由此可见，广东民办高职院校以综合类、财经类为主，以培养技术应用和管理人才为主的理工类民办高职院校很少。

四 对策与建议

（一）优化政策环境，扶持民办教育发展

第一，继续实行差别化的扶持政策。重点扶持三类学校：一是年收费标准不高于当地生均预算内教育事业费的捐资举办的民办学校；二是普惠性民办幼儿园；三是年收费标准不高于各地生均预算内教育事业费、学校出资人的年回报额不超过以出资人累计出资额为基数的人民币一年期贷款基准利率2倍的民办中小学、职业技术学校、技工学校。接受资助和奖励的民办学校教师工资须达到民办学校教师工资指导标准。同时，在土地使用、规划建设、奖励评定、人才引进、师资建设等方面实行差别化优惠政策。

第二，支持民办学校进一步拓宽融资渠道。鼓励成立教育资金担保公司，支持国有资产经营公司、国有投资公司以及其他企业为民办学校提供贷款担保服务。

第三，继续开展公办学校对民办学校帮教扶教活动。选派公办学校优秀管理人员和教师到民办学校帮教扶教，各级教育部门要为民办学校教师到公办学校挂职和跟岗帮培创造条件。

第四，继续支持建设特色优质民办学校。通过购买服务、教师援助、改善办学条件等政策措施，推动具有一定办学水平的民办中小学和幼儿园建设成为规范特色民办学校。经费安排、科研项目、评优评先、表彰奖励等，要向有特色的民办学校倾斜。鼓励和支持优质民办学校走集团化发展道路，创新体制机制和育人模式，创建特色学校，培育自身品牌。鼓励有条件的民办学校开展多种形式的国际交流与合作。

（二）落实相关政策法规，保障民办学校师生合法权益

第一，继续按照差别化扶持原则，对符合规定条件的学前教育、义务教育、高级中等学历教育（包括职业教育、技工教育）的民办学校专任教师

发放从教津贴。

第二，提高民办学校教师退休待遇。采取以奖代补的方式支持学前教育、义务教育、高级中等学历教育（包括职业教育、技工教育）的民办学校为教师购买年金。民办学校及教师应当依法参加各项社会保险并履行缴费义务。

第三，保障民办学校学生合法权利。民办学校学生在升学、就业、困难家庭资助、交通费减免等社会优待和参加评先评优等方面，享有与同级同类公办学校学生同等的权利。要将入读民办学校的困难家庭学生纳入学生资助体系，确保民办学校困难家庭学生接受教育的权利。

（三）依法加强管理，规范民办学校办学行为

第一，完善现代学校制度和财务、资产管理制度。教育部门会同财政部门进一步完善民办学校财务管理办法和会计核算办法。各级政府要建立由财政、监察、教育、民政等部门和社会专业人士组成的核查小组，不定期对民办学校财务管理和法人治理结构情况进行专项检查。

第二，继续完善民办学校退出机制。现有尚未达到设置标准的民办学校要通过改造、合并等方法实现达标，逐步淘汰超过整改期限仍未达到设置标准的民办学校。

第三，继续完善民办学校风险防范机制。民办学校应当设立风险准备金，用于学校发生清算、突发事件以及其他有关事宜的处理。风险准备金属于学校资产，实行专户存储，由学校与审批机关、开户银行三方签订监督协议共同监管。未经审批机关书面同意，任何组织和个人不得动用风险准备金。

（四）明确办学定位，民办院校自身应不断优化创新

第一，精确定位发展方向，突出院校优势专业。各民办高校、中高职院校应深入分析自身的办学条件、资源优势、历史文化以及所处地域的经济社会发展需求，找准学校在高等教育体系中的独特位置，确定是侧重于应用

型、研究型还是综合型人才培养，或是专注于某一特定领域或行业的人才培养，避免盲目跟风和模仿，导致民办院校专业同质化严重，各院校在"补短板"的同时"长板"优势又未得到发挥。

第二，强化经济结合，形成与地区发展相匹配的教育布局。紧密围绕广东省及粤港澳大湾区的产业结构调整和经济发展需求，深入调研市场对各类专业人才的实际需求，以学校的优势学科或专业为核心，整合相关资源，打造具有竞争力和影响力的特色专业。及时调整和优化专业设置，增加与新兴产业、支柱产业相关的专业，如人工智能、大数据、生物医药、新能源等，减少或淘汰与市场需求脱节的专业，形成与区域经济发展相匹配的专业布局。这样的专业设置，一方面有利于民办院校提升自身办学质量、提高竞争力；另一方面也有利于提高民办院校学生的社会竞争力。

第三，加强师资队伍建设，民办高校深化课程体系改革。制定具有吸引力的人才引进政策，提高教师的待遇和福利水平，改善工作环境和条件，吸引一批具有高学历、高职称、丰富教学经验和实践经验的优秀教师加入，切实提高民办院校的教学实力。在此基础之上，要勇于创新改革，根据不同专业的特点和人才培养目标，打破传统课程体系的束缚，构建具有个性化和创新性的课程体系。增加实践教学、创新创业教育、跨学科课程等的比重，减少重复和陈旧的理论课程，注重培养学生的实践能力、创新能力和综合素质，同时，为学生提供丰富的选修课程，满足学生的个性化学习需求，促进学生的多元化发展。

2023~2024学年浙江省民办教育发展报告[*]

章露红[**]

摘　要：《中华人民共和国民办教育促进法》修订后，我国民办教育发展的政策和法律环境产生了重大调整。近8年来，浙江省各级政府积极响应，在深化民办教育分类管理改革、推动民办园普惠优质发展、规范民办义务教育发展、推进独立学院转设、落实校外培训机构"双减"等方面陆续出台相关政策文件，进一步规范和支持社会力量办学，推动各级各类民办学校内涵式发展。在推进分类管理改革、加大民办教育财政资助、加强民办学校教师队伍建设、规范财务与资产管理、健全监督管理机制等政策主题上体现出了较强的政策创新与实践。面对高质量发展的时代要求，浙江民办教育还面临着一些现实挑战和政策难题，需要各级政府加强政策探索与实践。比如，后"分类管理"时代，如何进一步推进民办学校分类协调发展；多重政策叠加下，如何有效应对政策冲突与调适；在人口结构调整下，如何有力推动民办学校可持续高质量发展等。

关键词：民办教育　《民办教育促进法》　政策创新　浙江省

---

[*] 本文系浙江省哲学社会科学规划重点课题"浙江民办教育'新法新政'实施跟踪研究"（课题编号：20NDJC09Z）的研究成果之一。

[**] 章露红，浙江师范大学副教授、学前民办教育研究中心主任，主要研究方向为民办教育、学前教育政策与管理。

一 浙江省民办教育发展基本概况

（一）总体规模

2023年浙江省教育事业发展统计公报显示，2023年浙江省共有民办学校4177所，占全省各级各类学校总数（含特殊教育学校和成人高校）的31.6%；有民办学校在校生158.85万人，占各级各类学校在校生（含特殊教育学校和成人高校）总数的14.3%，有民办学校专任教师11.57万人，占各级各类学校专任教师总数的16%。从不同学段来看，2023年浙江省共有民办幼儿园3568所，在园幼儿52.37万人，专任教师4.32万人，分别占全省幼儿园、在园幼儿和专任教师总数的50.49%、29.49%、29.41%。民办义务教育学校277所，在校生41.63万人，专任教师3.14万人，分别占全省义务教育学校、在校生和专任教师总数的5.61%、7.11%、8.34%。民办普通高中252所，在校生22.69万人、专任教师1.96万人，分别占全省普通高中学校、在校生和专任教师总数的38.77%、25.56%、24.53%。民办中等职业教育学校（不含技工学校）47所，在校生8.2万人，专任教师0.51万人，分别占全省中等职业教育学校、在校生和专任教师总数（不含技工学校）的19.11%、16.3%、13.12%。民办高等教育学校33所（独立设置的民办普通高校16所，独立学院15所，中外合作办学2所），在校生33.96万人，专任教师1.65万人，分别占全省普通高等学校、普通本专科在校生和专任教师总数的30.27%、26.3%、20%（见图1~图3）。

（二）发展趋势

2017年，新修订的《民办教育促进法》实施，浙江教育事业发展统计公报显示，2017~2023年，浙江省民办学校数、民办学校在校生数整体呈缓慢下降的趋势。民办学校从6967所下降到4177所，减少2790所。民办学校在校生数从248.63万人下降到158.85万人，减少约90万人。民办学校专任

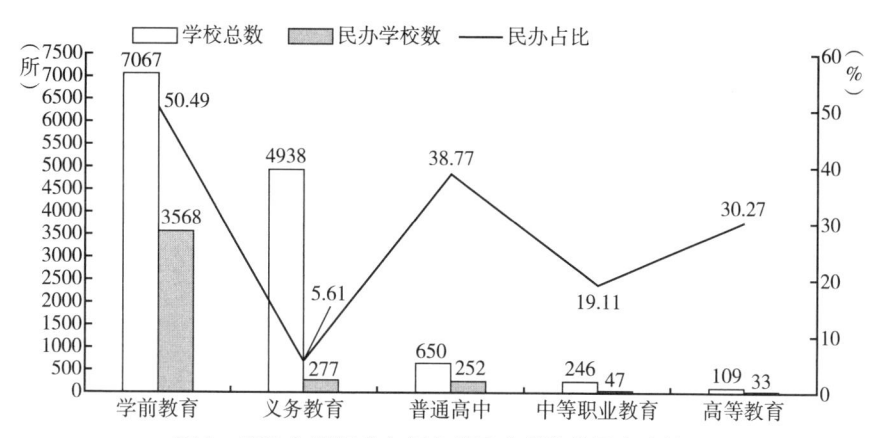

图 1　2023 年浙江省各级各类民办学校数及占比情况

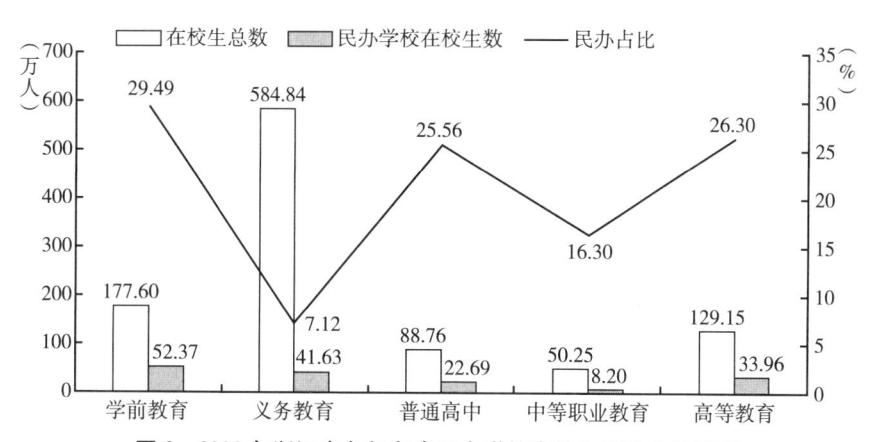

图 2　2023 年浙江省各级各类民办学校在校生数及占比情况

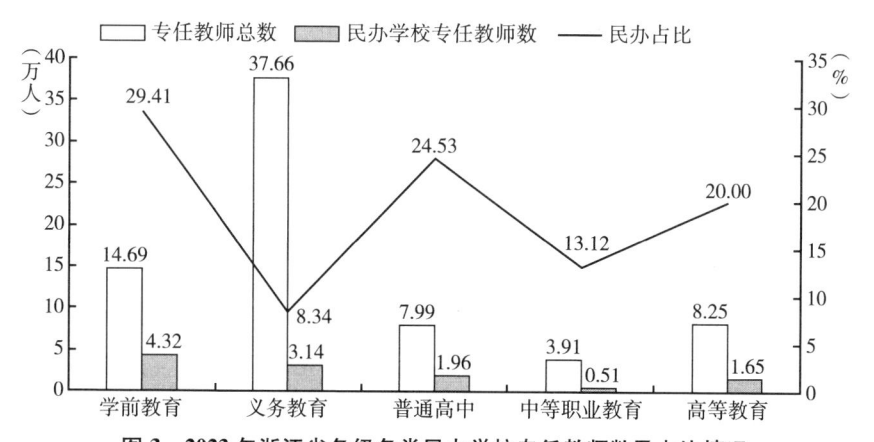

图 3　2023 年浙江省各级各类民办学校专任教师数及占比情况

教师则呈先增后减的趋势，从14.6万人增至15.28万人，而后下降到11.57万人，减少约3万人（见表1）。

表1　2017~2023年浙江省民办教育发展总体趋势

年份	学校（所）	在校生（万人）	专任教师（万人）
2017	6967	248.63	14.6
2018	6704	245.19	14.99
2019	6361	242.33	15.41
2020	5834	233.86	15.28
2021	5513	223.36	15.26
2022	4928	188.28	13.22
2023	4177	158.85	11.57

从不同学段来看，2017~2023年，浙江省民办幼儿园及其在园幼儿、专任教师数均呈下滑趋势。2017年浙江省有民办幼儿园6272所，在园幼儿117.1万人，2023年仅为3568所，在园幼儿52.37万人，数量锐减一半左右。民办义务教育学校、在校生、专任教师数均呈"上升—下降"趋势。民办义务教育学校数的峰值在2021年，达到了449所，在校生数的峰值在2019年，为77.22万人，专任教师数的峰值在2020年，为5.18万人，但它们在2021年后都出现了明显的下滑（见表2、表3）。

表2　2017~2023年浙江省民办学前教育发展趋势

年份	幼儿园（所）	占比（%）	在园幼儿（万人）	占比（%）	专任教师（万人）	占比（%）
2017	6272	72.55	117.1	59.81	6.79	54.33
2018	5971	70.64	110.49	57.13	6.77	52.23
2019	5620	68.03	103.57	53.46	6.69	49.43
2020	5069	63.29	93.31	47	6.29	44.08
2021	4735	60.01	86.97	43.3	6.32	41.65
2022	4303	55.82	73.43	37.23	5.67	36.46
2023	3568	50.49	52.37	29.49	4.32	29.41

表3　2017～2023年浙江省民办义务教育发展趋势

年份	学校（所）	占比（%）	在校生（万人）	占比（%）	专任教师（万人）	占比（%）
2017	416	8.29	73.8	14.47	4.49	13.6
2018	437	8.67	75.66	14.49	4.76	14.1
2019	440	8.71	77.22	14.55	5.08	14.66
2020	440	8.7	75.86	14.14	5.18	14.6
2021	449	8.94	73.88	13.44	4.48	12.28
2022	300	6.02	51.02	9.07	3.64	9.87
2023	277	5.61	41.63	7.12	3.14	8.34

就民办普通高中教育而言，2017～2023年，浙江省民办普通高中学校、在校生、专任教师数均呈逐年递增的趋势，但增幅较为平缓。其中2019～2020年民办普通高中学校、在校生、专任教师数增幅较大，分别由220所增加到241所、20.35万人增加到21.72万人、1.65万人增加到1.77万人（见表4）。

表4　2017～2023年浙江省民办普通高中教育发展趋势

年份	学校（所）	占比（%）	在校生（万人）	占比（%）	专任教师（万人）	占比（%）
2017	201	34.6	19.35	25.32	1.49	21.47
2018	215	36.38	19.48	25.32	1.55	22
2019	220	36.61	20.35	25.95	1.65	22.92
2020	241	38.75	21.72	26.85	1.77	24
2021	249	39.46	21.86	26.12	1.87	23.85
2022	246	38.38	21.98	25.43	1.87	23.85
2023	252	38.77	22.69	25.56	1.96	24.53

2017～2023年，浙江省民办中等职业教育的学校数、在校生数、专任教师数整体呈现稳步增长的趋势。民办中职学校数（不含技工学校）从43所增长至47所，在全省中职学校数（不含技工学校）中的占比有小幅变化。

在校生数从 7.06 万人增长至 8.20 万人，其中，2021 年高达 9.14 万人，后两年有下降趋势。专任教师数从 0.30 万人逐年增长至 0.51 万人，共增加 0.21 万人（见表 5）。

表 5　2017~2023 年浙江省民办中等职业教育发展趋势

年份	学校（所）	占比（%）	在校生（万人）	占比（%）	专任教师（万人）	占比（%）
2017	43	18.61	7.06	13.3	0.30	9.03
2018	45	19.57	7.49	14.2	0.31	9.19
2019	43	18.61	7.72	14.2	0.34	9.87
2020	47	19.92	8.56	15	0.38	10.69
2021	47	18.88	9.14	16.4	0.47	12.35
2022	46	18.62	8.93	16.8	0.50	12.97
2023	47	19.11	8.20	16.3	0.51	13.12

2017~2023 年，浙江民办高等教育学校数（含独立学院和中外合作办学）呈现先增后减至平稳的趋势，从 35 所增至 38 所，而后减至 33 所保持稳定。在校生数在 31 万~35 万人不断波动。民办院校的专任教师数呈现"增—减—增"的趋势，其中，2021 年下降至 1.45 万人，7 年间净增 1000 人（见表 6）。

表 6　2017~2023 年浙江省民办高等教育发展趋势

年份	学校（所）	占比（%）	在校生（万人）	占比（%）	专任教师（万人）	占比（%）
2017	35	32.41	31.32	31.24	1.55	24.91
2018	36	33.03	32.07	31.45	1.59	25.02
2019	38	34.86	33.47	31.15	1.63	24.47
2020	37	33.64	34.4	29.07	1.64	23.26
2021	33	30.28	31.51	26.03	1.45	19.51
2022	33	30.28	32.92	26.26	1.54	19.65
2023	33	30.28	33.96	26.3	1.65	20

二 《民办教育促进法》修订后浙江民办教育政策的基本图景与创新突破

（一）《民办教育促进法》修订后浙江民办教育政策演进与基本图景

2016年11月7日，全国人民代表大会常务委员会审议通过《关于修改〈中华人民共和国民办教育促进法〉的决定》，明确了对民办学校实行非营利性和营利性分类管理。《民办教育促进法》修订后，我国民办教育发展的政策和法律环境发生了重大改变。近8年来，浙江省除了出台系列政策推进分类管理外，为进一步支持和规范社会力量兴办教育，在推动民办园普惠发展、规范民办义务教育发展、推进独立学院转设、落实校外培训机构"双减"等方面陆续出台了相关制度文件。

2017~2018年，浙江省积极响应国家政策，采取了一系列措施推动民办教育综合改革。2017年11月6日，浙江省市场监管局转发《工商总局 教育部关于营利性民办学校名称登记管理有关工作的通知》。同年12月，浙江省人民政府颁布《浙江省人民政府关于鼓励社会力量兴办教育促进民办教育健康发展的实施意见》，之后2018年省教育厅会同相关部门陆续联合印发了《现有民办学校变更登记类型实施办法》《落实民办学校办学自主权实施办法》《加强民办学校教师队伍建设实施办法》《民办学校财务清算办法》《公共财政扶持民办教育发展实施办法》《民办学校财务管理办法》《民办学校信息公开和信用管理办法》等7份配套性文件，涉及民办学校分类登记、办学自主权、教师队伍建设、财务管理、公共财政扶持、信息公开等多个方面，构成了浙江省民办教育综合改革"1+7"政策体系。

2019~2020年，浙江省民办教育相关政策主要聚焦民办园普惠优质发展和义务教育阶段减负工作。2019年12月，浙江省委、省政府颁布《中共浙江省委 浙江省人民政府关于学前教育深化改革规范发展的实施意见》，对推动学前教育普及普惠安全优质发展做出全面部署。继2019年浙江省教育厅等十四部门联合印发《浙江省中小学生减负工作实施方案》后，2020年，浙江省教育厅等12部门又联合印发《关于规范校外培训机构设置和管理的指导意见》，其中明确"各设区市教育部门会同当地有关部门要按照'放管服'改革精神，结合当地实际情况，区分培训类别，制定完善校外培训机构设置具体标准，健全和完善校外培训机构准入管理机制"。

2021年是"十四五"开局之年，6月浙江省发展和改革委员会、浙江省教育厅联合印发《浙江省教育事业发展"十四五"规划》，对浙江省教育事业发展进行了全局规划。之后，浙江省教育厅印发《浙江省高等教育"十四五"发展规划》《浙江省职业教育"十四五"发展规划》《浙江省教师队伍建设"十四五"规划》等事业发展规划，对各级各类民办学校规范和高质量发展提出了新使命与新要求。2022年浙江省教育厅等十一部门联合印发《浙江省学前教育发展第四轮行动计划（2021—2025年）》，《浙江省城镇住宅小区配套幼儿园建设管理办法》完成修订，进一步推动了民办园普惠优质发展。2023年，浙江省教育厅印发《浙江省支持新型高校建设实施细则》，强调"鼓励和支持新型高校的建设与发展，为高等教育注入新的活力"。这一政策明确了对新型高校的支持措施，包括资金扶持、人才培养、科研创新等方面的优惠政策，为高等教育的多样化发展提供了坚实的政策保障。2024年，中共浙江省委办公厅和浙江省人民政府办公厅又联合印发了《关于加快构建现代职业教育体系的实施意见》，将职业教育摆在了教育发展的重要位置，提出了构建与产业紧密结合、校企合作、国内外交流互动的现代职业教育体系目标等（见图4）。

浙江在创建教育强省和共同富裕先行示范区的过程中，致力于打造从基础教育到高等教育，再到职业教育的全方位、多层次的教育生态系统，而其中民办教育发挥着积极而重要的作用。就推进民办教育健康高质量发展而言，通过系统梳理省、市、县三级各级各类民办教育相关政策，近8年来的政策重点体现在以下六个方面，如图5所示。

2021年
- 《浙江省教育厅关于独立学院转设有关情况的通告》
- 《浙江省教育事业发展"十四五"规划》
- 《浙江省教育厅关于印发〈浙江省高等教育"十四五"发展规划〉〈浙江省职业教育"十四五"发展规划〉〈浙江省教师队伍建设"十四五"规划〉的通知》

2022年
- 《浙江省学前教育发展第四轮行动计划（2021—2025年）》
- 《浙江省城镇住宅小区配套幼儿园建设管理办法（2022年修订）》

2023年
- 《浙江省教育厅关于印发〈浙江省支持新型高校建设实施细则〉的通知》
- 《浙江省教育厅等六部门关于印发〈浙江省中小学生校外培训清朗环境三年行动计划（2023—2025年）〉的通知》

2024年
- 《中共浙江省委办公厅 浙江省人民政府办公厅印发〈关于加快构建现代职业教育体系的实施意见〉的通知》

图4 《民办教育促进法》修订后浙江部分民办教育政策演进

《民办教育促进法》修订后浙江民办教育政策的基本图景

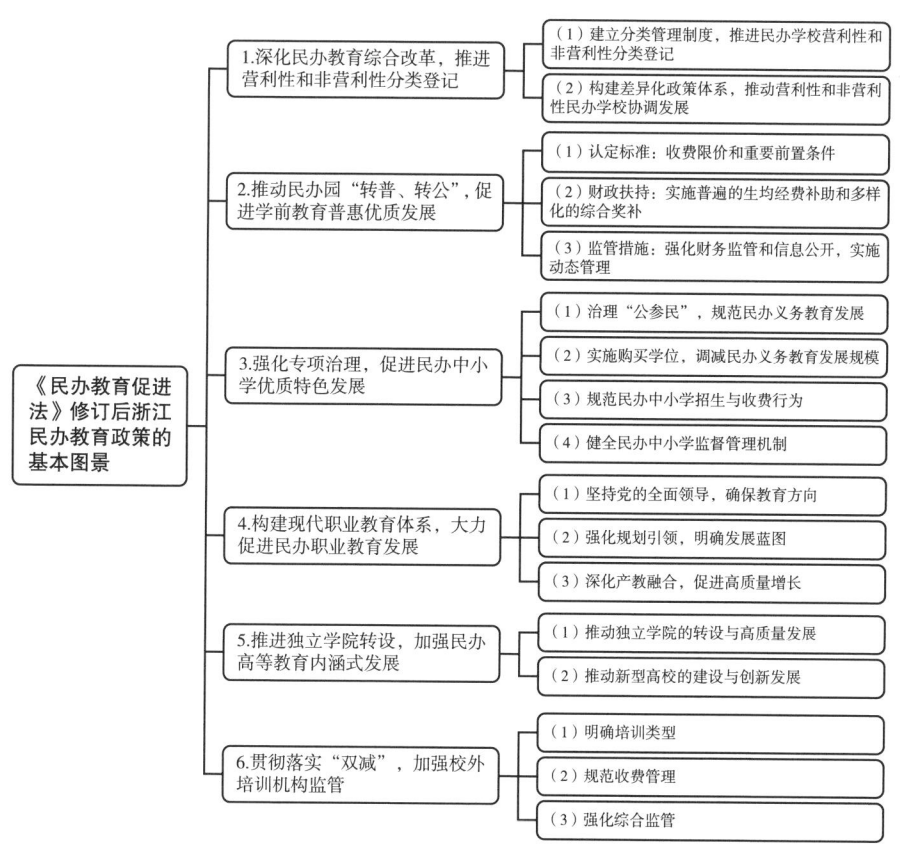

1. 深化民办教育综合改革，推进营利性和非营利性分类登记
   - （1）建立分类管理制度，推进民办学校营利性和非营利性分类登记
   - （2）构建差异化政策体系，推动营利性和非营利性民办学校协调发展

2. 推动民办园"转普、转公"，促进学前教育普惠优质发展
   - （1）认定标准：收费限价和重要前置条件
   - （2）财政扶持：实施普遍的生均经费补助和多样化的综合奖补
   - （3）监管措施：强化财务监管和信息公开，实施动态管理

3. 强化专项治理，促进民办中小学优质特色发展
   - （1）治理"公参民"，规范民办义务教育发展
   - （2）实施购买学位，调减民办义务教育发展规模
   - （3）规范民办中小学招生与收费行为
   - （4）健全民办中小学监督管理机制

4. 构建现代职业教育体系，大力促进民办职业教育发展
   - （1）坚持党的全面领导，确保教育方向
   - （2）强化规划引领，明确发展蓝图
   - （3）深化产教融合，促进高质量增长

5. 推进独立学院转设，加强民办高等教育内涵式发展
   - （1）推动独立学院的转设与高质量发展
   - （2）推动新型高校的建设与创新发展

6. 贯彻落实"双减"，加强校外培训机构监管
   - （1）明确培训类型
   - （2）规范收费管理
   - （3）强化综合监管

图5 《民办教育促进法》修订后浙江民办教育政策基本图景

（二）《民办教育促进法》修订后浙江民办教育政策的创新与突破

在国家宏观法律政策体系的指导下，地方政府通过创新政策举措，能够更加精准地引导和支持民办教育走向规范化、特色化的发展道路，进而激发其办学主体的积极性和创新动力，为社会提供更加丰富、优质的教育选择。自《民办教育促进法》修订以来，浙江省各级政府积极响应，相继出台了一系列政策文件，在深化民办教育综合改革、推动各级各类民办学校内涵式发展方面取得了积极成效。基于省、市、县三级百余个政策文本，以2017年颁布的《浙江省人民政府关于鼓励社会力量兴办教育促进民办教育健康发展的实施意见》中的核心政策主题为主要框架，通过聚类分析和编码分析，全面梳理浙江地方民办教育的政策创新与突破后，我们发现：与省级文件相比，各地市政策在内容上呈现较高的相似度，但在推进分类管理改革、加强民办教育财政资助、加强民办学校教师队伍建设、规范资产管理和财务运行以及健全监督管理机制等政策主题上也体现出了较强的政策创新与实践。

比如，在稳妥推进分类管理改革方面，依据国家统一的分类管理政策框架，浙江省各地均建立起了民办学校营利性和非营利性分类管理制度。浙江省要求现有民办学校（2016年11月7日前正式设立的）到2022年底前完成分类登记。温州、宁波、台州、绍兴、嘉兴、金华等地都出台了现有民办学校变更登记类型实施办法，在明确资产权属、设计补偿奖励制度、明确变更登记流程等多方面都提出了相对可操作的办法。具体来看，地方的政策创新主要体现为以下两个方面。

第一，优化补偿奖励制度设计。在补偿奖励对象上，温州提出现有民办学校选登记为营利性学校，也可以享受补偿奖励。在补偿奖励标准上，各地基于地方实际，进一步细化了相关标准。如温州提出"补偿或奖励数额综合考虑举办者原始出资和2017年8月31日前投入的后续出资、已取得的合理回报以及办学效益等因素，市、县政府已出台相关规定或与民办学校有约定且仍具有法律效力的，从其规定（约定）；没有规定（约定）的，民办学校原始出资和经认可的历年累计出资归举办者所有，清偿后的剩余资产仍有结余的，按不低于学校结余资产20%的比例给予奖励，具体由民办学校所在地县级以上政府确定"。① 绍兴市规定"民办学校的财产依法清偿后有剩余的，按总数不超过剩余额的50%、不超过以举办者2017年8月31日之前累计投入额为基数的同期银行一年期贷款基准利率2倍利息额，奖励出资人"。② 宁波市规定"补偿数额不高于出资额及其增值部分，增值部分按照清算当年中国人民银行5年期存款基准利率计算；奖励数额不高于2017年8月31日时民办学校法人名下的净资产（扣除政府补助、国有资产、社会捐赠资产等）数额的20%"。③ 在补偿奖励的兑现上，宁波市提出在分类登记时就可以给予奖励。奖励采取一次性结算或分期奖励的形式。非营利性民办学校终止清算时，要同时考虑选择登记类型时与选择后至终止时间段的财务清算结果，清偿后的剩余资产，给予举办者一定额度的补偿或奖励。奖励时要扣除分类登记时给予的奖励部分。

第二，创新"民非转企"过程中土地、税费等优惠政策。比如温州提出"现有民办学校选登记为营利性民办学校，原以行政划拨方式供地的，可改为出让、租赁等有偿方式使用土地。补缴土地出让金按照出让时的出让土地使用权市场价格减去拟出让时的划拨土地使用权权益价格的差价确定。土地出让价款可在规定期限内一次性缴纳或按合同约定分期缴纳。现有民办学校选登记为营利性学校，土地使用权不转移给营利性学校的，其原以行政划拨方式取得土地使用权由政府收回，回收价款按现时点的划拨土地使用权权益价格计算。举办者要求继续使用原有土地的，可以采用租赁方式。"④

---

① 《温州市人民政府关于进一步深化综合改革促进民办教育健康发展的实施意见》（温政发〔2018〕20号），2018年9月。

② 《绍兴市人民政府关于鼓励社会力量兴办教育促进民办教育健康发展的实施意见》（绍政发〔2019〕14号），2019年7月。

③ 《宁波市人民政府关于进一步鼓励社会力量兴办教育促进我市民办教育高质量发展的实施意见》（甬政发〔2019〕68号），2019年12月。

④ 《温州市现有民办学校选登记营利性民办学校办法》（温教民〔2018〕117号），2018年12月。

三 高质量发展视域下浙江民办教育发展政策思考与展望

面向2035年乃至2050年，无论从扩大教育供给、增加教育选择角度判断，还是从深化教育改革、激发教育活力方面考量，继续发展各级各类民办教育，难以高质量实现我国教育现代化宏伟目标。浙江在创建教育强省和共同富裕先行示范区的过程中，应充分发挥民办教育的积极作用，通过优化政策环境、加强规范管理、鼓励创新发展，形成公办与民办教育相互促进、共同发展的良好制度环境。当前，面对高质量发展的时代要求，浙江民办教育还面临着一些现实挑战和政策难题，需要各级政府加强政策探索与实践。

（一）后"分类管理"时代，如何进一步推进民办学校分类协调发展

根据《浙江省人民政府关于鼓励社会力量兴办教育促进民办教育健康发展的实施意见》有关规定，浙江省民办学校营利性和非营利性分类登记工作应在2022年12月31日前完成。后"分类管理"时代，如何进一步推进民办学校分类协调发展，综合各地政策实施情况来看，至少还面临着以下两方面的挑战。一是如何进一步推进现有民办学校营利性和非营利性分类登记落实落地。鉴于文件要求的截止日期，目前浙江省各地推进现有民办学校分类登记的工作基本处于"静止"状态。对于一些想要申请转设为营利性的现有民办学校，有些地方教育行政部门以日期截止为由不予受理。对于一些已经申请转设为营利性的民办学校，因为土地税费等转制成本问题，有些地区甚至存在"同一个法人，民政和工商部门同时存续"的情况。二是如何进一步完善营利性和非营利性民办学校相互促进、协调发展的政策支持体系。

对此，我们建议：一是实施省域范围内的分类管理改革政策评估，系统梳理全省分类管理改革工作的经验和成效，以及当前存在的难点和堵点问题，推动完成分类登记工作的"最后一公里"。二是在全省统一的分类管理

政策框架下，推动地方政策创新，进一步完善营利性和非营利性民办学校协调发展的政策体系。需要各地在教育资源配置、税收优惠、土地政策、师资支持、财政资助、风险防控、质量评估等多方面继续加以探索，以体现对不同类型学校的支持、鼓励和规范。比如，在财政资助方面，当前大力支持非营利性民办学校发展是各地政策实践的基本导向，但无论从营利性民办学校同等的财政贡献和学生同等的权利保障角度考虑，还是从因办学成本和社会风险增加、办学环境恶化难以吸引民资提供优质教育资源的角度考虑，都不应将营利性民办学校排除在公共财政资助的范畴之外。对营利性民办学校的财政资助方式，除相关文件明确的政府购买服务、奖助学金、转让和出租闲置国有资产外，各地也可实施普遍的绩效奖励或项目支持。其次，可以创新质量导向的财政扶持方式。将办学质量作为财政扶持的重要评价指标，除了积极探索对民办学校实施分类补助、给予教师综合素养提升综合奖补、把教师最低待遇保障作为财政补助的前提、奖补资金实行因素分配法、财政扶持资金实行专户管理等财政扶持和监管方式以外，也可借鉴美国、中国香港等地的"教育券"制度，改变公共财政资金的传统配置路径，使学校由原来从政府手中直接竞争公共教育资源转变为通过吸引学生间接竞争，以此实现公办学校和民办学校质量的同步提升。

（二）多重政策叠加下，如何有效应对政策冲突与调适

《民办教育促进法》及其《实施条例》修订后，中国民办教育发展的政策和法律环境发生了重大改变。近8年来，为进一步支持和规范社会力量兴办教育，国家和地方在推进民办学校分类管理、推动民办园普惠发展、规范民办义务教育发展、推进独立学院转设、促进民办职业教育发展、落实校外培训机构"双减"等方面陆续出台了相关文件。同时，为进一步推动法治建设，国家层面近年来陆续完成《中华人民共和国职业教育法》修订和学前教育立法，并积极推进托育服务立法和《中华人民共和国教师法》修订等。这些国家相关法律法规的持续调整为民办教育发展提供了新的法律依据和政策指引，但多重政策的叠加和冲突也给地方政府的政策调适带来了挑

战。比如，在普惠性民办园准入问题上，《县域学前教育普及普惠督导评估办法》（教督〔2020〕1号）以及《中华人民共和国学前教育法》都明确提出普惠性民办园的非营利性属性，但因为《浙江省学前教育条例》等地方性法规对普惠性民办园的非营利性属性并未提出明确要求，实践中存在部分地区已经认定了一批营利性普惠性民办园的现象，这就需要进一步关注法律和政策衔接问题。又如，治理"公参民"学校时，部分地区对一些"民转公"的民办学校招生政策设定了过渡期，但又不明确过渡期的具体时限，导致出现民办学校招生政策不统一、老百姓择校信息不对称等问题。

多重政策叠加下，如何有效应对政策执行过程中的政策冲突与调适，我们建议：一是健全政策执行的监测与评估机制，定期评估政策执行效果，根据国家法律政策要求和当地民办教育发展实际，必要时对政策进行调整和完善。在政策制定和执行过程中，可以充分听取利益相关方意见，确保政策既符合国家导向又贴近实际，具有可操作性。二是进一步推进民办教育治理体系和能力现代化，形成政府依法管理、民办学校自主办学、社会广泛参与的共治善治局面。这需要各地政府、民办学校和社会形成合力。

（三）在人口结构调整下，如何有力推动民办学校可持续高质量发展

据浙江统计局相关数据统计，截至2023年末，浙江省常住人口达6627万人，较上年新增50万人，呈现一定的人口聚集态势，然而人口自然增长率呈现负增长（-0.86‰）局面。当前"负增长、低生育、老龄化、高流动"的人口发展新形势，对地方政府的教育治理能力和民办学校的可持续高质量发展提出了双重挑战。近年来不少地区已经陆续出现民办学校"关停潮"。在人口结构调整背景下，如何有力推动民办学校可持续高质量发展，地方政府应当加强资源统筹规划，进一步完善政策法规，加强税收、土地、财政、信贷等要素对民办学校的支持，并通过健全风控防控机制、加强质量监督与评估、构建终身教育体系等政策调整和设计为民办学校发展创造良好的外部环境，最终实现教育结构的优化和教育质量的提升。在民办学校层面，伴随着生源减少、市场竞争加剧、政策适应难度增加等因素，民办学

校要主动适应政策变化，关注国家教育领域政策的最新动态，及时调整办学方向和策略。通过不断优化教育供给结构、改进育人模式、创新管理和运营机制、探索多元化融资渠道、拓展国内外合作与交流、服务乡村振兴等多种途径提供多样化教育服务、提升服务水平、增强特色教育，不仅可以有效应对人口负增长和教育结构调整带来的挑战，同时还能进一步发挥其在促进教育公平、激发教育创新活力等方面的积极作用，为地方教育事业的持续高质量发展做出更大贡献。

五　学校案例报告

以儿童友好行动推进园所高质量发展

——启今集团儿童友好园创建研究与实践

崔红英 兰彦婷 栾晓航[*]

摘 要： 儿童友好理念是一种现代社会发展理念，也是儿童友好城市的建设理念。启今集团在明确儿童友好行动的基本内涵与实践路径的基础上，以理念培训和制度建设彰显儿童优先，以立体式友好教师培训夯实儿童立场，以高质量儿童参与落实儿童权利，以环境微改造赋能友好开放空间，以社会情感建设学习型家园关系，不断提升儿童发展效能、园所治理能力、教师职业幸福感、家长满意度及品牌美誉度。但在实际推广和落地过程中，还面临支持儿童参与的能力尚有较大提升空间，融入城市与社区的友好协同路径不畅等困境。对此，启今集团进一步加强儿童友好理念宣传，构建儿童友好实践共同体；建立多元化的信息沟通渠道，打造"园家社协同共育的儿童友好教育新生态"，着力推进学前教育治理体系与治理能力现代化，打造幼有善育的标杆园。

关键词： 儿童友好园所 高质量发展 启今集团

一 背景与意义

儿童友好理念是一种现代社会发展理念，也是儿童友好城市的建设理

---

[*] 崔红英，启今集团教育研究院执行院长，博士，教授；兰彦婷，启今集团教育研究院副院长，博士；栾晓航，启今集团教育研究院质量发展中心副主任，硕士。

念。儿童友好教育，是高质量办园，实现"幼有善育"的新落点。

启今集团主动响应高质量发展的时代要求，以课题研究为契机，以儿童友好为标尺，以儿童友好行动反观园所内部治理能力，切实落实儿童优先原则和儿童主体地位，着力推进学前教育治理体系与治理能力现代化，打造幼有善育的标杆园。三年间，启今集团教育研究院带领旗下幼儿园以儿童友好理念审思园所实践工作对于儿童权利的达成度，大力支持儿童参与，不断重构师幼关系，动态完善家园共育，逐步搭建儿童友好行动落地的支持系统。

二 实践做法

项目组以儿童参与为切入口，以一个个孩子学习生活中的"小题"为载体，通过儿童友好的环境、师资、课程、关系建设，开展儿童友好行动，带领园所突破发展的卡点问题，形成家园社协同共育的教育生态，彰显园所"以儿童为本""小题大做"的独特魅力。

（一）明确儿童友好行动的基本内涵与实践路径

1. 探寻儿童友好行动的基本内涵

儿童友好理念主要包括四个维度的内容：保障儿童的基本生存和发展权利；满足儿童的心理和情感需求；支持儿童参与和表达；促进儿童认知世界、发展智力、建立关系，实现生命价值。根据联合国儿童基金会（UNICEF）的定义，教育中的儿童友好行动不仅关注儿童的学习成效，更强调儿童在教育过程中作为主体的主动参与和社会、文化、情感等多维度的全面发展。项目团队广泛搜集国内外优秀实践与典型案例，梳理出儿童友好行动（Child-Friendly Initiative）的基本内涵（见图1）。

2. 确定儿童友好行动的实践路径

了解园所需求是开展儿童友好行动的重要前提。项目组以园所调研为基础，将儿童友好行动设计为"儿童友好理念宣贯""儿童友好落地三大准

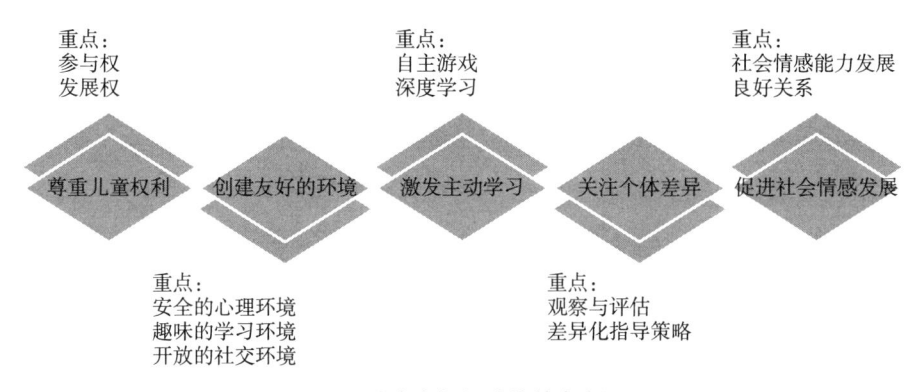

```
重点：              重点：              重点：
参与权              自主游戏            社会情感能力发展
发展权              深度学习            良好关系
```

尊重儿童权利　创建友好的环境　激发主动学习　关注个体差异　促进社会情感发展

```
            重点：                重点：
            安全的心理环境         观察与评估
            趣味的学习环境         差异化指导策略
            开放的社交环境
```

图 1　儿童友好行动的基本内涵

备""儿童友好课程赋能""儿童参与落地激活"及"家园社联动协同"五大板块，以理念培训和制度建设彰显儿童优先，以立体式友好教师培训夯实儿童立场，以环境微改造赋能友好开放空间，以高质量儿童参与落实儿童权利，以社会情感建设学习型家园关系。每一个板块包含多种实施方式，鼓励园所创造性实施（见图2）。

（二）以理念培训和制度建设彰显儿童优先

1. 全员儿童友好理念培训

首先，邀请权威专家开展讲座，进行第一轮儿童友好理念宣传。先后邀请学前教育和儿童友好领域知名专家开展讲座，激发一线教师对儿童友好理念、儿童友好实践、自主游戏指导等核心问题的兴趣与思考。其次，通过儿童友好理念渗透与传播的方式来进行第二轮理念宣传。针对幼儿教师偏好感性、具体化思维的特点，项目组提炼和设计了一系列彰显儿童优先的儿童友好理念海报、提示及标语，通过通俗化、可视化表达渗透进教师和家长的日常。最后，组织"教育家型儿童友好园长办园理念培训"。向集团内园所管理层讲述儿童友好行动的缘起、目标、具体实施方式和需要园所做出的努力，在充分沟通后明确具体实施步骤，也收集园所新的需求，重新丰富项目实施规划。

图 2 儿童友好行动实施路线

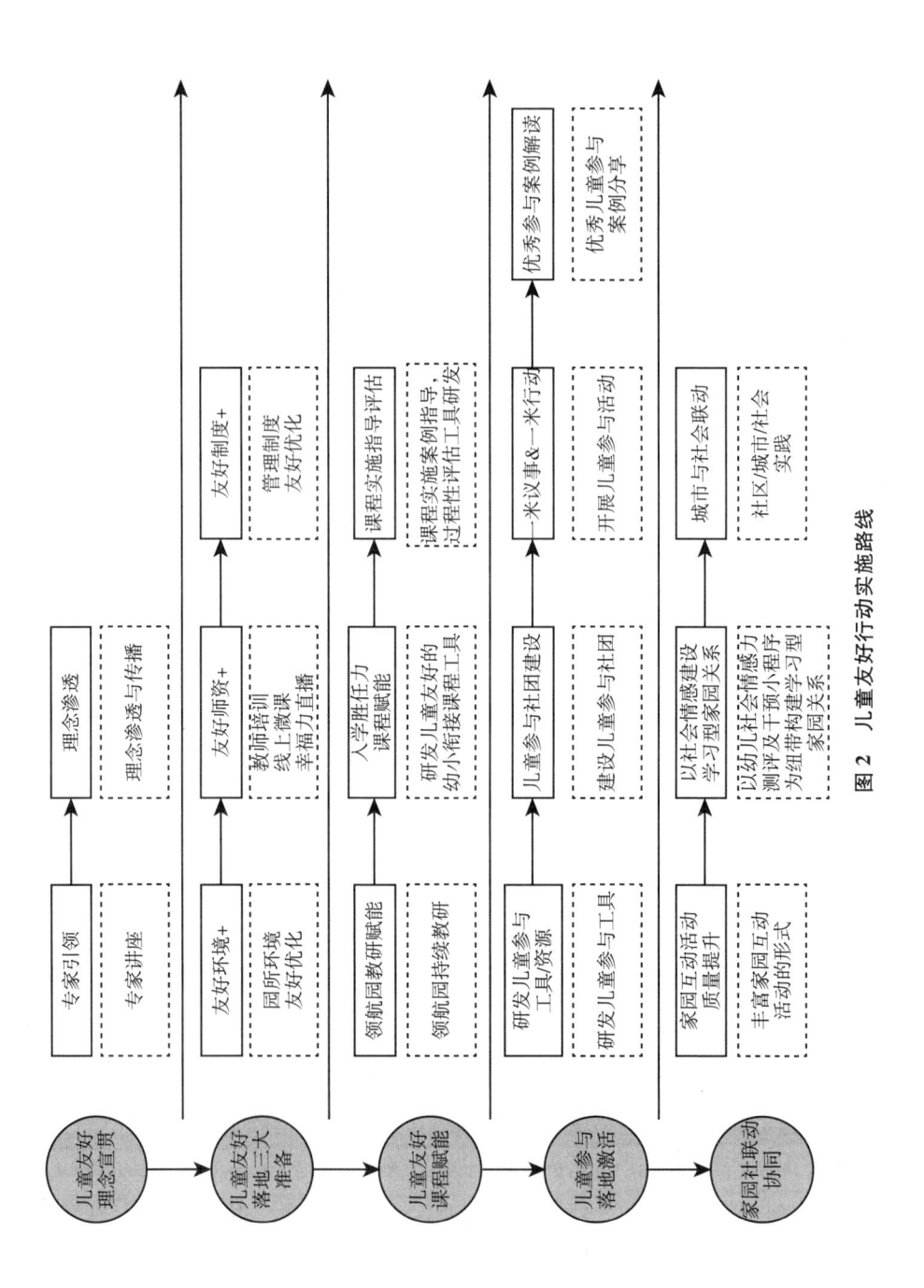

2. 基于儿童友好理念的园所管理制度优化

"友好制度+"优化以"儿童站在园所正中央"为主题，引导园所以儿童为导向进行制度改进，同时引导儿童作为主人翁参与园所决策。在"友好制度+"优化活动中，各园所因地制宜生成了不同的新制度。比如，安全小组定期巡查制度、儿童伙委会制度、以儿童文化为导向的微服务制度等。

（三）以立体式友好教师培训夯实儿童立场

教师是课程实施的关键人群，也是儿童友好理念落地的重要载体。在文献梳理、现场访谈的基础上，项目组将教师行为与工作表现关联，构建出儿童友好教师胜任力模型。儿童友好教师胜任力由复原力、自主力、沟通力和观察力构成。复原力帮助教师从懈怠中恢复积极状态，并相信自己可以克服任何困难；自主力帮助教师自主设定目标、制订计划；沟通力帮助教师在压力情境下通过有效沟通影响他人，缓解压力并解决问题；观察力帮助教师有目的、有计划、有方向地发现真实状况，记录、分析、解释并支持帮助。项目组基于四项胜任力编制了简单易用的自我测评和他人评价工具，自主研发了立体式的儿童友好教师培养资源包，通过对园所教师培训，赋能教师更友好。

复原力
· 抗压能力
· 思维灵活
· 情绪稳定

自主力
· 目标导向
· 主动探究
· 积极进取

沟通力
· 共情理解
· 团队合作
· 开放共赢

观察力
· 问题意识
· 严谨细致
· 反思提升

图 3　儿童友好教师核心胜任力模型

实施"周末线下体验式培训+周中线上微课+月度幸福力直播"三结合的儿童友好教师培养行动。周末线下体验式培训以核心胜任力为目标，通过游戏体验和分享共创的方式启迪教师的思维；周中线上微课以融入园本教研的形式支持教师系统学习社会情感力的知识与技能；月度幸福力直播通过每月一次的形式与教师线上交流，提升教师对情绪与自我的理解。

与此同时，项目组以自主游戏和幼小衔接的科学实施为抓手，通过园本教研和区域联合教研不断更新教师理念，提升专业能力。为园所提供整体幼小衔接工作解析、入学胜任力微主题活动、综合评估活动、49个行动支持工具等结构化资源，同时持续调研和跟进园所面临的挑战。

（四）以环境微改造赋能友好开放空间

环境是第三位教师，儿童友好的环境更为强调落地儿童视角与洞察儿童需求。"友好环境+"营造活动鼓励教师与儿童合作，对班级区角进行微改造，让儿童成为环境创设的主人，发挥环境育人的最大作用。在"打造一米视线圈"主题活动中，园所从不同角度提升了环境的儿童友好度。例如，设计"一米气象站""一米趣动手"等儿童墙面互动空间；打造"再见幼儿园"等幼小衔接主题空间；组织儿童参观幼儿园环境和其他班级的环境等。

（五）以高质量儿童参与落实儿童权利

1.儿童参与资源和组织建设

组织建设是儿童参与活动落地的基础。园所组建的儿童参与社团包括儿童观察团（园所事务观察、调研、信息收集、问题商讨）；儿童记者团（发掘班级/园所新闻、趣味表达与传播）；儿童园长助理团（对园所的餐食、环创、课程、活动做出评估与建议）；儿童品牌官（对园所的文化、特色、历史等进行挖掘和解读）等。

表1 启今集团儿童参与社团示例

儿童参与社团	所在园所
儿童辩论团	北京市朝阳区凡恩格林幼儿园
儿童记者团	北京爱彼格林时代幼儿园
儿童审议团	北京市朝阳区翕乐东坝幼儿园
儿童观察团	北京市西城区红黄蓝国际幼儿园
儿童品牌官	长沙开福区万科红黄蓝幼儿园
妙百睿儿童代表大会	深圳市龙华区妙百睿幼儿园
儿童园长助理团	合肥发能太阳海岸幼儿园
管理小达人	长沙御文台幼儿园
幼儿服务团	广州荔湾区红黄蓝中铁国际城幼儿园

3~6岁儿童表达自我、参与决策需要有适切的工具为支架，也需要教师提供引导与支持。启今集团教育研究院儿童友好项目组研发了儿童参与的工具和活动方案。儿童参与工具包括情感卡片（情感表达工具）、思维可视化工具、知识卡片、计划单、讨论工具、反思工具、参与公约、观察记录表、故事板等。儿童参与活动方案包括儿童表达内心想法和需求的"表征系列活动"；儿童发现与解决问题的"探究系列活动"；儿童参与观察与决策的"打卡系列活动"；发展儿童主人翁意识的"认领系列活动"。

2."一米声音"参与路径

"一米声音"是园所为儿童发声搭建的新通道，满足儿童多元化表达需求，让儿童与园长、教师、家长、社区进行对话。项目组创新了儿童发声路径，通过"征集令—畅言会—发布会"三个环节，围绕儿童毕业典礼、节庆活动、班级公约、餐食推荐、近期新闻、一日生活分享、投票选举等生活小事，广泛征集儿童意见，鼓励儿童循序渐进从"我需要"到"我认为"来表达内心的真实思考和个性化需求。

3."一米行动"高质量参与

"一米行动"的目标是引导儿童在知晓的基础上进行选择，并且学习为自己的选择负责，以此引导他们学习承担责任，建立初步的责任感和为他人服务的意识。行动的主题丰富多彩，比如和爸爸妈妈一起检查家庭安全隐患，开设学校门口的周三摊位，以"蔬"换书，儿童策划组织家长会及社区环境美化活动，儿童设计小学参观之行等。其中，"开设学校门口的周三摊位"是每周三儿童从家里带来自己闲置的玩具、书籍、零食或者自己满意的画作摆摊售卖，用自己的行动表达对社区孤寡老人的关心与关爱。"儿童策划组织家长会"则是由儿童策划、邀请并组织的启今集团特色儿童参与活动。

（六）以社会情感建设学习型家园关系

解决情绪问题，是儿童友好行动的关键支撑。为此，项目组研发了"3~6岁幼儿社会情感能力发展测评工具"，以幼儿社会情感发展支持为切入点，激励、唤醒家长的积极情感，引导家长与园所共创参与、协同共生，给予孩子更好的成长支持。

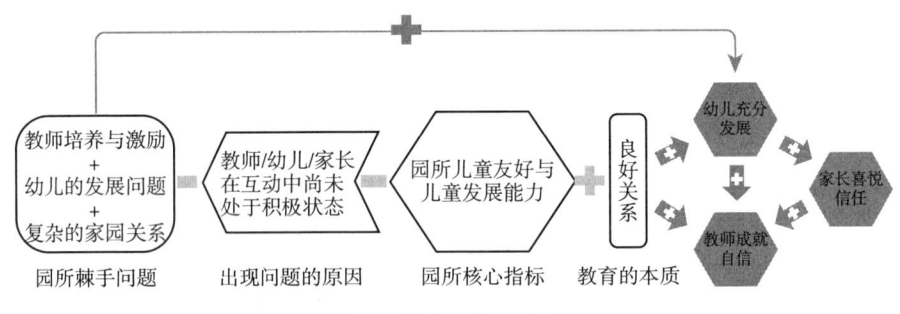

图4 家园协同共生

1. 以更高质量的参与式开放提升家长体验感

儿童友好幼儿园将家长视为幼儿园教育的重要合作伙伴，鼓励家长更深入了解孩子在幼儿园的学习生活状态。园所丰富了家长开放日的主题，升级了家长助教活动，通过组织有趣的亲子活动等多种方式提升家长与儿童的参与层次。园所每月都会有形式新颖的参与式家园共育活动，例如，"亲子共读"主题日、家长助教活动等。

2. 家园携手支持儿童参与社区和城市活动

园所组织家长陪伴幼儿参与社区和城市活动，培养幼儿的社会兴趣，启发幼儿关注现实问题，激发幼儿的自主行动力。比如：在北京中轴线申遗的契机下，启今集团北京园所共组织4626名幼儿参加"助力中轴线申遗"活动，了解北京中轴线的历史，亲身感受文化的魅力。在教育部语用司推广普通话活动中，集团组织全国20多所幼儿园2000多名孩子与新疆、内蒙古等地的幼儿手拉手结对。除了幼儿园的公益帮扶外，启今集团园所每个家庭的父母也带着孩子与新疆、内蒙古园所的家庭线上交流，在学习推广普通话的同时结成深厚友谊。

三 取得的成效

儿童友好行动本质上是一系列提升儿童福祉的行动，它最主要的价值是促进儿童权利的落实，给予每一个儿童成长所需的关爱、尊重与学习发展所需的资源，促进儿童的身心健康与全面发展。在实践中，我们发现儿童友好行动带来三个方面的重要改变。

（一）儿童全面发展，更加自信自主

儿童友好行动开展以来，儿童的意见更多地被倾听，儿童的想法经常被尊重、被鼓励，"访问交流、讨论协商、多样化记录"成为启今集团幼儿园孩子们在友好开放的空间自主探索并承担责任的常态画面。同时，孩子们敢于大胆表达自己的想法，更愿意与老师和同伴讨论合作，不仅参与自己在家庭和幼儿园的生活、游戏，还积极参与社区和城市的公共事务，公民意识与责任感不断增强。这种参与不仅让儿童感受到自身的价值，也为他们将来的社会参与奠定了良好的基础。

（二）园所治理体系完善与治理能力提升，教师职业幸福感增强

经过三年行动，儿童友好理念已经扎根启今集团大部分管理者和教师的心中。"儿童优先""儿童视角""儿童参与"这些理念不再是抽象的概念，而是教师关照与解释日常工作的内心原则。同时新教师主动成

长的意识增强，专业进步速度加快，有越来越多的教师愿意接受有挑战性的任务。

（三）家长满意度及口碑提升，社会美誉度增强

儿童友好行动帮助家长了解儿童发展的不同阶段及其需求，让家庭更加有效地支持孩子的成长，也为面临育儿压力的家庭提供心理支持和资源，增强家庭、园所和社区的团结和凝聚力。启今集团园所口碑稳步提升，家长宣传介绍率持续提升，园所招生工作良性运转，中大班插班生及3公里之外的生源比例也在提升，越来越多的家长不仅认同自己的选择，还主动宣传集团儿童友好教育理念。

四　存在的问题

在实际推广和落地过程中，儿童友好行动依然面临诸多挑战和困难，主要有以下两方面问题。

第一，支持儿童参与的能力尚有较大提升空间。民办园教师容易因避免失控等原因不敢放手支持儿童表达与参与，且部分教师缺乏足够的儿童参与指导专业知识，更缺少在实践中有效激励和支持儿童参与的经验。家庭、社区和园所的合力支持机制不足。家长工作繁忙，倾听儿童的能力不足，导致儿童在参与家庭事务中缺乏支持，缺少家庭平等的氛围与文化。同时，社区在推动儿童友好教育方面支持力度不够，缺乏相应的儿童参与机制和平台，使得儿童在他们生活的微观环境中较难获得积极参与的机会。

第二，融入城市与社区的友好协同路径不畅。一是园所与社区、社会资源、城市资源之间的信息沟通不畅。园所难以获取社会及城市的需求，难以用好社区与社会资源。二是园所与社区和城市之间的协同机制缺失，限制了园所以儿童视角助力解决社区及城市事务，也限制了儿童知晓了解社区和参与城市事务的机会。三是家园社协同育人涉及的三个主体育人理念不同，园所难以影响社区和社会资源强化育人意识。

五 对策建议

（一）进一步加强儿童友好理念宣传，构建儿童友好实践共同体

启今集团以课题研究和实践成果为基础，梳理集结"儿童友好幼儿园创建"系列成果，发掘更多鲜活的故事与典型人物，讲述友好园长、友好教师成长故事，激励更多的青年教师树立目标，积极进取，将幼儿教育工作与自己的职业发展联系起来，提升职业认同感与职业投入度；继续追踪园所儿童参与落地状况，指导教师从运用儿童参与工具到能自主支持儿童参与活动，再到能生成儿童参与支持工具，逐步提高教师支持能力，生成有价值的儿童参与成果；组织区域性现场会，示范、观摩、交流、研讨，让儿童友好教育在实践共同体内向下扎根，向上生长。

（二）建立多元化的信息沟通渠道，打造"园家社协同共育的儿童友好教育新生态"

共建儿童友好教育生态是一个系统工程，需要社会协同多元参与。项目组将进一步总结园所赋能工作经验及儿童友好行动实践收获，以幼儿园为主动支点，利用社交媒体、社区会议、在线平台等形式加强园所与家庭、社区及城市的互动，建立多元化的信息沟通渠道，同时设立反馈机制，通过开展"社区嵌入式服务的10个友好跨界""创设家园社协同共育的20个友好连接""精细化落地幼有善育的100个儿童友好细节"，激活园所层、赋能班级层、辐射家庭层、联动社区层，打造"园家社协同共育的儿童友好教育新生态"（见图5）。

儿童友好行动既是对儿童的友好，也是成人生命成长的美好。儿童友好行动是破解园所当下发展主要矛盾和促进园所高质量发展的撬动杠杆，是满足多样化需求的核心支点。我们坚信，通过儿童友好行为，我们将构建百花齐放、各美其美的学前教育新生态。

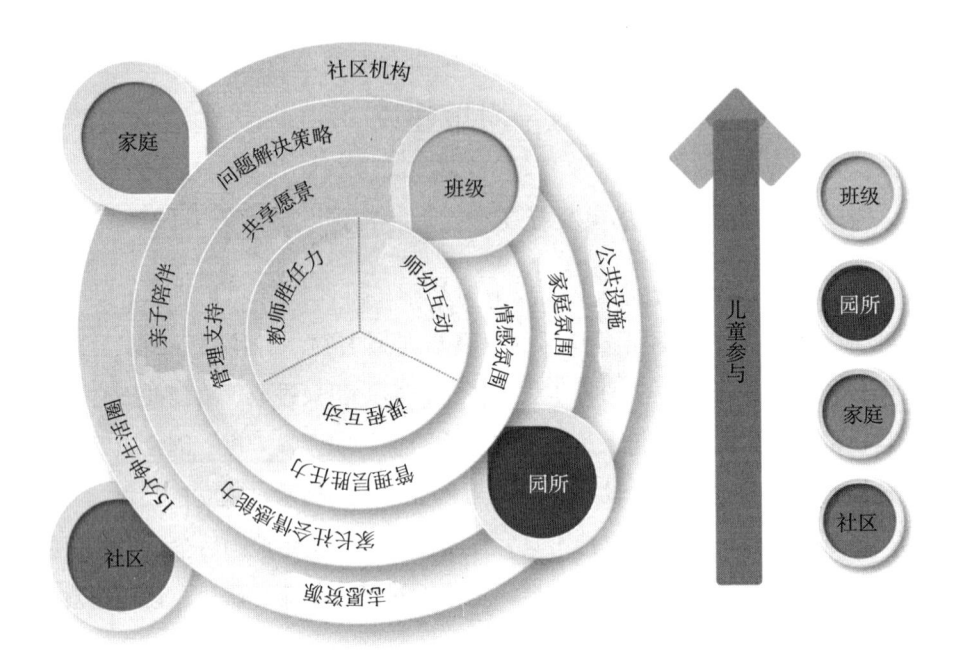

图 5　园家社协同共育的儿童友好教育新生态

打造"世纪课程",促进学生全面发展

——基于北京市二十一世纪学校的案例

吴 洁[*]

摘 要: 北京市二十一世纪学校以"使每个孩子获得理想的发展"为研究核心,确立"弘扬中华文化精髓,适合学生未来发展"的课程定位,构建了一个涵盖十二年教育周期的连贯课程体系,称为"世纪课程"。通过形成"世纪课程"体系、十门十二年一贯制课程和课程实施分段特色,解决"重知不重行"和学段衔接的问题,发挥一贯制教育的优势,从而促进学生获得全面发展。在打造"世纪课程"过程中,学校成立课程研究院、一贯制课程组;确立课程、培训联动机制;以课题研究为抓手提升课程实施质量;以课程评选促进课程成果梳理。这些举措相互配合、协同发力,使得"世纪课程"的课程实效得到了显著提升。

关键词: 十二年一贯制 世纪课程 北京市二十一世纪学校

为深化"立德树人"根本任务,增强国家课程的育人成效,北京市二十一世纪学校以"使每个孩子获得理想的发展"为研究核心,确立"弘扬中华文化精髓,适合学生未来发展"的课程定位。在确保国家课程全面开设的基础上,学校对国家课程、地方课程和校本课程进行系统整合,构建了

---

[*] 吴洁,北京市二十一世纪学校,课程中心主任。

一个涵盖十二年教育周期的连贯课程体系，将其命名为"世纪课程"。经过十年的实践与完善，"世纪课程"育人成效显著。

一 背景与意义

（一）解决"重知不重行"的问题

为适应国家发展需求，教育体系需致力于培养具备创新能力、创造性思维、批判性思维；主动学习与快速适应新知识的能力；卓越的适应性、跨文化交际能力以及沟通协作技巧等关键能力，具有爱党爱国爱家的责任感和使命感的人才。但当前一线教学存在一定程度"重知不重行"的问题，即学术成绩上表现优异，但实际应用不足。对此，必须对现有课程体系进行深入整合与改革，构建旨在有效培养未来所需人才的新型课程体系，以实现教育目标与国家发展战略的有机结合。

（二）解决学段衔接问题，发挥一贯制教育的优势

在基础教育阶段，学生历经小学、初中和高中，往往面临学段衔接的挑战。这些挑战源于不同教育阶段在学校生活、教学内容、学习方法和评价标准上的差异，可能导致学生适应困难和学习连续性的中断。此外，人才培养是一个长期且复杂的系统工程，需要一个连贯的教育体系来支撑。构建一个十二年一贯制的课程体系，对于整合教育资源、优化课程布局、培育核心素养、实现教育目标的长远规划具有重要意义。

二 发展现状

（一）形成"世纪课程"体系

"世纪课程"是一个立体的课程体系，包括两个部分：一是在小学、初

中、高中阶段均设置了三类课程，分别为基础课程、拓展课程和实践课程。二是在三类课程的基础上进行整合、适当扩展，充分挖掘活动育人的价值，形成十门十二年一贯制课程。

基础课程主要指国家规定的课程，一般以必修课的形式开展。拓展课程是为了满足学生多元选择与个性发展的需要而开设的课程，如趣味数学、航模、服装设计、厨艺等。实践课程是以学生自主实践为特征的综合实践活动，如版画艺术、戏剧、武术、职业体验等。基础课程、拓展课程和实践课程体现了"分科来教、综合来用"的思想。学生在学习学科基础课程的基础上，选择性学习学科拓展课程，提升学科素养，加深对基础课程的理解。各类学科基础课程和拓展课程是开展主题实践课程的知识基础，主题实践课程又能促进这两类课程的学习。

十二年一贯制课程在课程规模、分类标准上并不强行要求一致。有些是从三类课程中提取、整合在一起的课程群，如艺术审美课程。有些是新开发的课程，内容相对单一，如电影课程，属于实践课程。

为提升学生综合素质，在基础课程、拓展课程和实践课程的教学实施中，采用合作学习、项目式学习等多种教学方法，以促进学生知识掌握和技能应用的融合发展。

（二）形成十门十二年一贯制课程

根据学生不同阶段的认知水平和成长需求，十二年一贯制课程形成了包括目标、内容、实施方式、评价体系在内的完整教育链条，构建了小学、初中、高中一体化育人模式，最大化实现学生的贯通培养。

目前已开设的十二年一贯制课程有：中华传统文化课程、英语直通车课程、体育与健康课程、艺术审美课程、世纪演说家课程、电影课程、研学旅行课程、科学课程、劳动课程、心理课程。下文以两门课程为例进行介绍。

1. 十二年一贯制电影课程

十二年一贯制电影课程将 12 个年级划分为 4 个学段：1~3 年级"电影观看与感知"、4~6 年级"电影观赏与品知"、7~9 年级"电影欣赏与品析"、10~12年级"电影赏析与创作"。学生以年级为单位，每月上一次电影课，学习一部经典电影。一个学年8部（12年96部），每个学段之间增加一部过渡电影（共4部），整个电影课程共有100部经典影片。

该课程从2016年3月正式实施。2019年，学校成功申请教育部重点课题"以立德树人为目标的十二年一贯制学校电影课程开发与实践研究"。通过该研究，形成了电影课程定位、目标示意图（见图1）及电影课程学段目标等；成功构建包含四学段、八主题、百部经典电影的十二年一贯制电影课程体系（见图2）；总结出选择电影的四项原则和三个操作建议；形成了1~12年级电影课程读本、教学设计案例、学生成果集等课程资源；形成了以电影课堂为主、多种电影课外活动为辅的"1+N"电影课程实施策略；在电影课教学中，提出"五环教学流程"（见图3）和"三环节五活动"教学模式（三环指观影前、观影中和观影后环节；在观影前环节中设计"情境导入"和"问题引领"，在观影后环节中设计"问题探讨"和"实践拓展"，加上观影活动，共五项活动）；形成电影课程评价策略；建立电影课程保障机制；形成在电影课程中落实立德树人根本任务的有效策略。

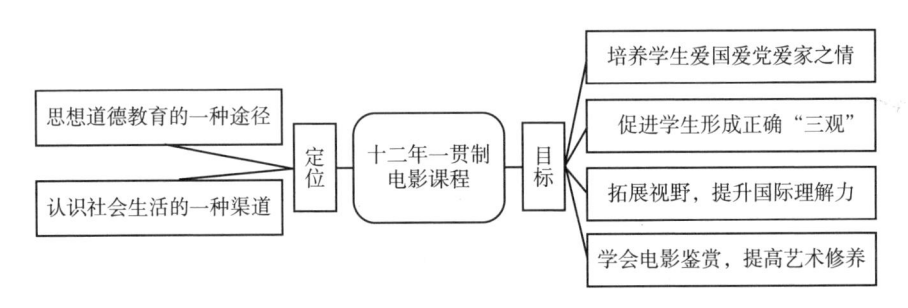

图1 电影课程定位与目标

电影课程在2023年被教育部课程教材研究所评为典型案例；2023年10月，出版著作《电影育人——中小学电影课程设计与实施》，在一定程度上解决了中小学阶段影视教育的开展难题，并为德育内容与形式的单一性问题提供了解决方案。

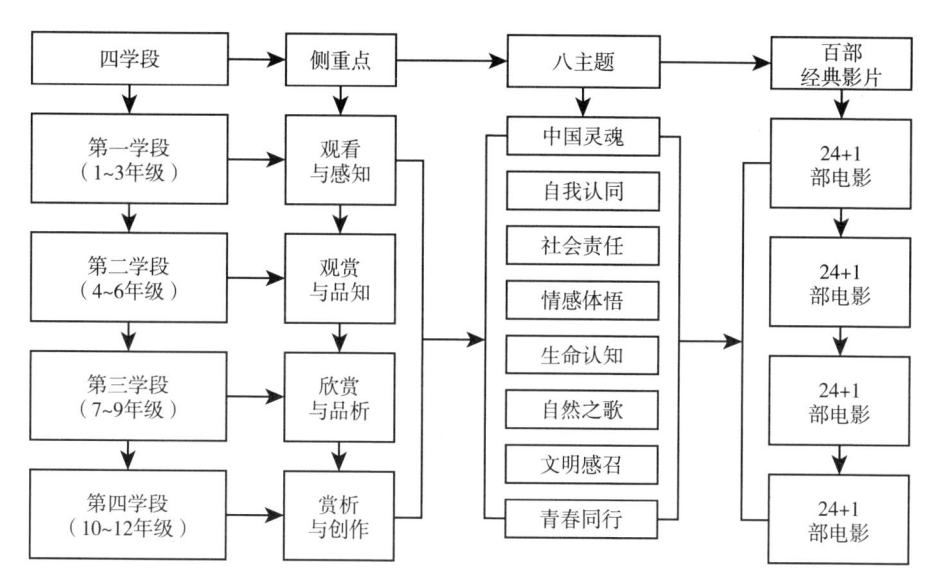

图 2　十二年一贯制电影课程体系

图 3　电影课五环教学流程

2. 十二年一贯制研学旅行课程

围绕育人目标和课程体系，学校构建了十二年一贯制研学旅行课程，包括1~6年级京内主题研学、7~9年级国内文化研学、10~12年级世界文明研学；巧妙地与校内教育形成互融互补的模式，例如，京内主题研学内容与课内学习主题相对应，促进知识的理解和应用；国内文化研学中设置与所学知识密切相关的小课题研究。

"京内主题研学"，每年六个主题，每月一次，每次一天，包含博物馆系列、科技馆系列、主题公园系列、历史古迹系列等。"国内文化研学"，在小学阶段进行，每学期1次，每次5天；包括荆楚文化——武汉线、儒家文化——齐鲁线、汉唐文化——西安线等十二门课程。"世界文明研学"，在高一暑假进行，每学期1次，每次3~5周，主要包括英国、美国研学旅行。

研学旅行课程形成了研学宝典、研学读本、学生成果集等丰富的课程资源；提出了从行前、行中、行后三个环节入手提升研学旅行课程质量的实施策略；设计多种体验活动，培养学生核心素养；引导学生进行研究性学习，总结出开展学生小课题研究的"研学七步曲"，即明确目标，生成题目；师生培训，明确操作；设计量规，评价先行；实践考察，收集素材；总结成果，撰写报告；教师指导，修改报告；组织分享，展示成果。

此外，借助研学读本和喜马拉雅App，形成"阅读入境三步曲"的行前阅读方式；形成"提升研学旅行安全性的339策略"。在学生评价方面，注重评价的引导性、科学性、过程性，设计多种评价量表，形成评价诊断三环节（研学前诊断、研学后诊断、研学知识PK赛）；采用读、写、画、说、演等多种形式汇报研学旅行收获。在国内文化研学展演中提出了"成果展示五个一"：探一座城、读一本书、诵一首诗、唱一支曲、传承一种文化，完美诠释了一段旅程就是一场文化盛宴。

（三）形成课程实施分段特色

小学、初中、高中形成的课程实施分段特色在于研究各年龄段学生差异，因材施教，为学生提供合适的教育。

小学主题式课程育全人。根据儿童认知规律，开展以主题探究为引领、学科整合为策略的小学教学改革，形成"小学主题式课程"。把"主题"建构作为教育内容的组织形式，有效整合基础课程，使知识与生活相结合，相关学科知识之间相互关联，学生能内化并建构个人完整的知识架构。

初中开展"选课走班"。学校为学生提供丰富多样的课程，设置了必修、选修、综合实践三大类共135个教学模块。学生可以根据自己的兴趣进行选择，一人一张课表，并为每名学生安排专业导师，一对一提供心理疏导和学业指导，充分满足每名学生个性化的成长需求。

高中开展国际课程本土化实施研究。为了帮助高中学生圆梦世界名校，学校高中部进行了以下几点教学改革。一是引入了 AP 课程，组织学生参加 AP 考试。二是通过课题研究的方式，结合学生实际情况编写对应的教辅材料，如《学习 AP 物理的帮手》《AP 化学专业术语手册》《AP 生物专业技术手册》等。三是探索如何通过运用项目式、体验式教学理念帮助学生更好地投入学习过程、更高效地理解和应用所学知识。四是开设留学服务中心，全程为学生申请国外大学保驾护航。

三　取得的成效

（一）学生获得全面发展

学生学业成绩优秀，在国内外多项学术竞赛及演讲、辩论、艺术活动中获奖；身体素质得到改善，每年在海淀区国家体质健康测试中，学校学生一直处于前十名，多次荣获海淀区国家体质健康测试十佳学校。

多门特色课程对学生发展产生积极影响。以研学旅行课程六年级的一次调查结果为例，94%的学生认为研学旅行课程使其学到了课堂里没有的知识；85%的学生认为在研学中不仅增长了知识还磨炼了意志。从学生在研学旅行中写的游记、课题研究报告、展演活动中的表现可以看出，该课程对于培养学生核心素养具有正向中介效应。再如电影课程，调查结果显示，学生认为电影课程让自己学到了许多做人的道理，影响了自己对社会和情感的认知。

（二）教师的课程理解力、执行力得到提升

教师在"世纪课程"构建和实施的过程中获得了三个方面的发展。一是跨越学段的界限，了解其他学段的教学方法、学生特点等，从而对学生的整体发展有更深入的认识。二是在编写学生读本的过程中，广泛了解多本教材，系统梳理本学科知识，提高自己本学科的专业素养。三是进一步了解相关学科知识，开阔眼界，提升教师知识水平。学校教师在国家、市、区各级各类课赛、征文评选活动中多次获奖。

（三）学校教育教学质量得到提高

学校被评为北京市基础教育课程建设"先进单位"。"世纪课程"体系中的多门课程成果获奖，获北京市基础教育教学成果二等奖两次，北京市基础教育课程建设优秀成果一等奖两次、二等奖六次等。

在北京师范大学组织的学校诊断中，学生对学校的整体满意度为"优秀"，如二年级学生对该项的打分为3.94分（满分4分，3.5分以上为"优秀"）。在海淀区2024学年基础教育社会满意度调查中，学校满意度总体得分高于全区平均水平。

四 存在的问题

第一，课程系统化发展缺乏有效推动策略。校方领导及小学、初中、高中各学段负责人均认同开设此类课程的必要性，并已开展了相关活动。然而，面对跨学段的课程实施，责任归属和推进机制尚未明确，如何实现课程的系统化和课程化成为亟待解决的问题。

第二，课程实施质量提升面临挑战。以电影课程为例，自2016年春季学期起，学校便组织学生参与集中观影活动。然而，直至2019年春季学期，其实施质量未见显著提升，与第一学年结束时的水平大致相当。甚至因为部分教师的变动导致教学质量阶段性下滑。由于电影课程的授课教师均为校内其他学科教师，他们未接受过专业的电影教育训练，因此，尽管团队成员普遍认识到提升课程质量的必要性，但在具体操作上缺乏明确的指导和方法论支持。

第三，各学段课程的连续性和协调性未能得到充分落实。例如，在常规学科教学中，存在知识点传递不连贯的现象。小学教师可能认为某些教学内容将在初中阶段得到更深入地探讨，因此在小学阶段仅作简要介绍。相反，初中教师可能认为学生已经掌握了这些基础知识，并在此基础上进一步拓展。此外，不同教育阶段教师的教学方法存在显著差异，这使得学生，尤其是 7 年级和 10 年级的学生，在适应新的教学风格时面临较大困难。

第四，近年来新出台的各级各类基础教育政策，对学校原有的课程体系产生了一定影响。如 2022 年国家颁布《义务教育课程方案（2022 年版）》，该方案要求劳动课程平均每周不少于 1 课时。然而，学校早期的课程体系并未充分预见到这一政策变化，导致劳动课程的设置与新政策要求存在差距。

五　对策建议

第一，成立课程研究院，统领学校课程改革，党委书记、校长担任组长。课程研究院统一指导学校的课程规划、教学研究和学生评价工作，统一调配学校课程资源，保证学校在课程规划与实施各环节的通畅、高效。课程研究院组织骨干教师一起确定学校整体课程体系的理念及框架，做好顶层规划。

第二，成立一贯制课程组，促进一贯制课程开发。为了促进课程的开发、落地，学校成立十个十二年一贯制课程组，并制定《一贯制课程评价奖励办法》，结合学校已有的学术积分奖励办法，对课程负责人和课程组成员分别进行评价及奖励，包括过程评价和成果评价两个维度，共有 14 个评价指标。

第三，确立课程、培训联动机制，推进学段课程贯通。在小学、初中、高中各学段成立课程中心和培训中心。课程中心侧重于课程研究，保证各门课程合理、规范。培训中心侧重于课堂教学质量提升和教师培训。两个部门通力合作，建立课程、培训联动机制，有效推进学段课程改革。

第四，课题研究是推动课程发展的重要抓手。学校电影课程申请了教育部重点课题，研学旅行课程申请了北京市一般课题。在研究过程中，形成了很多创新性的做法，例如：将研学旅行课程和电影课程相结合，组织学生拍摄研学微电影等。同时，学校鼓励并组织教师参与校级课题研究活动。以学年为周期，研究期限设定为一年，每年均有近 60 项研究得以实施，其中绝大多数项目聚焦课程与教学领域的探索。在研究过程中，研究团队遵循学校制定的课题管理办法，定期进行研讨，开展文献综述以及实施问卷调查等研究活动。

第五，以课程评选促进课程成果梳理。例如，北京市每年一次的课程成果评选，是一次系统梳理、提升课程成果的契机。学校每年都充分利用这次评选，组织课程组相关教师进一步收集梳理课程成果，一起研讨、撰写成果报告，并进行总结、归纳与反思。

对于新出台的基础教育政策，也建议通过课程组和课题组来落实。如为了落实劳动教育，学校成立了一贯制劳动课程组。为了更好地落实"双减"，学校开展了多个相关的项目研究，如学科作业设计研究等。

综上，课程体系构成了学校教育发展的核心竞争力。尽管"世纪课程"项目已取得初步成效，但课程研究是一个持续进化的过程。因此，我们将持续深化课程研究，以期惠及更广泛的学生群体，实现教育的卓越发展。

个性化体育特色教育在民办学校中的应用和实践

——基于北京市私立汇佳学校的案例研究

葛 玲 李艳丽[*]

摘 要：北京市私立汇佳学校秉持尊重学生差异，相信"每个孩子都是冠军"的育人理念，通过课程设置多样化、评价标准体系化、教学设计分层化、运动数据智能化、课间活动创意化以及校内赛事全员化与校外赛事专业化，学生体育核心素养得到提升，学校教育教学取得丰硕成果。并针对当前个性化体育特色教育面临的"智"体育有待加强、双优项目升学路径有待拓展、家校合作有待深入的问题，提出引入科技手段，助力学生科学运动；创造互动氛围，增强家校合作效能；拓宽升学途径，优化个体资源支持三大举措，确保每个学生都能得到更好的体育教育体验和成才机会。

关键词：民办学校　体育特色教育　汇佳学校

为培养学生的体育锻炼精神和体育学习兴趣，使每个孩子都能得到更好的体育教育体验和成才机会，北京市私立汇佳学校积极探索并实践个性化体育特色教育，强调以学生为主体，关注学生的个性化发展需求，旨在通过多

---

[*] 葛玲，北京市私立汇佳学校体育中心主任，一级教师；李艳丽，北京市私立汇佳学校，教学副校长。

样化的体育活动和训练，制定适合其发展的体育教育方案。在这种教育模式下，可以激发学生学习动力，提高参与度和积极性，有效地促进身心健康发展，帮助他们养成良好的运动习惯和锻炼意识，从而在体育锻炼中享受乐趣、增强体质、健全人格、磨炼意志。

一 个性化体育特色教育的意义

2024年7月26日，北京市教委发布《北京市深化基础教育课程教学改革实施方案》，明确要求部署学生素养提升行动，提出鼓励探索场景式育人培训和"一校一品"体育教学改革，全面把握"教会、勤练、常赛"的内涵与要求，创新课程教学模式，促进中小学生运动能力、健康行为、体育品德等核心素养的形成。此外，根据《北京市教育委员会关于印发义务教育体育与健康考核评价方案的通知》要求，自2024年起，北京市初三年级体育与健康考核评价现场考试内容调整为4类22项。可见，个性化体育特色教育既是顺应基础教育课程教学改革新要求，也是匹配体育中考新趋势的重要举措。

自1993年起，汇佳学校一直坚持以"学科、艺术、体育"三科为支撑，以"全人教育"为核心理念，努力打造尊重差异的教育生态，让每个孩子都可以在学校找到热爱与个性优势，在属于自己的舞台上展示最好的自己。基于此，汇佳学校秉持"每个孩子都是冠军"的育人理念，设计内容丰富、形式多样的体育课程，配备高水平体育专业师资和充足的体育教学设施资源，并根据学生已有的体能状况进行分层教学，构建起系统化、层次化的贯穿小学、初中、高中三个学段的课程体系，以满足学生个体兴趣需求，给予个性化发展的支持与帮助。

二 个性化体育特色教育的实践和探索

1.课程设置多样化满足学生多元化需求

汇佳学校体育课程分为常规体育课程和特色体育课程。常规体育课程涵盖七大门类，包括体育和健康知识课程、美感体育项目、团队体育运动、个人体育运动、国际性体育运动、替代性体育运动与冒险活动，从而使学生能够体验多样化的体育活动并发展多方面的技能；特色体育课程包含高尔夫、马术、冰球、棒球、网球和游泳等。特色体育课程在小学、初中、高中设置了6周选修课、10周必修课以及学期选修课，让学生在不同学段都能体悟特色体育课的魅力。初三年级学生还可以结合自己的兴趣自由选择，开展长时纵深学习。通过综合性、结构化和个性化的课程设计，学校提供了广泛的个性化选择，有助于发挥每位学生的体育特长，调动所有学生的运动积极性，培养全体学生的运动自觉性和自信心。

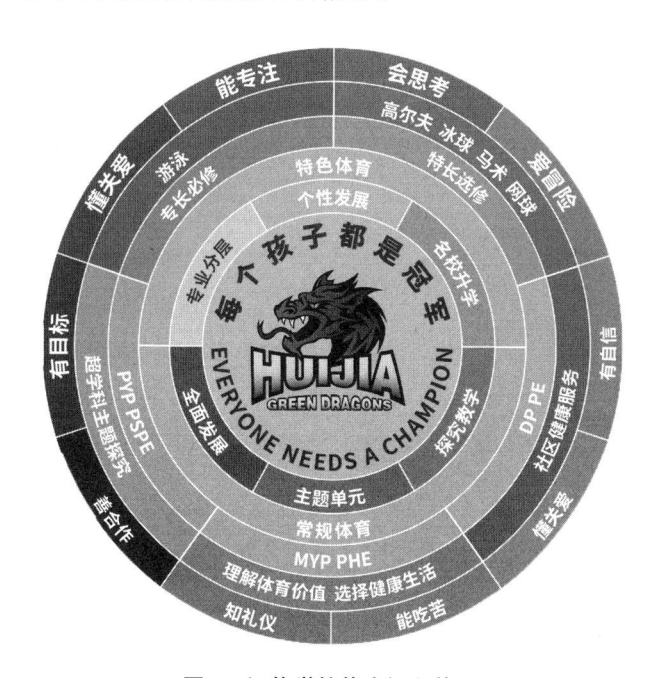

图1 汇佳学校体育课程体系

2.评价标准体系化确保学生可视化发展

在体育学科中，评价不仅是教学和学习过程中的核心环节，也是体育能力直观性和形象性的外显表达。鉴于此，学校体育项目均制定了系统化的课程等级评估标准，以确保体育全过程的科学性、客观性和有效性，如高尔夫的九级标准、网球的十级标准、冰球的八级标准、游泳的十三级标准等。以游泳的十三级标准为例，九年一贯制螺旋式发展的游泳课程及评价体系符合6~15岁儿童身心发展规律，也是国内唯一的游泳十三晋级教学模式。其中，教学系列包括：四式游泳技能教学、竞赛、水上救护、水上运动和水上活动。课程分为13个级别，各级别之间既有阶梯性又有连贯性，学习内容既有普适性又有挑战性，每6次课进行晋级测试，给予定期的评估与激励，及时跟踪与反馈学生的学习效果（见图2）。此外，马术、滑冰、高尔夫、网球以及足球、篮球、排球、羽毛球也分别根据学生年龄特点设立了详细的等级测评标准。学生通过持续的过程性评估，能够认知当前运动技能的水平和自身的进步轨迹，进而制定更为精准的体育目标。教练和教师能够根据学生等级水平每节课实现分层教学，给予个性化指导。家长也能同步了解孩子在校的体育学习及各项目学习掌握程度，为积极沟通搭建了一座稳固、坚实的桥梁。

3. 教学设计分层化适应学生差异化需求

除开设全方面、多项目的体育课程之外，学校还进行了多样化的体育水平分层，更精准地满足不同层次的学生需求（见图3）。具体而言：第一级是面向所有学生的"体育普及课"；第二级是学生自愿选择的进阶课程"体育俱乐部"；第三级是学校为学生链接多家专业俱乐部资源，打造不同体育项目的精英学生校队，参加国内国际体育比赛；第四级是"双优菁英计划"，学校将K-12学科教育与相应的体育项目进行深度融合，灵活安排学业课表和教学方式，平衡好学生的专业比赛训练以及日常学术课程，保障学生每周7~20小时的高质量专业训练，满足学生学术体育双优发展需求。

4. 运动数据智能化提供学生个性化处方

利用信息科技的潜力能够实现体育教学质量的跃升。在汇佳学校，体育教师与学校IT部门合作，将学生体测数据及分析报告上传到Powerschool平台上，纵向追踪学生的体质变化情况。同时，引入"我奥篮球""天天跳绳"等多种运动App，对学生运动进行大数据跟踪分析，并通过技术手段加强家校互动与亲子运动。此外，教师还将学生的体测成绩制作成个性报告单，

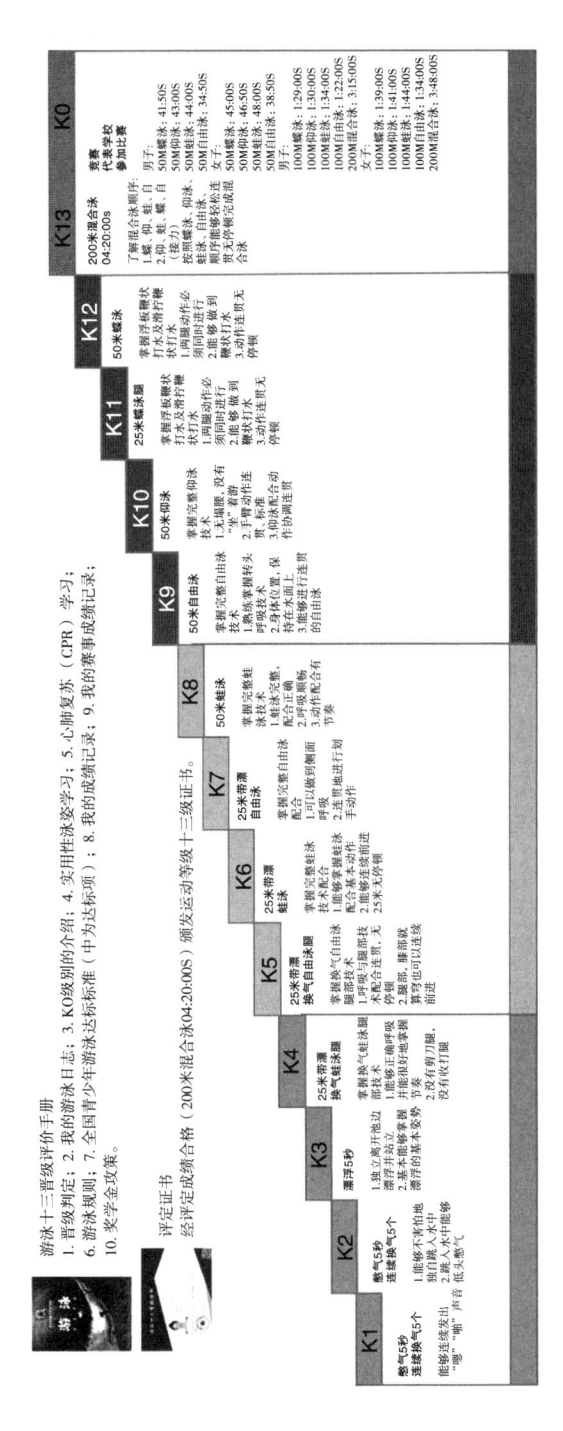

个性化体育特色教育在民办学校中的应用和实践

游泳十三晋级评价手册
1. 晋级判定；2. 我的游泳日志；3. K0级别的介绍；4. 实用性泳姿学习；5. 心肺复苏（CPR）学习；6. 游泳规则；7. 全国青少年游泳达标标准（中为达标项）；8. 我的赛事成绩记录；9. 我的成绩记录；10. 奖学金攻策。

评定证书
经评定成绩合格（200米混合泳 04:20:00S）颁发运动等级十三级证书。

K1 憋气5秒 连续换气5个
1. 能够连续发出"喔""声""高"低头憋气

K2 憋气5秒 连续换气5个
1. 能够不害怕他人
2. 跳入水中能够独自跳人水中能憋气

K3 漂浮5秒
1. 独立离开池边游泳并站立
2. 基本能够掌握游泳的基本姿势，能
游泳也能连续前进

K4 25米带蹼 换气蛙泳圈
掌握换气自由泳圈部技术
1. 能够正确换呼吸
2. 腿部、膝部能协调好地有节奏
3. 没有剪刀腿，没有收腿打圈

K5 25米带蹼 换气自由泳圈
掌握换气自由泳圈部技术
1. 呼吸连续贯，无停顿
2. 腿部、膝部能
算穿也可以连续前进

K6 25米带蹼 蛙泳
掌握完整蛙泳技术及动作
1. 能够掌握动作
2. 能够连续进行
3. 25米无停顿

K7 25米带蹼 自由泳
掌握完整自由泳配合
1. 可以做到侧面呼吸
2. 连续地进行划手动作

K8 50米蛙泳
掌握完整蛙性泳技术
1. 蛙泳完整，配合正确
2. 呼吸顺畅
3. 动作配合有节奏

K9 50米自由泳
掌握完整自由泳技术
1. 熟练掌握转头呼吸技术
2. 身体位置，保持水面上
3. 能够进行连贯的自由泳

K10 50米仰泳
掌握完整仰泳技术
1. 无塌腰，没有"坐"着游
2. 手臂动作连贯，标准
3. 仰泳配合动作协调进行

K11 25米蝶泳圈
掌握浮板鞭状打水及带行蝶状打水
1. 两周动作必须同时进行
2. 能够做到鞭状打水
3. 动作连贯无停顿

K12 50米蝶泳
掌握浮板鞭状打水及带行鞭状打水
1. 两周动作必须同时进行
2. 能够做到鞭状打水
3. 动作连贯无停顿

K13 200米混合泳 04:20:00s
了解混合泳顺序：
1. 蝶、仰、蛙、自（接力）
按照蝶泳、仰泳、蛙泳、自由泳顺序能够轻松地贯无停顿地完成混合泳

K0 竞赛代表学校参加比赛

男子：
50M蝶泳：41.50S
50M仰泳：43.00S
50M蛙泳：44.00S
50M自由泳：34.50S
女子：
50M蝶泳：45.00S
50M仰泳：46.50S
50M蛙泳：48.00S
50M自由泳：38.50S
男子：
100M蝶泳：1:29.00S
100M仰泳：1:30.00S
100M蛙泳：1:34.00S
100M自由泳：1:22.00S
200M混合泳：3:15.00S
女子：
100M蝶泳：1:39.00S
100M仰泳：1:41.00S
100M蛙泳：1:44.00S
100M自由泳：1:34.00S
200M混合泳：3:48.00S

图 2 游泳十三晋级教学模式

261

```
④ 双优菁英计划            • 01. "2+3"模式
  SUPER A PROGRAM              （特色+常规）
  ③ 学校校队              • 02. 20+体育俱乐部
    SCHOOL TEAM
  ② 体育俱乐部            • 03. 20+体育校队
    AFTER SCHOOL CLUB
  ① 体育普及课
    REGULAR COURSES
```

图3　分层教学设计

为每个学生提供个性化运动处方，积极反馈不同学生在体育活动中的表现和发展，指导学生制定包括目标设定、学习计划和自我管理在内的体育发展规划，培养学生的自信心、责任心、主动性，引导学生学会科学健身，培养运动习惯。

5. 课间活动创意化丰富学生过程性体验

学校遵循"创意大课间、班班有特色、人人有特长"的课间活动理念，根据学生年龄特点和学部特色，在小学、初中、高中及融合部4个部门，分别设置了5大类课间体育活动内容：第一类"创意微运动"，由健美操教师和学生一起创编四季课程操舞，春季，教师用上春山音乐编排欢快操舞；夏季，用游泳五种泳姿动作创编游泳操；秋季，用足球、篮球、排球不同的球类动作编排球操；冬季，用滑雪、滑冰、冰壶、花样滑冰等动作编排冬季冰雪项目操，既巩固了课上的教学技能，又激发了学生的运动热情。第二类是"吉尼斯挑战赛"，针对四六八年级过程性考核、9年级体育中考以及每年10月份的国家体质测试考核要求，设置一系列体能挑战赛，例如绳王挑战赛、引体向上达人、仰卧起坐冠军等，以赛促练，将相对单调枯燥的测试内容趣味化。第三类是"智慧体育挑战赛"，结合现代科技元素，如增强现实（AR）和虚拟现实（VR）等技术，设计一系列智慧体育挑战项目和运动打卡，让学生在享受科技带来的乐趣的同时，锻炼身体素质和反应能力。第四类是"校园寻宝大冒险"，针对低年级学生，在校园内设置多个寻宝点，每个寻宝点藏有与学科知识、校园文化或趣味谜题相关的线索，寓教于乐。第五类是"传统体育项目大体验"，通过秋季民族主题趣味运动会，组织部分年级学生在大课间进行传统项目学习和体验，例如竹竿舞、舞龙、龙彩带、投壶等，提高学生动作协调性，培养学生团队合作意识及对传统文化的热爱。

6. 校内赛事全员化与校外赛事专业化促进学生全面成长

在"每个孩子都是冠军"的育人理念下，学校从校内和校外两方面着力，发挥体育竞赛的育人效能。一方面，注重"班班有球队、人人能参与"的校内赛事。校内每学期有多项体育赛事，并利用奥运会契机组织校级"模拟奥运会"，让学生真实感受国际大型比赛的标准，给予学生承担不同赛事角色职责的机会，从运动员、裁判员、啦啦队员，到"奥运发布会"记者、摄影师、宣传直播员、礼仪员等，让每一位同学都成为赛事主人，积极参与赛事、服务赛事、享受赛事。另外，学校也会通过组织篮球、排球、足球、飞盘等班级联赛，提升全员运动参与意识，增强班级凝聚力和荣誉感。另一方面，注重"人人有比赛、个个有收获"的校外赛事。汇佳学校目前有23支校队，涉及足球、篮球、排球、网球、高尔夫、羽毛球、游泳等多个运动项目。校队参与赛事范围非常广泛，包括公立学校系统、国际学校BASE联盟、中国民办学校联盟比赛、全国国际学校常春藤联盟等不同层级的国内外专业赛事。另外，汇佳学校游泳项目获得业训单位资质，成为定点培养游泳人才单位，每年都有20个左右评定运动员等级的名额，旨在为游泳校队高水平学生提供晋升通道。此外，冰球、篮球、足球、羽毛球项目也在陆续申请，为本校学生搭建更专业的赛事渠道。

三 个性化体育特色教育取得的成效

1. 学生运动能力不断增强

学校主要采用情境化、信息化、分层式、合作式、探究式等多样化教学方法与手段，帮助学生掌握1~2个运动项目，逐步增强体能和提高专项运动技能。另外，学校提出"人人会游泳"的特色体育目标，除极少数特殊情况外，基本人人会游泳，并且每位学生都拥有自己专属的"游泳手册"。个性化定制的运动档案一直纵向跟踪学生成长轨迹，并分析数据，发现问题，提供个性化运动处方，为科学健身提供了前期普及。

2. 学生健康行为逐渐养成

从小学开始，在课堂教学中安排系统、科学的运动健康理论教学，了解人体身心健康和运动科学的知识，掌握科学锻炼的方法。还积极引入3D立体设备，将人体骨骼、肌肉模型、海姆立克背心、心肺复苏模型引入课堂，让学生实际操作。通过体育课程、俱乐部、校队、大课间、课外活动以及住宿区晚间活动等多种形式，确保每位学生每天参与体育锻炼至少1小时。因而，学生能够掌握健康知识，更好地管理自己的情绪，保持心理健康，积极参与体育锻炼，养成良好的运动习惯。

3. 学生体育品德得到形塑

以体育德、以体育心。通过组织和参加各类体育赛事，培养学生的拼搏意识、挑战意识、团结协作能力、抗挫折能力和情绪调控能力。并强调规则和体育精神的重要性，教育学生正确看待比赛输赢，要求学生遵守比赛规则、尊重对手和裁判。

四 个性化体育特色教育面临的困难

1. "智"体育有待加强

在人工智能和大数据等尖端技术迅猛发展的背景下，探索如何高效地将这些技术融入体育教育领域，以促进个性化教学的发展，成为亟待深入探究的新议题。当前，学校采用的运动管理应用程序和数据收集系统尚显分散，未能实现大数据的整合与深度分析。因此，提升这些系统的人工智能水平和数据采集技术，以实现更优的集成和综合分析，显得尤为关键。

2. 双优项目升学路径有待拓展

当前，学校的双优菁英项目已取得初步教学成效，然而，体育特长生的升学路径受限仍是制约学校特色项目发展的关键问题。如何提供定制化的教育资源，以更精准地满足学生的个性化学习需求，以及如何进一步优化各教育阶段项目的衔接，并拓展更多的大学申请渠道，为双优项目学生打造多元化的升学途径和成长路径，成为下一步行动方向。

3. 家校合作有待深入

体育兴国必先兴家。当代社会中，手机、计算机等电子产品广泛普及渗透，在大大改变人类生活方式的同时，也使亲子关系面临着巨大考验，儿童、青少年的身体更是出现了"软、硬、笨、晕"的现状。"放下电子产品，来一场亲子运动"正成为家长和孩子的迫切需要。学校已成立体育联盟，然而，目前家长和社区参与度尚显不足，亟待强化与体育联盟内家长群体、社群组织的互动合作，以期为学习者提供更丰富的服务支持。

五 个性化体育特色教育对策建议

1. 引入科技手段，助力学生科学运动

一是引进智能教学系统。系统能够根据学生的体质、兴趣和能力，为教师提供定制化的教学方案，同时系统会自动记录并分析学生的运动数据，为教学提供科学的依据，从而实现教学的精准化和高效化；二是搭建虚拟运动平台。通过引入AI设备和虚拟现实（VR）技术，创建多样化的体育场景，让学生在虚拟环境中进行体育锻炼，提高技能。这种创新的运动方式不仅能够通过游戏化教学和互动反馈激发学生对体育学习的热情，使学习过程更加愉悦和高效，还能突破天气和场地的限制，实现全天候锻炼；三是采购智能运动器材。实时监测学生的运动状态，提供科学的锻炼建议，有效避免运动损伤。同时，器材的互动性和趣味性也可以提升学生锻炼的积极性和参与度。

2. 创造互动氛围，增强家校合作效能

一是积极开放体育课堂。定期邀请家长参与体育课堂，让他们亲身体验教学过程，直观了解学生在校园中的学习环境和活动情况；二是组织亲子体育比赛及活动。例如亲子游泳比赛、亲子斯巴达小勇士比赛、亲子趣味运动会等，加强家长与孩子之间的互动，同时提升家庭对体育活动的兴趣和参与度；三是积极调动学生及家长资源，为体育赛事活动助力。通过与体育联盟、学生会和社团合作，鼓励学生组织参与大型活动，同时邀请家长志愿者参与裁判工作，使家长融入多个场景中。另外，还可以通过举办家长课堂和专家讲座，分享学校的体育教育理念、运动理论知识以及科学运动方法，促进家长与学校之间的沟通和理解，加深家长对体育教育价值的认识。

3. 拓宽升学途径，优化个体资源支持

对于以国外大学为申请目标的双优生，根据其水平划分为体育专业升学以及体育特色升学两种路径。体育专业升学策略主要包括：积极打通国内外赛事渠道，鼓励学生参加具有国内外影响力的赛事，以提升竞技水平，开拓国际视野；与升学指导中心合作，主动联系提供双优项目的海外大学，详细了解升学要求；利用寒暑假组织学生参与海外研学项目，与国际教练交流，帮助学生明确自身水平与国际标准的差距，并加强针对性训练。体育特色升学目标群体主要是大部分校队学生及双优项目学生。虽然他们的赛事成绩不足以完全走专业路线，但可以为这部分学生提供个性化的升学指导，帮助他们利用体育成绩提升申请竞争力。

针对双优项目学生文化课提升，一是建立学习档案与定期评估。每位双优项目学生由教师建立个人学习档案，定期进行学习评估，及时了解学生的学习进度和知识掌握情况。在晚自习或学生空闲时间，安排一对一辅导或小组辅导，针对性地解决学生的学习问题。二是建立沟通机制。搭建包括教师、学生和家长在内的三方沟通平台，每天向家长反馈学生的学习情况，确保家长能够及时了解并参与到孩子学习过程中。三是个性化学习支持。在比赛期间，利用学校的微课平台为学生提供自主学习资源。学生可以记录自己的疑问和难点，老师则可以在学生比赛间隙通过视频会议进行个性化指导和答疑。比赛结束后，及时安排补课，帮助学生补上因比赛而错过的学习内容。四是培养自主学习能力。通过提供时间管理和学习效率提升的指导，重视体育生自主学习能力的培养，帮助学生更好地平衡训练和学习，提高学习效率。

六　结语

汇佳学校的个性化体育特色教育虽然取得了一定的成效，但作为个案，其研究方法和模式可能受限于学校的具体情况。上述讨论仅起抛砖引玉之效，旨在激发更深入的研究。我们期待随着"一校一品"体育教育教学改革的纵深推进，个性化体育特色教育能够获得更多的关注，各学校不断创新体育课程教学模式，以更有效地促进中小学生在运动能力、健康行为和体育品德等核心素养方面的全面发展。

党建和教育教学深度融合的研究

——基于北京市朝阳区将府实验学校的案例

董树莉 吴 妍[*]

摘 要： 加强中小学校党的建设是一项具有时代创新性和指导性的工作。对于民办中小学来说，做好党建和事业深度融合，能够更好地落实立德树人根本任务，推动用党的创新理论铸魂育人。将府实验学校秉承"不忘初心跟党走、牢记使命育栋梁"的工作理念，从制度引领、党政联动、品牌打造着手，在政治性、先进性、群众性、创新性层面开启实践与探索，使得党组织党建引领作用得到强化和提升；党员荣誉感、责任感、使命感得到极大增强；教师专业化水平稳步提升；学校教育教学质量提升，形成辐射作用。但在党建与教育教学深度融合的研究中，还存在教师思想认识不足、融合模式表面化、效果评估难等问题。为此，学校应强化组织保障、合理规划安排及充分利用资源，努力探索实现高质量育人路径，助力学校发展。

关键词： 学校 党建和教育教学深度融合 将府实验学校

一 学校党建和教育教学深度融合的意义

中小学校担负着培养德智体美劳全面发展的社会主义建设者和接班人

---

[*] 董树莉，北京市朝阳区将府实验学校党支部书记、校长；吴妍，北京市朝阳区将府实验学校党务工作者。

的重要使命。加强中小学校党的建设是一项具有时代创新性和指导性的工作。对于民办中小学来说，做好党建和事业深度融合，能够更好地落实立德树人根本任务，推动用党的创新理论铸魂育人，培养堪当民族复兴重任的时代新人。北京市朝阳区将府实验学校创建于2014年，是一所优质、高端、具有国际化水平的九年一贯制非营利民办学校。中共北京市朝阳区将府实验学校支部委员会（以下简称党支部）于2017年6月16日成立。自成立以来，党支部坚持把"一切为学生终身发展奠基"的办学理念作为党建的工作目标，秉承"不忘初心跟党走、牢记使命育栋梁"的工作理念，始终牢记为党育人、为国育才的使命，充分发挥党支部在学校的政治核心和保证作用，办好人民满意的教育。自建校以来，学生们在国际、国家、市区级等比赛中获奖达到了数千人次，学生生均获奖达2项，实现了每名学生的自信成长，学校连续8年被评为朝阳区"教育教学质量优秀校"。

作为一所九年一贯制非营利民办学校，学校教师来源多样，价值观念、学习理念差异明显，因而对于党建引领教育、提升学校发展水平提出了新的要求。我们努力探索如何用党的理论知识实现高质量育人路径，如何正确加强精细化治理能力，如何强化贯彻落实国家育人理念等重点问题。学校依托"民办学校党建和事业深度融合"课题，系统梳理党建促进学校高质量发展的路径、方法、经验，助力学校可持续发展。

二　学校的实践和探索

"无论公办或民办，都是党办教育"的理念是将府实验学校一以贯之的党建准则。民办学校党建要做到和教育教学的深度融合，需从制度引领、党政联动、品牌打造着手，在政治性、先进性、群众性、创新性层面开启实践与探索，继而达到提高党的组织力、凝聚力、战斗力的目的，实现学校高质量发展。

（一）以制度性为建设方向

学校在组织建设、思想建设、党风廉政建设三方面制定了27项细分制度，内容涵盖党组织管理、学习、监督、公开等，并做到逐年完善，不断修订并新增。近一年增加《党政联席会议制度》《党支部对教育教学相关工作把关制度》《党组织参与决策机构重大事项决策制度》《党组织与理事会、监事会日常沟通协作制度》等8项制度与细则，其中《党政联席会议制度》为学校重点特色制度，召开频次为每周一次。党支部书记、校长董树莉主持会议，党支部委员、分管校长参会，议题由书记研究确定，其他班子成员可以根据工作需要提出讨论的议题，议事的范围包括学校的发展规划、重大战略方针和决策、重点教育教学工作规划及实施、学校的人事问题、财务、物资方面申报与使用、需要向学校报告的重大事项等。并推进党的"两个有效覆盖"，建立健全党组织"双向进入、交叉任职"参与决策和监督机制，充分发挥学校党组织"六大作用"，做到党的建设同步谋划、党的组织同步设置、党的工作同步开展。通过制度引领，对学校党的建设工作系统部署，实现党对民办教育的全面领导。

（二）以政治性为办学前提

学校开展高质量党建首先是政治性的工作，必须坚持党的全面领导，全面贯彻党的教育方针，确保党的各项主张在学校工作中得到贯彻落实。党政联席会议的召开，首先保证了教育教学的各项决策制定出发点是以党的建设为指引，各项工作在支委会、领导班子的带领下开展落实，逐步创建一个完备的党建工作体系，形成上下一心、齐抓共管、相互协同的工作局面，保证党建任务与学校各项任务的深度融合和相互推动。

（三）以先进性为工作保障

高质量的党建工作与教育教学的深度融合是提升教育品质和教学水平的关键。在此过程中，充分发挥党员的先锋模范作用至关重要。党员应通过其引领和示范行为，积极推动教育和教学领域的改革与创新。为此，学校持续深化党员与骨干教师"双培养"，促进党建工作与教育教学中心工作深度融合，将优秀骨干教师确定为党的培养对象，及时将思想政治素质提高较快、群众认可的优秀人才列为党支部积极分子；把优秀党员培养成骨干教师，为党员提供保持和发展自身先进性的目标和内在动力，为保持和发展党支部的先进性奠定基础。充分发挥党员、骨干教师的示范引领作用，为学校优质发展提供有力支撑。

（四）以群众性为党建抓手

作为民办学校，党建要能够紧密联系师生员工、家长、社会各界，充分发挥群众的积极性和创造性，共同推进学校的改革发展。将府实验学校深入开展"四进四联"活动：学校领导班子成员围绕学校改革发展重大问题，进课堂、进宿舍、进食堂、进社区，联系学生、联系教师、联系家长、联系群众，全方位开展调研，及时发现问题、解决问题；开展"党员亮身份""党员先锋岗"活动，即党员教师亮身份，带头上课，争当表率、勇挑重担；坚持党管干部原则，把学校领导班子配优建强，管好用好干部队伍，加大优秀党员、干部的表彰宣传工作，鲜明树立选人用人正确导向，选拔政治过硬、敢于担当、锐意改革、实绩突出、清正廉洁的干部，旗帜鲜明为担当者担当、为负责者负责、为干事者撑腰、为创新者鼓劲。

（五）以创新性为发展方向

将府实验学校党建工作紧密结合学校实际，积极探索新方法、新途径，不断提高党建工作的实效性和针对性。在完善的学习制度支撑下，学校以党建精神引领强化精细化治理，优化教职工队伍建设。贴合学校九年一贯制的办学性质与教职工来源地域广泛、背景多样的特点，党支部经过充分调研、讨论，创立"一人一主题，一人一宣讲"党建品牌，从校领导到普通教师，通过对党的知识的不断学习，达到引领教师队伍建设的良好效果。

三 学校取得的成效

(一) 党组织党建引领作用得到强化和提升

通过开展集体共学、个人自学、实践参观、"一人一主题,一人一宣讲"等各项活动,有利于党员对党的政治理论知识全面学习,全体党员、积极分子、教职工充分思考并强化政治信仰。通过每一次的宣讲,领会习近平新时代中国特色社会主义思想,极大地提高教职工对党的方针路线的学习水平,强化理论武装,学校党组织发挥把方向、管大局、作决策、抓班子、带队伍、保落实的领导作用得到有力强化。

(二) 党员荣誉感、责任感、使命感得到极大增强

"党员好"推动"党组织好","党组织好"促使"学校发展好","学校发展好"最终服务于"学生发展好"。通过党建与教育教学深度融合的研究,全体党员自省意识得到强化,责任感、使命感进一步提升,每学期,全体党员结合自身岗位,通过积极调研、走访交流梳理检视问题清单,认真研究整改,形成问题解决报告,以自我革命的精神坚守教育人的初心与使命。

通过研究,让党员有了一个展示平台,凸显专业引领作用,践行自身专业担当,体现一名共产党员的先进性,做标杆、燃斗志,提升个人成就感,增添身份荣誉感、责任感、使命感,成为群众的表率。其中,涌现出一批爱岗敬业、无私奉献的党员教师,他们在最平凡的岗位上坚守教育人的初心和使命,完成了一件件不平凡的"小事"。

党支部书记、校长董树莉同志在教育教学中兢兢业业、成绩突出,在管理上以身作则、严以律己;党支部组织委员、纪检委员,学校办公室主任刘颖同志任务繁重、爱岗敬业,永远把学校利益放在第一位;党支部宣传委员、团总支书记魏旬邑同志组织团员师生开展各项活动,增强团员凝聚力、向心力,不断向党组织靠拢;等等。"有困难,党员先上",成为全体将府

实验学校党员的座右铭，党员教师的引领作用得到升华，党员、积极分子荣获各级各类荣誉，学校不仅以实际行动践行"一名党员就是一面旗帜"，更做到了让党员的实干精神、担当精神蔚然成风，带动群众共同进步，共建一道亮丽的"将府教育"风景线。

（三）教师专业化水平稳步提升

党建与教育教学深度融合的研究，能够助推教师队伍建设。通过"学习—积累—分享—提升"的运行模式，教师充分利用碎片时间，学思想、强党性，每周固定时间的学习对于教师职业素质和能力的提升具有至关重要的作用。教师队伍整体水平得到提升，教学水平也得到大幅提高，学生的学习效果也随之改善。

（四）学校教育教学质量提升，形成辐射作用

研究至今取得积极成效，有效促进了学习型支部建设，有效提升了党员教师的凝聚力、战斗力，课题的持续完善、优化，对于以党建引领学校高质量发展具有重要意义，教师队伍建设是学校发展的基石，也是新时代教育教学改革的重要内容。

教育的最终落脚点是促进学生的全面发展，做有温度的教育。学生积极参与社会公益事业，中小学成立志愿服务小队，一名学生被评为北京市党建品牌和慈善平台"将小爱"形象大使。学生利用课余时间开展各项公益服务活动，如垃圾分类、爱心展演、博物馆讲解等。培养积极向上、乐观进取、心存感恩、回馈社会的优秀学子，是将府实验学校义不容辞的责任与使命。

学校汇总并制作成支部特色宣传片，致力于将党建工作打造成特色品牌，让学校党员、积极分子、群众心往一处想，劲往一处使，拧成一股绳，为学校发展贡献党建力量。

四 党建深度融合教育教学面临的困难

将府实验学校党建与教育教学的深度融合研究，当前面临的困难主要包

括教师思想认识不足、融合模式表面化、效果评估难等。

一是思想认识不足。部分党员、群众对于党建工作的重要性认识不够深刻，往往更侧重于追求个人业务成果，忽视了思想政治工作在凝聚人心、引领方向上的长远价值。这种认识上的偏差导致党建工作与教育教学工作在目标设定、资源配置上出现协调问题，党建工作与学校管理体系之间缺乏有效对接。例如，党建工作考核没有充分融入工作绩效评价体系，党员教育管理与教师职业发展路径未能有效结合，从而影响了融合的深度和实效。

二是融合模式表面化。在党建与教育教学工作融合开展的活动中，受限于教育教学工作的即时性与分散性，一些活动仅停留在表面，未能做到深入细致，如仅简单地拍照留念、宣读规章等，缺乏实质性的内容和深度的思考，未能真正围绕教育教学中心工作开展，促进相互之间的高质量发展。

三是效果评估难。如何科学、准确地衡量党的建设与教育教学融合的实际成效，对学校来说是一个重要的课题，目前研究尚缺乏有效的评估指标和方法，融合效果难以量化，也难以根据反馈进行适时调整和优化，从而形成长效机制。

这些问题不仅影响了党建与教育教学工作的深度融合，也在一定程度上制约了教育教学质量的提升和学校整体发展。

五　对策建议

（一）强化组织保障

学校成立以党支部书记、校长为组长，党支部支委为执行组长的案例研究领导小组。选拔具有丰富党建工作经验和研究能力的党员骨干教师组成课题研究团队；建立起党建与教育教学深度融合研究的管理制度，通过定期研讨、定期汇报、定期总结等方式，促进研究的顺利开展；学校设立专用的党建项目研究经费，确保各项研究所需的开支，合理规划和使用经费，做到专款专用。

（二）合理规划安排

学校合理安排研究开展的时间，确保党员投入足够的精力到党建工作中。并且学校将建立"研究+实践+反思+总结"的工作机制，引导教职工在实践中总结，在研究中改进。

（三）充分利用资源

学校将充分利用图书馆、数据库等资源，为研究提供文献资料支持。结合党建重点与时事热点，为党员配齐学习资料，邀请专家、学者对党员进行相关培训，从教育教学视角出发，努力做到党建与教育教学工作的深度融合。

民办学校拔尖创新人才培养的系统化机制建设

——基于北京王府学校的案例研究

郑 真 张 霄[*]

摘 要：拔尖创新人才培养对于教育质量整体提升、本土化高精尖人才培养、构建学习型社会具有促进作用。经过28年的实践与探索，北京王府学校秉承"以德施教、育人为先、中西合璧、励志未来"的办学理念，遵循"我了解—我选择—我能行—我作为"的内在逻辑，构建"创新型人才培养"的理念引领、探索"创新型人才培养"的实践体系和稳固"创新型人才培养"的保障体系，促进办学体系、学生培养、教师专业发展多维度提效。但系统化机制建设仍面临课程政策过于宏观、教师支持相对欠缺以及交流平台过于零散的问题。为此，学校希冀省市层面出台明确的课程融合相关政策，为民办学校课程体系建设指明方向；区域层面提供系统化教师专业发展支持，为民办学校教师队伍建设提供保障；高校层面创设民办学校交流平台与机制，为民办学校优秀经验的保存与传播提供契机，从而提升创新型人才培养机制的质效。

关键词：创新型人才培养 民办学校 北京王府学校

---

[*] 郑真、张霄，北京王府学校，法政国际教育。

一 拔尖创新人才培养的意义与价值

党的二十大报告指出,要"全面提高人才自主培养质量,着力造就拔尖创新人才"。拔尖创新人才是新知识的创造者、新领域的开拓者、新技术的发明者。经过多年的理论探讨与实践探索,"拔尖创新人才"已然成为较为稳定通用且具有中国特色的人才概念。如何更加有效地培养拔尖创新人才成为我国教育领域的热点话题之一。

对教育质量整体提升具有决定性作用。所有学生(无论其成绩高低)都有成为拔尖创新人才的潜力和可能。因此,拔尖创新人才培养对于教育质量整体提升具有决定性作用。王府学校拔尖创新人才的培养面向全体学生,而非少数能力出众的学生。

对本土化高精尖人才培养具有奠基作用。拔尖创新人才所必需的核心能力特质在于创新。创新能力(素养)被视为一种复杂且综合的品质,其构建根植于坚实的基础知识和能力。王府学校拔尖创新人才的培养旨在帮助学生发掘自身感兴趣的领域,同时培养其能够在该领域深入探究的高阶能力。

对构建学习型社会具有促进作用。拔尖创新人才培养是一个连贯且持续的过程。从纵向维度看,学生创新能力(素养)的发展是一个连续进阶的过程;从横向维度看,则体现为多元教学活动与项目之间的紧密衔接与连续性设计。王府学校拔尖创新人才的培养路径需要具备逻辑和实践两个层面的内在一致性以及连续贯通性,保障学生创新能力的稳步发展。

二 北京王府学校拔尖创新人才培养的系统化路径与机制

在28年的办学历程中,王府学校始终遵循国家教育大政方针,坚持为党育人、为国育才的整体路线，秉承"以德施教、育人为先、中西合璧、励志未来"的办学理念，遵循"我了解—我选择—我能行—我作为"的内在逻辑，构建多元课程体系、探索灵活的教学组织方式、采用有效的教学方法、搭建高端资源平台，逐步探索创新型人才培养的有效机制（见图1）。

（一）构建"创新型人才培养"的理念引领

北京王府学校自建校以来，在市、区教委的指导支持下，坚持党的教育方针，深入贯彻党和国家有关教育工作的重要指示精神和法规政策，坚持依法办学，打造经典品牌。在办学之初，王广发总校长就提出"教育决定未来20年的国际竞争，从现在开始就要着眼未来，要把中国的人才标准定位为未来可被世界所采纳的模式"。学校"以德施教、育人为先、中西合璧、励志未来"的教育理念正是源于此。

在"创新型人才"整体育人目标的基础上，北京王府学校小学、初中、高中三个学部结合义务教育课程方案以及普通高中课程方案中的培养目标，通过师生调研、集体研讨等方式，将育人目标具化为三个学部贯通一致的课程目标。旨在培养学生具有"敏于创新"的眼界格局、"勇于创新"的责任担当，以及"善于创新"的能力品质（见图2）。

（二）探索"创新型人才培养"的实践体系

1. 我了解：以"多元化"为核心搭建课程体系，让学生在广泛体验中识别创新机遇

第一，以全面多元为指导，搭建课程体系。在为学生打好中国底色的基础上，小学、初中、高中三个学段以"全面多元"为指导原则，搭建以国家课程为主体，兼顾本土特色与国际特色的课程体系，让学生有机会在丰富的课程中广泛体验。小学部构建以国家课程为核心，素质选修课程、STEAM特色课程、主题探究课程等为拓展的课程体系，为学生创新能力的发展奠定基础。初中部构建以国家课程为核心，指定选修课程和任意选修课程为基本框架的课程体系，为学生自主选择创新领域提供空间。高中部构建

图 1 北京王府学校创新型人才培养的内在机制

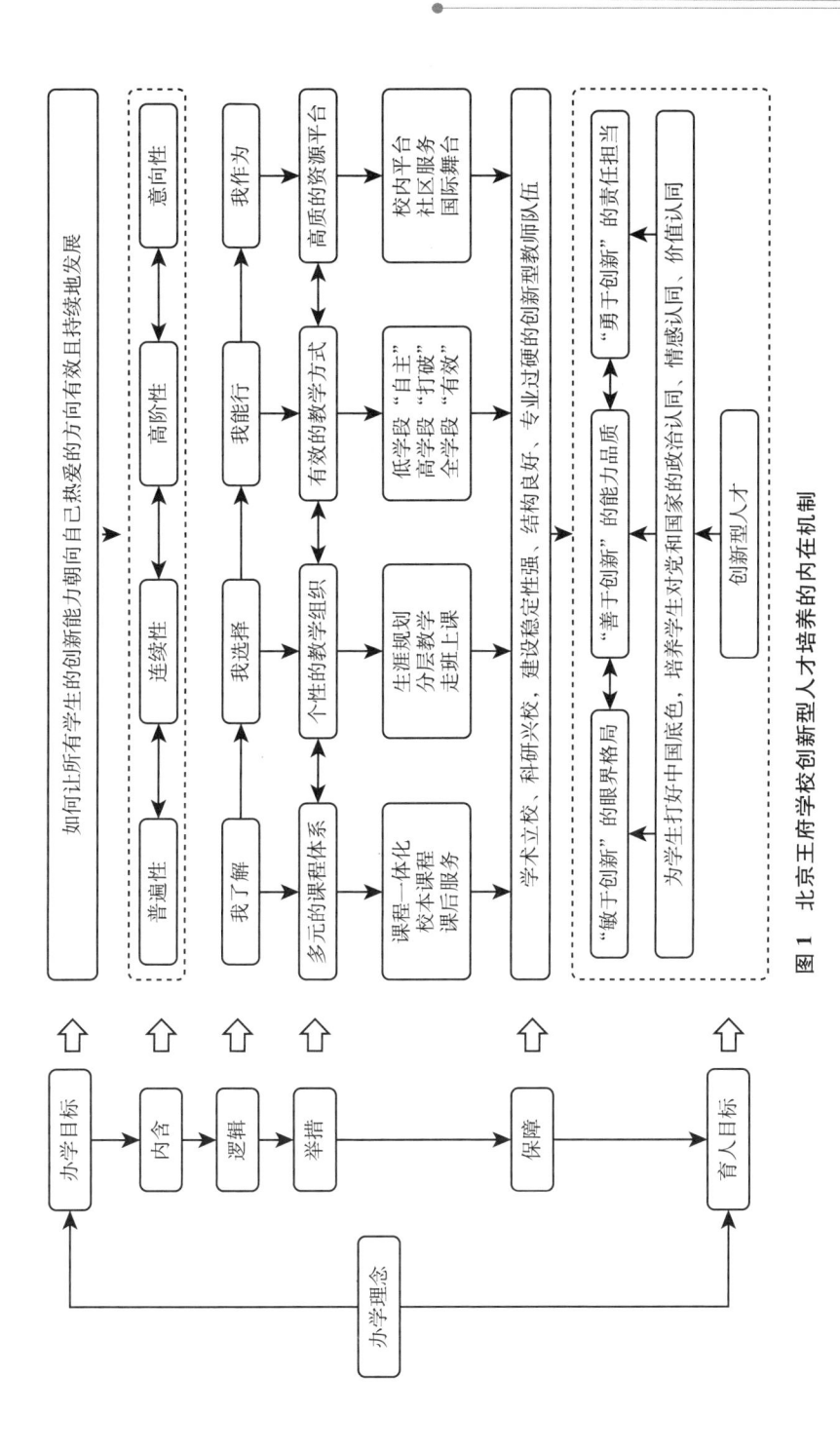

图2　北京王府学校学生培养目标

以科学素养、数学素养、人文素养、艺术素养等为基本维度的课程体系，为学生创新能力的成果转化提供保障。

第二，以个性发展为追求，开发校本课程。校本课程的开发遵循以下原则。一是门类丰富，旨在为学生创新能力的自由发展提供空间。目前北京王府初中部在英语、第二外语、体育、艺术、信息素养、文化赏析、学科探究等多个门类开设校本课程。高中部在社会科学、自然科学、学术探究、体育、艺术等多个维度开设了数十门校本课程。二是特色鲜明，旨在为学生创新领域的定向选择提供平台。小学、初中、高中三个学段分别开设了"小小外交官""青少年外交官""青年外交官"系列课程。小学段"小小外交官"课程旨在培养兼具国际理解力、团队合作能力、跨文化沟通与传播能力的青少年人才。初中段"青少年外交官"课程按照学期设置为两大部分，既"向内专注"，学习更多的中国历史与传统文化，为更好地与世界交流和分享做准备；又"向外着眼"，去探究中国与其他国家和人民的关系。高中段"青年外交官"课程邀请职业外交官进入校园开展系列课程，讲述诸如利比亚撤侨等亲历的外交大事，培养学生的正确政治站位。并与外交学院、中国语言合作中心、外交部礼宾服务中心等多方平台建立合作关系，以保障学生在尽量真实的外交外事场景中培养外交外事能力。

2. 我选择：以"个性化"为原则组织日常教学，让学生在自主选择中明确创新方向

首先，学校以分层走班作为日常教学组织形式，以全体性和保底性作为分层走班的基本原则，在满足关照同一年级不同发展水平学生实际需求的同时，促进全体学生创新能力的发展与提升。

其次，以生涯规划作为分层走班的核心依据。小学部开展自我认知主题探究课程，让学生对自我有认知，对世界有了解，为未来人生理想的选择奠定基础。初中部鼓励学生在进入九年级前通过生涯规划，针对自己感兴趣的领域做出初步探索，并对进入高中后的课程方向做出初步选择。高中部升学指导中心创建生涯规划 SCUH 模型。同时根据课程目标开发《学生成长手册》，配合教学内容记录学生学习过程和反馈。

最后，以多部门和信息化作为分层走班的实施路径。经过十年的实践，王府学校形成了比较完备的选课走班体系及选课走班指导手册。每学年学生选课前的指导阶段，教务处统筹联合教研组骨干教师、升学指导教师完成当年课程手册中的课程介绍，对学生开展关于专业和选课的宣讲，进行线上、线下选课操作的指导。

3. 我能行：以"有效性"为宗旨开发教学与评价方式，让学生在真实情境中生成创新能力

首先，低学段以"自主"为抓手，激发学生的创新意识。教师尊重学生想法，鼓励学生大胆想象、积极探索，创设自主发挥、自由创新的课堂氛围。例如在科学课上，组织学生根据主题开展项目式研究与探索。

其次，高学段以"打破"为原则，培养学生的创新能力。学校以数字化学习为手段，突破学习的时空边界，将真实问题模拟化；以实地探究为路径，突破学习情境的边界，将真实问题现场化；以项目式学习为抓手，突破学科之间的边界，将真实问题项目化。

最后，全学段以"有效"为宗旨，研发创新能力评价体系。一是基于创新能力的综合性，根据课程模块和评价目标，合理分配诊断性评价、形成

性评价、终结性评价比例。二是基于创新能力的情境性，有针对性地设置评价任务。例如，艺术创作选修课程的测评方式集研究能力、语言表达能力、文化综合应用能力和艺术表达能力于一体。三是基于创新能力的复杂性，采用多元评价主体。例如，学校每年举办科学节活动，在《科学探究手册》的指引下，以任务为驱动的学生作品为该活动评价的主要依据。

4. 我作为：以"高水平"为追求搭建资源平台，让学生有机会分享创新成果助力社会发展

首先，提供校内分享平台，让学生有机会交流展示创新成果。例如，小学部为学生设计内涵丰富的毕业展。高中部在科学方面鼓励全校学生参加为期一个学期的科学节。在艺术方面，音乐专业、美术专业、电影专业的学生需独立完成创作作品集，并在全校展示讲解。

其次，搭建社区服务平台，让学生有机会利用创新成果回馈社会。王府学校将120小时的社区服务和60小时的实践活动写进毕业标准。服务关键要素包括：明确的服务对象与需要，制定服务活动计划，开展服务行动，反思服务经历，分享活动经验。具体活动包括公益活动、志愿服务、勤工俭学等。

最后，创设国际交流平台，让学生有机会将创新成果传播至国际舞台。经过多年中外合作办学，学校与众多世界名校以及国际机构（如联合国教科文组织、联合国妇女署、经合组织等）、国内知名院校及机构（如外交学院、北京化工大学、外交部礼宾礼仪服务中心等）开展合作与交流，积累了丰富的教育资源。

（三）稳固"创新型人才培养"的保障体系

王府学校通过理念引领、制度建设、科研项目、氛围打造等方式，重点建设一支稳定性强、结构良好、专业过硬的创新型教师队伍，为创新型人才培养保驾护航。

1. 以"学术立校"为理念，明确教师创新方向

北京王府学校以"学术立校、科研兴校"作为基本理念，为教师队伍的发展指明方向。所谓"学术立校"即为教师创设学术讨论的整体氛围以及提供参与学术工作的各类机会,"科研兴校"即以教师的教科研为具体路径,促进教师队伍的高质量建设。一方面,推行教师"走出去、引进来",学校每年安排多达 200 名教师参加国内外学术会议及培训,建立与国内外同行交流沟通渠道。另一方面,鼓励并全额资助教师到全球顶尖教育学院攻读硕士、博士学位。

2. 以"系统机制"为核心,激发教师创新动力

学校构建了以薪酬体系、管理机制、文化氛围为保障,以教师专业发展及辞聘机制为更新体统的教师队伍管理机制。各个学部根据自身实际发展情况,细化管理体系中的具体工作内容与流程。

3. 以"课题研究"为抓手,提供教师创新平台

学校作为课程教材研究所基础教育课程改革实验基地,贯彻落实以项目带教研,通过"深度学习项目""课程融合项目""数学建模项目""校本课程建设推进研究项目"以及"新课标实验研究项目"等的深度参与,切实提升学校整体教研水平。

三 北京王府学校拔尖创新人才培养的成效

(一)学校层面

王府学校基于以上机制,构建了贯通办学理念、课程体系、德育体系、管理体系、教师队伍、课堂教学、软硬件资源的办学体系。正因如此,学校获得了美国西部学校与学院教育联盟(WASC)以及新英格兰院校认证协会(NEASC)给予的认证。成功获得国际第三方权威认证反映出北京王府学校在教育理念、课程、教学、测评以及学生支持等方面完全与国际接轨。在此基础上,学校以认证工作为契机,建立了持续性的自我评估和改进机制,为学校维持高质量的教育教学提供了有力保障。

（二）学生层面

在学生培养方面，王府学校学生在基础性和特色性方面得到了长足发展。一方面，王府学校的学生基础知识（包括学科基础和英语基础）过硬，符合拔尖创新人才的基础性要求。具体表现为王府学校历届学生中均有一定比例被全球名校录取。另一方面，基于"扬长式发展"的基本原则，王府学校学生的特长能够得以充分发展。学校为学生提供了各类竞赛平台，学生基于自身优势，在各类竞赛中屡创佳绩。

（三）教师层面

在教师队伍整体建设方面，王府学校以拔尖创新人才培养的机制作为根本依据，通过薪酬体系改革、管理制度建设、文化氛围打造、科研课题激励等方式，建立了一支稳定性强、结构良好、能力过硬的高素质教师队伍。在教师个人专业发展方面，王府学校以拔尖创新人才培养机制为整体性框架，规划重点研究项目，如国内与国际课程融合、生涯规划课程建设、跨学科教学探索等。在研究与实践过程中，教师的教科研水平得到了有效提升。

四 民办学校拔尖创新人才培养的困境

（一）课程政策过于宏观，制约了民办学校课程体系的有效建设

当前，国家或地区层面针对民办国际化学校课程建设的政策相对较少。现有政策主要集中于对课程体系建设的宏观指导原则，而缺乏对民办国际化学校课程体系构建的具体指导和规范性内容。这种政策环境导致民办国际化学校在课程体系建设中面临挑战：一方面，学校渴望吸收和借鉴国际上的优秀教育经验以提升教育质量；另一方面，由于缺乏明确的操作指引，学校在实施过程中需谨慎探索，以确保教育实践与政策导向相符合。

（二）教师支持相对欠缺，制约了民办学校教师队伍的长足发展

相较于公立学校，民办学校教师队伍建设缺乏系统支持，教师缺乏参与教研、公开课、课题研究的机会和平台。加之民办学校教师流动性相对较大，导致优秀经验难以得到传承与发展。

（三）交流平台过于零散，制约了民办学校优秀经验的交流分享

相较于公立学校，民办学校在校际交流方面缺乏相应平台。优秀教师难以"走出去"系统学习其他学校优秀的办学与教学经验。同时，其他学校的教师难以"走进来"交流展示办学成果与探索实践。

五 民办学校拔尖创新人才培养建议

（一）省市层面出台明确的课程融合相关政策，为民办学校课程体系建设提供方向

由省市级教育行政部门制定并出台民办国际化学校课程体系建设纲要，明确课程体系建设应遵循的基本规范与原则，在保障教育质量的同时，为创新实践预留充足空间。该纲要还需深入考量并融合区域发展的独特性与实际需求，为融合型课程的研发提供清晰的目标指引、内容框架以及课时分配等关键性指导建议，促进学校在合规框架内积极探索与创新。

（二）区域层面提供系统化教师专业发展支持，为民办学校教师队伍建设提供保障

区域层面可以进一步加强对于民办学校的教育统筹工作，为民办学校提供与公办学校质量相同的教研、课题、公开课等专业支持，聘请优秀民办学校教师作为区域层面教研员，贡献经验。同时，相较于公办学校，民办学校在办学与人员方面具有更大的灵活性，因此区域层面可以统筹规划，以民办

学校作为某些改革的试点，在积累实践经验的同时，以"引进来、走出去"的方式推动此类经验在区域层面的交流共享。

（三）高校层面创设民办学校交流平台与机制，为民办学校优秀经验的保存与传播提供契机

高等教育机构可牵头建立民办学校的常态化交流平台，通过学术研究、专家咨询、平台构建等多元化互动策略，梳理民办学校的优秀办学经验，同时为民办学校优秀经验交流和知识保存提供平台。

人工智能在民办学校中的应用和实践

——基于北京市新英才学校的案例研究

鲁家钰[*]

摘　要： 人工智能正引发新一轮教育变革，加强人工智能教育既是提高全民科学素养、培养科技创新人才的重要基础，也是贯彻党的教育方针、实现科技强国建设的现实需要。北京市新英才学校着眼于"数字时代的全人教育"，搭建校园内外平台、丰富教育教学资源、推动课程体系改革，稳步推进数字化赋能教育教学，使得课堂质量有提升、教育教学更精准、教师效能感增强。同时，深入思考人工智能时代的人才要求，研制了《数字时代的全人教育——北京市新英才学校行动纲要》，从学生、教师、干部、教学、课程、资源建设和家校协同等七个部分着手开展改革工作，引领新时代英才培养。

关键词： 人工智能　民办学校　数字时代的全人教育　新英才学校

一　人工智能对于学校的意义

以人工智能为代表的新一轮科技革命和产业变革突飞猛进，在社会发展和国际竞争中扮演着关键角色。加强人工智能教育既是提高全民科学素养、

---

[*] 鲁家钰，北京市新英才学校数字与科学中心主任。

培养科技创新人才的重要基础，更是贯彻党的教育方针、实现科技强国建设的现实需要。因此，学校和教育工作者如何适应时代潮流、把握时代机遇、应对时代挑战，已成为我们必须深入思考并解答的关键问题。

北京市新英才学校作为一所民办学校，高度重视"学生数字素养的培养"和"人工智能赋能下的传统课程创新"两个方面的协同创新，在教育变革的浪潮中积极履行责任，把握时代机遇，为教育变革贡献力量，以实现教育模式的创新和教学质量的提升。

二 人工智能应用于学校的实践探索

学校从"数字时代的全人教育"着眼，将"数字素养与科学素养的培养"作为学校"一线两翼一基础"的"一翼"，从学科教学提升到育人方式的高度；以"让老师的教与学生的学真正提高效率"为目标，坚持"少折腾课堂，多鼓励老师""先试先用，有一做一"的原则，积极探索并稳步推进数字化赋能教育教学。

（一）搭建校园内外平台

2023年，北京市新英才学校将"聚焦数字与科学教育的教科研探索"列为五大长期聚焦战略之一，此举标志着该领域已上升为学校未来发展的核心战略与集体意志。学校旨在通过这一战略，实现全校范围内师生与人工智能的共存、共事、共学、共生。

为进一步推动学校战略的深入实施，北京市新英才学校设立了"数字与科学中心"，直接与校长对接，向执行校长汇报工作。该中心依托民办学校灵活性和资源优势，迅速汇聚了一批来自产业界、学术界和研究界的专家，组建了一支研发型教师团队，其中包括在社会实践中应用最新技术的高新科技企业、把握科技领域最新发展和研究方向的科研院所、拥有科技素养教育实施经验的创新学校。

此外，在数字化时代背景下，激发学生内在动机成为教育实践中的核心要务。学校在推进数字化教育进程中，不仅着力于学校内部教育教学体系的革新，更致力于构建多元化的学生创新平台，如开设"爱创空间"、举办"科学市集"、组建"英才少年科学院"、举办"科创 KOL 路演大会"等，旨在为学生提供创新潜能的研讨、展示与传播机会，营造鼓励创新、支持实践的校园环境，使学生能够在理论与实践之间架起桥梁，将学术知识与创新能力相结合，为未来的学术和职业生涯打下坚实的基础。

（二）丰富教育教学资源

2019 年，学校与科大讯飞合作，在校园核心区域建立了超 100 平方米的"AI 创新实验室"，并配备先进的计算机设备、互动机器人以及 AI 实验套件等，能够同时容纳 24 名学生进行人工智能实验。同年，学校作为创始理事单位之一，加入了中国民办教育协会人工智能与教育专业委员会，并担任秘书处单位。至今，学校已成功举办两届民办学校人工智能与教育论坛暨教学公开课展示活动，该活动已成为国内探讨人工智能、大数据、数字素养与教育技术融合的重要学术平台。

继此之后，学校陆续获得多项认证和合作，包括：被认定为北斗科普基地学校、美国俄亥俄州立大学中美教育研究与交流中心 STEM 水下机器人教育示范基地、北京科普资源联盟会员单位、中国人工智能学会会员单位、中国科学技术馆馆校结合基地校、北京青少年信息学人才培养基地等。这些认证和合作为学校师生提供了丰富的社会资源和专家支持，极大地促进了学术交流与实践教学的深度融合。

近年来，学校进一步采取行动扩大资源。2023 年，在北师大科学教育研究院的大力支持下，学校新建设了一间"数字科学实验室"。该实验室配备了数字化设备，使学生能够进行科学实验，并将实验数据和记录以数字化形式直接呈现于电脑终端，为学生提供了一个模拟真实科研环境的平台。2024 年，学校成功申请成为国际人工智能奥林匹克 IOAI 中国区的理事单位之一，旨在以奥林匹克精神激励学生，在国际化的平台上展现其才华和潜力。

（三）推动课程体系建设

学校课程体系作为教书育人的主要载体之一，其设计初衷往往映射出学校的教育理念与发展方向。北京市新英才学校致力于培育学生面向未来的数字素养、竞争力及创新能力。学校从单一的信息学类选修课程着手，经过数年的迭代与沉淀，形成了一套以人工智能和 STEAM 教育为特色的课程体系。目前，学校已开发出 17 门以上涵盖数字素养和信息科技领域的课程，并指导学生参与 24 项国内外重大竞赛。

自 2023 年起，学校初步构建的数字素养课程体系通过三个维度设计与开展，即"基础常规课程""拓展选修课程"和"个性辅导课程"。这三个维度分别对应不同学生群体的教育需求："基础常规课程"旨在为全体学生打下坚实的数字素养基础并构建知识意义；"拓展选修课程"旨在培养一部分学生的兴趣和特长；"个性辅导课程"则为少数学生的自我实现和国家拔尖人才培养服务。

第一，"夯实基础、构建意义"的基础常规课程。基础常规课程是学生必修的核心内容，是实现素质教育的关键环节。学生作为学习的主体，其在常规课程中所获得的素养是实施人工智能教育战略的基础。因此，我们必须确保学生能够将课堂所学的素养迁移到课堂之外，以便他们在多样化的现实场景中能够有效运用人工智能技术。北京市新英才学校在信息科技课程的设计上，以 2022 年新课程标准为基础，并参照北美地区的 AI4K12 教育标准，为每个年级的学生至少设计了一个以人工智能为特色的教学单元。在学生 12 年的学习生涯中，学校致力于在"感知、表示与推理、机器学习、人机交互、AI 伦理"等五个核心领域，培养学生对人工智能的正确、系统和基本认知，并掌握人工智能工具的使用方法。

第二，"培养兴趣、发展特长"的拓展选修课程。对于志在深入研究人工智能的学生，学校提供了多样化的拓展选修课程，以满足他们对高级知识的追求。在小学阶段，学生有机会加入"小极客社"，通过编程学习掌握开启人工智能世界的关键技能；或者参与"AI 创作家"项目，利用人工智能生成内容（AIGC）工具设计个人专属的桌面游戏。对于中学生，课程选择更为广泛，包括加入"WWDC社团"学习开发手机应用程序的实践技能；或者参与"水下机器人"项目，设计并制造具备计算机视觉能力的水下机器人，以执行特定的水下任务。基于课程学习，学生们也在各级各类竞赛中屡获殊荣，这不仅展示了学生的才华，也反映了学校在人工智能教育领域的卓越成效。例如，2023年，学校初一年级的白同学凭借一款"手机无影灯应用"荣获WWDC2023 Swift学生挑战赛全球优胜奖，成为苹果公司该奖项历史上最年轻的获奖开发者之一。

第三，"自我实现，为国育才"的个性辅导课程。学校致力于为追求卓越的学生提供个性化的途径，培养科技领域的卓越人才，为此成立了四个科技领域的校队，分别专注于信息学、语言学、工程学和机器人学。这四支校队所涉及的学科领域既具有独立性，又存在交叉融合，共同指向人工智能的核心原理及其广泛应用，从而全面展现了人工智能学科的深度与广度。通过设立校队，不仅为学生提供了深入探索人工智能的平台，也降低了家长对人工智能教育的认知成本，使他们能够更清晰地洞察学生的成长轨迹和未来发展方向。

这种分层分类的培养方案旨在满足不同类型学生的需求，既确保所有学生都能获得面向未来的基本数字素养教育，又为具有特殊才能和志向的学生提供更广阔的学习和发展空间，实现真正意义上的因材施教。

此外，为了更好地梳理和构建课程体系，学校于2023年在中国民办教育学会申请了"以人工智能为特色的信息科技课程体系的开发与实践"课题。课题组成员既有来自学校的教师，也有来自高校院所的教授专家。目前，课题组正根据《新课标》中的相关要求，开发和实施一套课程体系，包含义务教育阶段从3年级到9年级完善的信息科技课程内容；确立人工智能特色，确保每个年级的教学中包含人工智能的教学内容，满足各阶段学生发展所需；以大单元为主要的教学结构，倡导真实性学习并强化素养导向的多元评价；学习内容包含跨学科主题。

三 人工智能应用于学校取得的成效

（一）课堂质量有提升

在课程开发的初期阶段，学校教师团队将培养学生的信息化素养与数字素养，与开设多样化的信息技术课程画等号，理解较为单一。因此，尽管我们逐步建立了从小学到高中的课程体系，但课程内容仍局限于信息技术领域。然而，随着ChatGPT等大型语言模型在全球的广泛流行，我们深刻认识到信息技术应作为一种工具，以"撬动"和赋能其他学科的发展。基于这一新的认识，学校成立了"跨学科教研组"，以信息技术为基础，以教师的自我链接为手段，积极探索新型教学模式。例如，该教研组组织了一次以"AI助力备课：以英语教学为例"为主题的教研活动。活动中，教师们利用ChatGPT作为工具，深入探讨了如何开展词汇学习、语法和语言结构分析以及课堂互动。

（二）教育教学更精准

学校与科大讯飞公司合作，在中学阶段，建立了"基于大数据的智慧教室"，该教室通过"超脑"系统与学生端的"学习机"及教师端的软件实现互联，全方位记录和分析学生的学习习惯、作业情况以及测试中的优势与不足。同时，该系统也为学校提供了教师在课堂教学、教学习惯、教研活动中个体或群体的特征分析。通过数字化手段，将以往难以洞察的教学和学习行为转化为清晰可分析的数据，从而实现对教学和学习过程的精准评估和优化。这一过程类似于在传统中医的望闻问切诊疗手段中融入现代CT技术，使得学生和教师能够更精确地审视和改进学习和教学的各个环节。

（三）教师效能感增强

随着"新工具"的有效应用，学校积极倡导并支持教师探索、运用及开发新型数字化教学工具，以促进教学模式的现代化转型。教师群体中逐渐涌现出更多创新型教学方法。例如，小学部教师牛洪国领导的教研团队开发了130项基于信息技术的游戏化课程方案，这些方案旨在提升学生的学习兴趣和参与度。高中数学教师王洪则将增强现实（AR）技术融入数学教学，使得抽象的坐标概念和复杂的机械结构得以直观展示，极大地提高了教学的直观性和可理解度。此外，理科综合教研组利用数字实验平台指导学生开展创新实验，确保实验过程的安全性和效率。

这些创新实践在新英才学校日益增多，它们不仅为传统课堂注入了新活力，还增强了教学的趣味性、直观性和效率，从而推动了教育模式的创新性发展。

此外，为了让在校师生都能更方便地接触、体验和使用以大语言模型为代表的 AI 技术，构建与 AI 共存、共学、共事、共生的智能生态，学校还开展了"英才问学"工程，让各教室的一体机都能成为便捷的 AI 访问终端，目前已经先后部署了三款国产的 AI 模型：Kimi、智谱清言和扣子。

四 人工智能应用于学校面临的困难

技术的迅猛发展及其在教育领域的广泛应用，不可避免地引发了教育模式的深刻变革。这一变革的显著特征包括：学习方式的灵活性和个性化、教育资源的开放性和易获取性，以及学习环境的智能化。以"搜索引擎"和"ChatGPT"为例，可以明显观察到两个不同时代的技术产品在教育领域的应用差异。传统的"搜索引擎"要求用户遵循其特定的工作逻辑，仅能提供原始的搜索结果列表。相比之下，"ChatGPT"则允许用户以更符合人类交流习惯的方式提出需求，并能够对信息进行整合，以更个性化的方式满足用户需求。

这一对比揭示了一个重要的教育洞见：促进学生全人、个性化地发展，而不仅仅是数字素养的简单提升。人类获取信息的手段和途径正在发生巨变，与学校场景下知识传授模式不匹配，这是制约人工智能教育前进与发展的关键。

基于此，我们提出了"数字时代的全人教育"的理念，以培养具有主体性、和谐统一的个体为目标，强调学生在不同学习阶段和不同场景下核心素养的全面提升。这一理念要求我们整合跨学科知识，适应时代变化，满足学习者多样化的需求，并促进个体的全面发展。

五 人工智能应用于学校的对策建议

为推进"数字时代的全人教育"的实施，学校组织专业力量编写了《数字时代的全人教育——北京市新英才学校行动纲要》（以下简称《纲要》）。《纲要》在传承学校文化与价值观的基础上，明确了学校主要运行领域中各角色的行为规范，为构建学校治理体系、开展教育教学工作、落实立德树人、培养在数字时代能为社会做贡献的新时代英才提供引领。

《纲要》主要从七个部分着手，开展改革工作。

第一，在学生层面，学生要能用技术赋能学习，成为合格的数字公民，能自主地搜寻和构建知识体系，使用创新思维设计方案，使用计算思维解决问题，能有效地表达自己的想法，学会在全球范围内寻求合作，实践自主探索和终身学习。

第二，在教师层面，教师要建立数字化意识，掌握数字技术知识与技能，并能落实数字化应用，带领学生承担数字社会责任，借助数字化工具提升专业水平。

第三，在干部层面，学校干部要能利用技术提高教育公平和教育质量，有远见地规划学校战略，营造包容创新的鼓励型校园文化，构建高效的教学与行政支持系统，并推动自身和团队的一同成长。

第四，在教学层面，要促进数字化学习，实现学习的智能化和高效化，促进深度学习的发生，开展跨学科主题学习，创设真实学习情境，采取更为多元的评价方式。

第五，在课程层面，要建立目标清晰、多元分层的信息科技课程体系，推进数字能力教学内容与其他课程的整合,倡导大概念引领下的内容重组,建立竞赛和学生项目驱动的个性化培养路径。

第六,在资源层面,要在整合资源和搭建平台时与各级各界加强合作,建造智能的教育环境,提供场景化的教师数字素养培训,促进教师的自主发展和创新。

第七,在家校协同层面,要拓宽信息沟通渠道,创设家校社协同育人的数字化平台,同时促进家庭的数字化教育。

学前教育产教融合的应用与实践

——基于北京科技职业学院案例研究

周孟奎 王 悦 赵 欣[*]

摘 要： 为培养高质量的学前教育专业应用型人才，发挥产教融合人才培养效能，北京科技职业学院成功构建并实践了以"三三三工作法、三三三教学法、三三三实训法"为核心的高职学前教育"三三三"人才培养模式，使得学前教育专业的人才培养质量得到提升；教育教学与科研创新活力得到激发；北科幼教集团卓越成长得到引领；北科儿童发展研究院优势得到外化。在此基础上，学院进一步将深化合作机制、完善教师发展体系、增加学生实践机会和优化科研成果转化机制作为未来行动方向，以解决专业人才培养过程中面临的"院""园""供""需""知""行"等发展挑战，提升办学质量，实现院园共赢共长。

关键词： 学前教育 产教融合 学前教育专业应用型人才 "三三三"人才培养模式

一 实施的背景与意义

学前教育是国民教育体系的开端，学前教育专业应用型人才对于满足幼

---

[*] 周孟奎，北京科技职业学院党委书记，教授；王悦，北京科技职业学院国际幼教学院院长，副教授；赵欣，北京科技职业学院国际幼教学院教研室主任，副教授。

儿成长需求，推动学前教育高质量发展具有基础性影响。如何培养"品端学粹、知深技精"的学前教育专业应用型人才成为关键议题。北京科技职业学院自2014年起，积极推进院园双向赋能、共赢发展战略，有效解决"院""园""供""需""知""行"之间的发展瓶颈，奠定人才培养向更高质量、更深层次发展的基石。

（一）必然要求：解决"院""园"合而不融的机制问题

2017年，国务院办公厅发布《关于深化产教融合的若干意见》，明确提出推进产教融合人才培养改革。人才培养改革涉及资源配置重构与多元主体协同管理，机制是各要素间的结构关系和运行方式，直接影响产教融合双向赋能的效果。多元沟通和协调机制、"院""园"资源共享机制、动力协同机制等产教融合机制体制的搭建与优化成为人才培养高质量发展的驱动力。

（二）重要依托：解决"供""需"接而未紧的匹配问题

北京科技职业学院在幼教板块着眼于两个根本问题：一是我们要为当下和未来的学前教育事业培养什么样的教师？二是学前教育行业当下和未来需要什么样的人才？职业教育的根本目的是培养符合市场需求的高素质技能型人才。面对目前"院园"存在的"供""需"接而未紧的匹配诉求，学院亟须在观念、培养模式、师资等方面进行系统的实践路径改革，保障学生在校所学知识与技能适应企业的实际需求。

（三）有效途径：解决"知""行"合而未协的实践问题

知行融合、协调是职业教育追求卓越的核心路径。产教融合推动与幼儿园等教育机构的互动，实现资源共享和优势互补，进而培育出既掌握扎实理论基础又具备精湛实践技能的高素质应用型人才，将校企的育人潜力转化为生产能力和市场效益。能够解决当前学生实践能力和创新能力薄弱、实践教学的深化需求、企业教育参与度的提升空间和企业反馈机制的时效性等问题。

二 学前教育产教融合的学校探索

围绕高职段学前教育专业人才培养时间短、技能要求高、就业压力大等突出问题,北京科技职业学院与幼儿园融合赋能,逐步探索并成功实践了以"三三三工作法、三三三教学法、三三三实训法"为核心的高职学前教育"三三三"人才培养模式,实现院园共赢共长(见图1)。

(一)"三三三工作法":以"三个机构"为平台、"三大机制"为抓手、"三项行动"为蓝图,构建"院园一体"的组织运行机制

"三个机构"是指"两院(国际幼教学院、北科儿童发展研究院)两园(巩华北科幼儿园、北科婴幼学苑)一平台(北京市昌平区婴幼儿照护协会)"三大实体执行机构。学术机构与教学场域共同构成了"院园一体"模式的实体支撑架构,确保该模式能够切实落地。

"三大机制"是指"组织建设一体化、教育科研一体化、资源配置一体化"。其中,组织建设一体化旨在将学院与幼儿园等机构整合,实现管理与人事的高度融合,促进集团内部高效运作;教育科研一体化强调教育理念、教学科研和课程建设的深度融合,旨在培养符合学前教育行业需求的高素质教师;资源配置一体化关注内部资源的优化配置及外部资源的共建共享,确保教学与实训条件的优越性。

"三项行动"是指育人、研发、输出。在育人方面,国际幼教学院专注于提升学前教育专业的教学质量,而幼儿园则注重幼儿心智模式的培养;在研发方面,北科儿童发展研究院致力于解决教学实践中出现的问题,通过资源整合优化教学策略与工具,并提炼出具有可复制性和推广性的解决方案;在输出方面,集团不仅向内部单位提供支持,还向行业输出研究成果和解决方案,助力学前教育行业的整体进步。近年来,学院已成功孵化多个学前教育创新项目,如《基于游戏的儿童情绪管理》课程被多家幼儿园采用,受到广泛好评。

学前教育产教融合的应用与实践

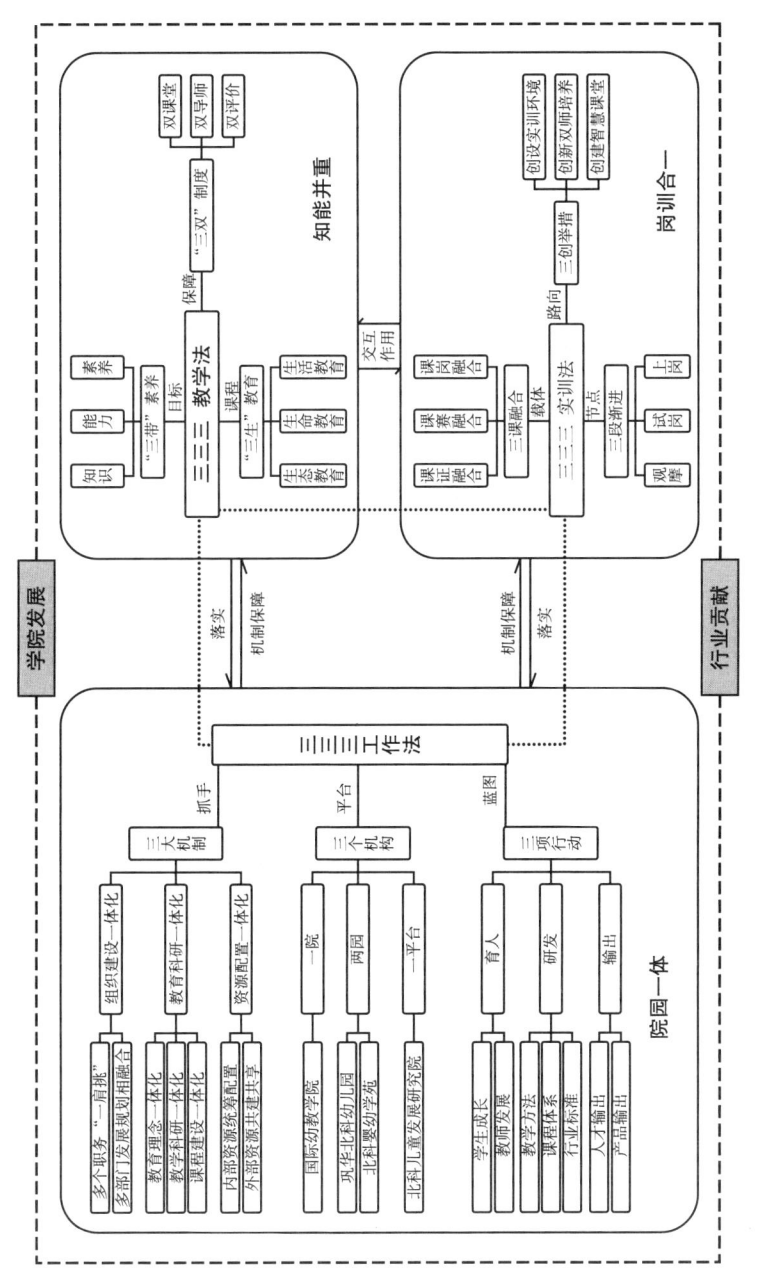

图 1 高职学前教育"三三三"人才培养模式

299

（二）"三三三教学法"：以"三带素养"为目标、"三生教育"为课程、"三双制度"为保障，构建"知能并重"的人才培养格局

"三带素养"指的是学生在知识、技能和素养三个方面的全面发展。具体来说，一年级重点培养"知识+素养"，帮助学生打下坚实的理论基础，培养良好的职业素养；二年级侧重于"素养+能力"，通过实践教学提升学生的综合能力和职业素养；三年级集中于"能力"，强化学生的专业技能，使其具备独立工作的能力（见图2）。对2024届毕业生的追踪调查结果显示，经过"三带素养"培养的学生在求职市场上的竞争力明显增强，月平均薪酬较原来提高了500元以上。

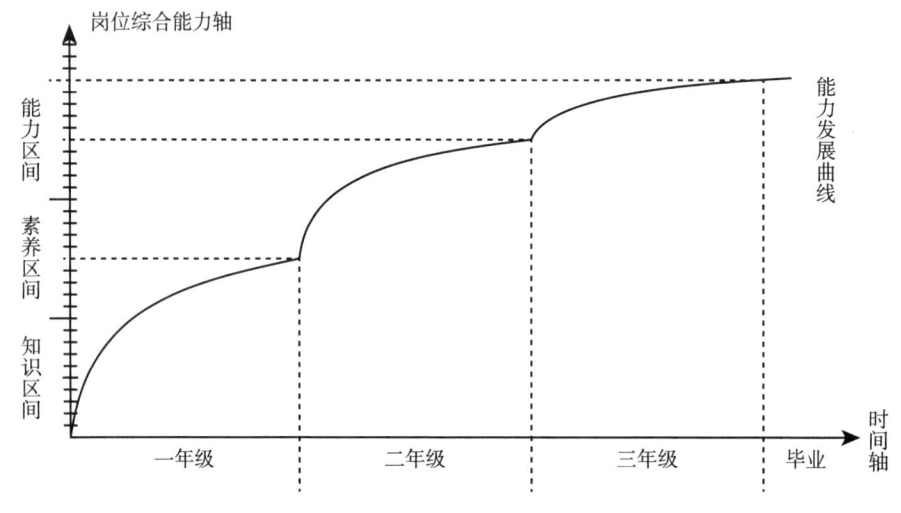

图2 学前教育专业人才核心素养培养

"三生教育"指的是学前教育的三大课程体系，包括生态教育、生活教育和生长教育。生态教育关注人与自然的关系，培养学生的环保意识和可持续发展观念；生活教育关注人与社会的关系，指导学生掌握生活技能，树立正确的生活观，追求幸福生活；生长教育关注人与自我的关系，帮助学生认识自我、尊重和珍爱生命，提升生命质量。通过"三生教育"，学生不仅能

够获得全面的知识和技能，还能树立正确的价值观。

"三双制度"是确保人才培养质量的关键措施，包括"双课堂、双导师、双评价"。"双课堂"意味着学院课堂与幼儿园课堂相结合，实现理论与实践的无缝对接；"双导师"指学院教师与幼儿园教师共同指导学生，定期召开教研会，共同修订人才培养方案，进行教学诊断与改进；"双评价"则通过学院与幼儿园共同完成实践课程的指导和评价工作，确保学生在知识、技能和素养方面得到全面评估。

（三）"三三三实训法"：以"三课融合"为载体、"三创举措"为路向、"三段渐进"为节点，构建"岗训合一"的课程实践体系

"三课融合"包括课证融合、课赛融合和课岗融合，通过将课程学习与职业资格认证、专业竞赛以及实际岗位紧密结合，提升学生的实践能力和就业竞争力。如在2024年北京市托育职业技能竞赛中，学院学生取得了团体一等奖和个人一等奖的优异成绩，充分体现了课赛融合的成效。

"三创举措"是指通过创新实训教学环境、双师型教师培养路径以及创建智慧课堂，为学生提供具体化、真实化和现代化的实训课程体系。这一体系分为实体场域实训课程和虚拟场域实训课程两类，前者涵盖校内外实训，后者利用现代信息技术模拟真实教学场景，为学生提供多样化的学习体验。

"三段渐进"是指学生在三年学习期间经历的三个关键阶段：第一年以入园观摩为主。学生通过观察幼儿园日常活动，初步了解学前教育的基本知识和理论；第二年侧重于在园所见习。学生在指导老师的帮助下完成基础教育任务，获得实践经验；第三年通过顶岗实习，学生能够在实际工作中独立完成任务，进一步深化对专业知识的理解和应用，培养独立解决问题的能力。据统计，参与顶岗实习的学生中，约有85%的学生毕业后选择留在实习单位工作，充分展示了"三段渐进"模式的优势。

三 学前教育产教融合新模式的成果成效

自北京科技职业学院实施学前教育产教融合"三三三"人才培养模式以来，院园取得了丰硕成果，实现了跨越式的高质量发展。

（一）学前教育专业的人才培养质量得到提升

通过实施"三三三"人才培养模式，学生综合素质明显提升。近五年毕业生就业率为100%，专业对口率达98%以上。2024年共有26名毕业生被国务院机关事务管理局幼儿园、蓝天幼儿园、北京农学院幼儿园等多所北京市示范幼儿园录用，且用人单位对毕业生的评价极高，认为他们具有端正的职业态度、勤奋的工作精神、较强的业务技能、强烈的团队合作意识等。

（二）教育教学与科研创新活力得到激发

"三三三"人才培养模式打造"院园一体"，共建、共研、共育，有效激发院园教科研协同创新，实现人才共育目标。通过创新双师型教师培养路径，院园共建"名师工作坊"，引进8位行业专家开启"骨干教师素养提升计划"；创立"双课堂模式"，引师傅入院、带老师入园，达到院园师资融合，实现教师队伍育、训能力的同步提升；创建智慧课堂，形成"岗训合一"的要件和保障。

2014年以来，国际幼教学院学生就业率始终保持在100%。在此期间，学院承接多项省部级项目，发表论文多篇，涵盖了学前教育教学方法、儿童心理发展等多个领域；学院师生在各类比赛中屡屡获奖。

（三）学前教育集团卓越成长得到引领

院园构建了"院园一体"的紧密共生体，通过持续优化"三大机制"，确保了教育资源与行业需求无缝对接。同时，强化产学研合作中心、课程研发中心及人才培训基地的职能，以平台化、专业化的方式促进科研成果快速转化为教育实践，提升教学质量与效率。此外，学院还实施了"三项行动"策略：一是"教育+科技"融合行动，利用现代信息技术升级教学手段，打造智慧幼儿园；二是"双师型"教师培养计划，鼓励教师与行业专家双向交流，提升教学团队的专业性和实践能力；三是"品牌+连锁"拓展战略，通过输出成功模式，带动更多幼儿园及托育机构提升品质，扩大品牌影响力。

与此同时，集团在服务周边社区、服务北京、服务全国方面取得良好的社会效益和经济效益，受到业内专家和同行的高度好评。例如，巩华北科幼儿园建园两年被北京市教委评定为一级一类幼儿园；旗下北科婴幼学苑被评为北京市示范托育机构，2024年荣获北京市城市更新"最佳实践"，充分展示了其在推动高质量发展方面的显著成效。

（四）北科儿童发展研究院优势得到外化

作为北科院在新的发展阶段深化"产教双向赋能"的标志性举措，"北科儿童发展研究院"于2021年9月12日在北京科技职业学院正式揭牌成立。近年来，北科儿童发展研究院积极履行职责，一是专注探寻教师、学生以及幼儿在教育教学过程中遇到的关键问题。通过汇聚和整合高端教育资源，研究院致力于协助教学单位优化教学流程、革新教学方法，并升级教学工具。二是梳理实践经验，提炼切实可行的解决方案与教育产品，并将成果转化为对外部单位的有效支持。三是长期举办全国园长公益培训。学员覆盖全国十六个地区，累计培训6万多人次，社会服务成效显著。

四 学前教育产教融合新模式的现实挑战

（一）合作机制的深度与广度有待提升

一是合作深度不足。目前的合作更多集中在学生实习和教师交流层面，缺乏在课程开发、科研项目、技术转化等多方面更深层次的合作；二是合作广度有限。合作对象主要局限于现有的两所幼儿园，未能广泛吸引其他幼儿园、早教机构和相关企业的参与，导致资源和经验的局限性。

（二）教师发展的培训和激励方式有待完善

一是培训体系不健全。现有的教师培训体系过于依赖内部资源，缺乏与外部专家和行业的深度合作，导致培训内容和形式较为单一；二是激励机制不足。缺乏有效的激励机制，教师参与科研和实践的积极性还需提高。

（三）学生实践平台和质量有待拓展和提升

一是实践机会较单一。学生的主要实践机会为在常规的幼儿园实习，缺乏其他领域的实践平台，如社区服务、家庭教育指导、儿童心理咨询服务实践平台等；二是实践质量参差不齐。不同幼儿园和实践基地的条件和指导水平存在差异，部分学生的实践效果不佳，未能达到预期的学习目标。

（四）科研成果的转化和应用有待优化

一是转化机制还不够健全。科研成果向教学实践转化的机制不够完善，缺乏系统的评估和反馈机制，导致部分科研成果未能及时应用于教学；二是成果应用范围还需拓展。科研成果的应用主要集中在学院内部，未能广泛推广到其他幼儿园和早教机构，影响了科研成果的社会价值和影响力。

五 学前教育产教融合新模式的优化方向

（一）深化合作机制，提升融合效能

在合作深度方面，学院将继续与合作幼儿园共同研发特色课程方案，将行业需求和技术动态融入教学内容，提高课程实用性和针对性。同时，建立

科研项目合作机制，鼓励教师与幼儿园、早教机构共同申请科研项目，开展联合研究，促进科研成果的产出和应用。此外，继续探索技术转化的合作模式，如共建实验室、研发中心等，推动学院研究成果向现实生产力转化。在合作广度方面，学院将积极主动扩大"朋友圈"，寻找新的合作幼儿园和早教机构，通过签订战略合作协议等方式，建立长期稳定的合作伙伴关系，为学生提供更多样化的实践机会，为教师提供更多的学习和交流平台，进而提升整个学院的教育质量和科研水平。

（二）完善教师发展体系，提升教师素养

一方面，学院积极引入外部专家和行业领袖参与教师培训工作。利用专题讲座、工作坊等多元形式为教师提供接触前沿学前教育理念和技术方法的学习机会。同时，加强与国内外知名高校和研究机构的合作，为教师提供海外研修和访学的机会，拓宽教师的国际视野。另一方面，学院将通过设立专项基金，资助教师开展高水平的科学研究和社会服务项目；制定明确的科研成果奖励政策；建立公平透明的职称评审制度，将科研成果和社会服务作为重要的评价指标之一等举措，形成科学合理的激励机制，充分调动教师参与科研和实践的积极性。

（三）增加学生实践机会，提升实践质量

首先，拓展实践平台。除了传统的幼儿园实习之外，学院还将与社区服务中心、家庭教育咨询中心等社会机构建立合作关系，为学生提供更加多样化和个性化的实践机会，如开展社区教育活动、参与家庭教育指导项目等。其次，加强对实践基地的管理和评估。学院将建立完善的实践基地准入标准和退出机制，确保所有实践基地都具备良好的硬件设施和专业的指导力量。最后，建立健全的实践指导体系。学院为每位学生配备经验丰富的指导老师，指导学生的实践活动，并及时协助他们解决实践过程中遇到的困难，帮助学生更好地实现理论知识与实践技能的有效结合。

（四）优化科研成果转化机制，提升应用效果

一是建立科研成果评估与转化机制。在学院科研处对科研项目进行可行性评估的基础上，积极协助教师将学前教育领域的研究成果转化为具有实际应用价值的教学实践和创新方案。定期收集用户对研究成果应用效果的反馈意见，及时调整和优化科研方向，提高成果的应用价值。二是扩大研究成果的应用范围。通过举办成果推介会、与地方政府部门建立合作关系、建立线上科研成果交易平台等方式，进一步扩大科研成果的社会影响力。

面向未来，北京科技职业学院将进一步深化和完善学前教育"三三三"人才培养模式，致力于将其打造成为国内乃至国际领先的教育范本，共同推动学前教育领域的创新发展，为社会培养更多高素质的专业人才。

从传承到创新

——北京第二外国语学院中瑞酒店管理学院新教师培养的实践与成效

曾丽婷 毛 甜*

摘 要：构建具备扎实学术能力、适应行业发展需求的民办高校教师队伍是加大人才供给的关键。中瑞酒店管理学院教师5H认证培训自2018年启动以来，秉持"从传承到创新"的理念，形成多元内容助力成长、线上线下齐头并进、教学研究一体融合、多维考核精准发力和深化文化融合理念的有益经验。特别是在面对教师学习需求差异、外籍教师文化差异和现有学时不足的情况下，应进一步强化个性培训指导，满足多元学习需求；设计融合支持策略，弥合跨文化的差异；建立续航支持机制，实现教师长效发展，从而推动教师培训体系的持续扩展与深化。

关键词：酒店管理 民办高校 教师5H认证培训

一 中瑞酒店管理学院加强新教师培养的背景与意义

在新时代教育改革的浪潮中，民办高校作为教育体系中的重要一环，不

---

* 曾丽婷，北京第二外国语学院中瑞酒店管理学院，教授；毛甜，北京第二外国语学院中瑞酒店管理学院，副教授。

仅成为高等教育普及化的有力推手，更成为培养行业急需的高素质应用型人才的重要基地，承担着为市场提供应用型、创新型和国际型人才的责任。教师作为教学质量的核心保障，面临多层次的专业成长需求和职业挑战。近年来，随着《深化新时代教育评价改革总体方案》《关于加强新时代高校教师队伍建设改革的指导意见》等系列政策的出台，国家明确提出要加强民办学校教师队伍建设，促进教师队伍高质量发展，以适应经济社会发展的新需求和教育现代化的新要求。因此，如何构建一支既具备扎实学术能力，又能适应行业发展需求的民办高校教师队伍成为关键。

北京第二外国语学院中瑞酒店管理学院（以下简称"中瑞"）作为首都一所特色鲜明的民办应用型本科院校，自建校以来始终以培养高端泛服务业管理人才为核心目标，以教师队伍建设为关键抓手，致力于探索符合行业需求、接轨国际标准的教育模式。为响应国家关于提高教师队伍质量的政策要求，同时满足行业对创新型、实践导向型人才的迫切需求，学院基于多年办学经验，自主开发并实施了"教师5H认证培训"体系，涵盖五个核心维度：Hand（动手）、Head（用脑）、Heart（走心）、Health（身心健康）、Happiness（积极的生活态度）。通过系统化、实践导向的培训课程，不仅强化其专业知识和教学技巧，还关注身心健康与工作态度，旨在培养具备创新精神、实践能力和社会责任感的新时代教师，并逐步形成了"五级双通道"的师资培育路径，力求打造一支"知行合一、学以致用"的教师队伍，有力地支持行业高素质管理人才的供给。

二 中瑞酒店管理学院新教师培养的实践

教师5H认证培训自2018年启动以来，学院秉持"从传承到创新"的理念，不断深化教师培训体系化模式。该项目从最初的内部试点，逐步拓展到校外，形成了校内外教师共同受益的良好局面，累计认证培训师18名，校内外教师226名，顺利完成了12期培训。

一是坚持提质导向。为了实现教师从理论学习到实践操作的全面提升，学院建立了一套以四大核心模块为基础的培训体系：线上微课模块、线下集训模块、教学实践模块和素养实践模块。具体而言，线上微课模块为教师提供了灵活的学习方式，打破了时间和空间的限制，确保教师能随时随地学习学校的教学要求和最新的教学理念；线下集训模块通过面对面的实战演练和互动教学，帮助教师掌握具体的教学技能，巩固理论知识；在教学实践模块中，教师们通过模拟课堂、观摩教学和一对一教学辅导等方式，在实际教学情境中检验和提高自己的能力；素养实践模块关注教师的心理健康和职业道德，通过团队建设、心理健康讲座等方式，帮助教师在繁忙的工作中保持积极乐观的心态，提升职业幸福感。这四大核心模块相辅相成，为教师多维度成长奠定坚实的基础。

二是坚持人本导向。学院以开班仪式、5H同学会、5H瑞悦团建和结业典礼四大特色活动为依托，不仅为培训增添仪式感和互动性，还加强了教师间的沟通与合作，极大地提升了他们的参与热情和归属感。

三是坚持研究导向。培训与研究相结合，形成了丰硕的科研成果，包括校内科研项目3项、北京市本科教学改革创新项目2项，并入选北京市教委本科育人团队建设案例和北京民办教育协会教师发展典型案例，成为北京市教育发展的亮点与示范经验。此外，正式出版了《〈应用型高校5H教育理念与实践〉论文集》，进一步传播了酒店教育的优秀理念与实践经验。

四是坚持增值导向。教师成长是一个持续的过程，坚持教师发展的长期主义是中瑞教师5H认证培训体系始终不渝的宗旨。近五年的参培教师成长追踪数据显示，教师在教学督导听课中的平均分整体提升了5.32分，学生教学评价的平均分提升了2.18分，大家普遍认可教师在课堂表现、教学方法和互动效果方面的显著进步。

中瑞教师5H认证培训体系，凭借其提质、人本、研究、增值导向，既传承了传统教学中的"以老带新"经验，也通过现代教育技术和科学管理方法的不断创新，成功实现从传统"以老带新"模式向现代化、多元化培训模式转变，成为教师职业发展的重要助推力，为民办高校教师培训提供宝贵的范例。

三 中瑞酒店管理学院新教师培训的经验总结

（一）多元内容助力成长，全面提升教师素质

中瑞教师5H认证培训涵盖动手实践、理论思维、职业道德、身心健康和积极态度等核心内容。具体而言：Hand模块旨在通过模拟教学和实践操作，提升教师的教学实践技能，确保教师能够准确掌握教学过程中的关键细节。Head模块侧重于深化教学理论，并将其应用于实际教学中，以帮助教师在课堂上采用创新思维和问题导向的教学方法。Heart模块通过师德教育和心理健康辅导，增强教师的职业认同感和责任感，从而营造一个尊师爱生的教学环境。Health与Happiness模块则通过身心健康培训和心理疏导，帮助教师维持积极的生活态度和充沛的工作精力，以便更好地应对教学和生活中的挑战。借此，通过丰富多样的培训内容，帮助教师在多个层面实现全面成长。

（二）线上线下齐头并进，创新教师培训方式

新冠疫情期间，中瑞教师5H认证培训率先推出了线上微课模块，以应对当时线下培训受限的挑战。尽管疫情结束，但线上培训拥有便捷性、即时性、可及性等优势，不仅解决了短期困难，还为教师培训变革带来了长期的效益。在线微课程为新进教师提供了即时学习学院教学标准与要求的机会，有效减少了其等待学年集中培训的时间，从而显著缩短了适应期。线上平台打破了时间和空间的限制，教师可以灵活地学习最新的教学理念，在线获取资源。与此同时，线下集训继续发挥"精讲多练"的核心优势，通过面对面的实操教学与互动交流，帮助教师在真实教学环境中掌握并运用5H教育理念。融合线上与线下的混合教学策略有效促进教学理论与教学实践的动态整合。

（三）教学研究一体融合，扩大教师培训影响

中瑞实施了多期教师 5H 认证培训项目，已显著提升教师的教学效能，并促进了学院整体教学质量的提高与创新成果的产出。资深行业专家通过教师 5H 认证培训掌握了前沿的教学方法论，并成功将丰富的行业经验整合至课堂教学之中；青年教师通过 5H 认证培训项目增强了将抽象理论具体化和通俗化的能力，提高了教学内容的可接受性和理解度。这种互补型的教学模式有效缩短了理论与实践间的距离。经过连续多期的培训，学院已积累了 3 项校内科研项目，并荣获 2 项北京市本科教学改革创新项目，成功案例被纳入北京市教委本科育人团队建设案例库。教师 5H 认证培训项目的品牌效应逐渐显现，不仅涵盖学院的行政教辅人员和学生群体，推动了全院师生的协同发展，还扩展至国内其他院校的教师及教学管理人员，培训成效显著，影响力正在不断扩大。

（四）多维考核精准发力，引领教师发展方向

中瑞教师 5H 认证培训的考核体系采用多元评价模式，有效整合了理论学习与实践教学，以评促教，全面检验并提升教师的教学能力与专业素养。一是考核设计遵循形成性评价和终结性评价相结合的原则，既通过随堂测试即时反馈教师的学习进度与知识掌握情况，也通过结业测试进行全面评估与总结，确保教师在培训期间的持续成长与能力提升。二是考核过程突出实践导向，通过真实性评价深度评估教师的教学实践能力。采用沉浸式教学观摩模式，使学员深入课堂，近距离观察培训师的教学过程，直接感知教学互动、课堂管理和教学反馈的实际操作。每位学员在完成教学观摩后，需撰写反思性学习日志，通过自我反思与总结，深化对教学内容的理解与内化。三是考核过程强调评估与指导相结合。培训师深入学员课堂进行诊断性评价，提供即时、建设性的反馈，帮助学员识别教学中的问题并迅速改进。

（五）深化文化融合理念，构建和谐校园生态

中瑞教师5H认证培训项目在提升教师专业能力的同时，亦成为学院校园文化建设的关键驱动因素。首先，学院以学年为单位，评聘具有中瑞教师5H认证培训师资格的杰出教师为"5H大使"。这些"大使"一方面在教学中起到示范作用，另一方面还通过经验分享与指导等"传帮带"模式，将5H教育理念深度融入教学实践，帮助新教师快速掌握5H教育理念的核心要义，推动其在实际教学中的广泛应用。其次，学院积极组织跨部门合作与团队建设活动。通过开展丰富多样的文化活动和团队协作项目，学院强化了师生之间的沟通与合作，培养了师生间的信任与理解，逐步将5H教育理念融入学院的教学管理与日常生活中，形成以"尊重、专业、责任"为核心的校园价值观，营造积极向上、健康和谐的校园生态。

四　中瑞酒店管理学院新教师培训的实践反思

（一）多元理实融合队伍，学习需求存在差异

从校内师资看，超过60%的教师具备丰富的酒店业高层管理经验，且部分教师拥有国内外高等教育机构的工作背景及博士学位。从校外师资看，学院亦邀请了国内外的专家学者组成顾问团队，深度参与教学活动。这种理论与实践的融合为学院带来独特的学术优势和行业视角。然而，教师背景的异质性易引发教师学习需求的差异性，业界导师与理论型教师在培训方法及重点上存在明显区分。

（二）外教受制文化差异，国际深度融合受阻

作为一所高度国际化的应用型高校，中瑞酒店管理学院通过学生交换、教师互访和学术会议等方式，与全球16个国家和地区的42所院校建立了紧密合作。因此，学院拥有一支庞大的外籍教师队伍，为教学和学术交流注入

了多元化的视角和文化元素。然而，在深入的教学与学术交流过程中，文化差异不仅对外籍教师深入掌握相关教学理念，如"知行合一"等造成障碍，而且在教学活动和师生互动中所引发的沟通障碍和误解制约了外籍教师有效实施教学理念的能力，如尊师重道和宽松自由的理念差异导致其参与感和成就感显著降低，减少了在培训中达到更高层次国际融合的可能性。

（三）现有学时尤显不足，培训周期尚待延长

中瑞通过四大培训模块，为教师提供了近一年的体系化和系统化辅导，坚实奠定教师全面成长的基础。然而，对于教师的卓越成长而言，一年的培训周期依然略显短暂。从新生型教师向熟手型、专家型教师转变，通常需要更长时间的实践磨炼和经验积累。尽管学院的培训计划已经充分考虑了教师的即时需求，但对于教师职业生命周期和专业发展而言，如何提供更为持久的支持仍将是学院未来发展中亟待解决的关键问题。

五 提升中瑞酒店管理学院教师培训的对策建议

（一）加强个性化培训指导，满足多元学习需求

为应对中瑞师资队伍多元化的学习需求，学院实施了一系列个性化的培训举措，旨在确保理论型与实践型教师均能获得相匹配的培训内容。在师资队伍建设上，学院精心选拔并培养了一支包含业界经验丰富的实践型导师和注重学术与教学理念的理论型导师的教师队伍，以期通过这种双轨制视角为参训教师提供全方位的指导。在学习方式设计上，学院设置丰富的理实结合模式，包括一对一实操教学、一对多理论讲授、集训式授课及一对一听课辅导等，以促进培训成果的有效转化与应用。理论型教师通过专门设计的教学理念与学术研究专题，提升了将理论知识应用于教学的能力；实践型教师则通过案例分析、教学法创新等方式，加强了将行业经验转化为课堂教学的能

力。此外，学院定期举办跨学科研讨会和经验交流会，促进不同背景教师的相互学习与启发。

（二）设计融合支持策略，弥合跨文化的差异

为帮助外籍教师更好地理解中华优秀传统文化，中瑞学院采取了多层次的跨文化支持策略。一是主体支持。学院邀请中外文化背景的专家和双语教师，帮助外籍教师深入理解中国古代管理智慧和师生相处之道。二是学习支持。学院积极搭建平台，实现本地教师与外籍教师共同参与文化讲座与讨论，促进跨文化交流与合作。在培训资料中，学院为涉及文化差异的内容提供了双语注释和背景扩展，帮助外籍教师将这些理念融入教学与师生互动中。通过这些举措，外籍教师的参与感和培训成效显著提升，进一步促进了中外教师的协作与学院国际化教学的深度融合。

（三）建立续航支持机制，实现教师长效发展

一是提供学术资源支持平台。在完成教师5H认证培训后，教师仍然可以通过学院的后续学习平台，参与定期的专题研讨、进阶课程和学术讲座，以理论之思帮助自身在教学实践中不断深化专业能力。二是提供导师制跟踪支持。优秀教师在培训结束后，仍将获得资深导师的长期指导，确保其在教学过程中得到及时的帮助和指导，进一步促进其专业成长。三是提供实践项目活动支持。学院鼓励教师积极参与行业实践和国际交流项目，通过实践和跨文化交流拓宽视野，提升教学创新能力。通过这些长期支持措施，学院在延长教师成长周期的同时，确保其职业发展的持续性和深度。

总而言之，经过7年的发展与沉淀，中瑞以教师5H认证培训体系为抓手，搭建了"五级双通道"师资培育体系（见图1），为教师的成长和发展创造了有利的支持条件。这一体系以实践教师和理论教师为两大核心载体，形成了五级双通道的专业发展路径。理论教师通道包括新晋教师、合格教师、主讲教师、优秀教师和骨干教师五个等级，旨在不断提升其学术素养和教学技能；业界教师通道则分为指导师、实操师、部门经理、驻店经理和总

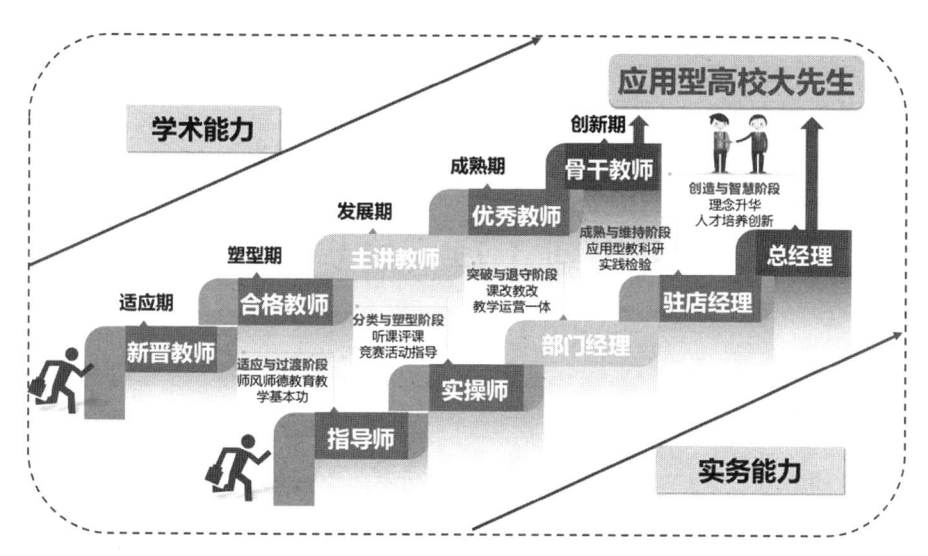

图1 中瑞"五级双通道"师资培育体系

经理五级,以强化其行业实践经验和教学应用能力。同时,依据教师的职业生涯发展阶段,学院将教师成长划分为适应期、塑型期、发展期、成熟期和创新期五个阶段,帮助教师在各阶段实现专业的逐步进阶,旨在全方位、多层次地培育应用型高校亟需的"大先生"。

在"五级双通道"师资培育体系的推动下,中瑞教师5H认证培训不仅保留了传统教学方法的优势,还持续进行创新与优化,形成了学院特色鲜明的教师培训品牌。如今,这一培训模式的影响力已逐步辐射至国内其他院校,为更多教师和教学管理人员提供了宝贵的经验与学习机会。未来,中瑞将继续秉持"从传承到创新"的理念,进一步完善教师5H认证培训体系,推动教学内容和形式的多元化发展,致力于培养更多具备国际视野、实践能力和创新精神的高素质教师,为中国高等教育,尤其是民办教育的持续发展注入新的动力。

计算机类新工科人才培养模式创新与实践

——北京城市学院案例研究

王　辉　郭红霞　李丹丹　程　葳[*]

摘　要： 北京城市学院围绕首都经济社会发展和产业技术创新的实际需求，创新性地提出基于产业型学院的"四三二一"计算机类新工科人才培养模式，即以计算思维、设计思维、数据思维、系统思维四个核心思维为导向，以"循环迭代　螺旋递进"为三阶层课程体系构建理念，以产业环境为"教-学"两大系统搭建原则，以产业型学院为保障平台。经过多年的探索实践，学校计算机类相关专业综合实力明显提升，人才培养效果显著，建设性思路和方法得到广泛传播和借鉴。基于此，未来需进一步创新人才培养理念、创新课程体系建设和教学环境、创新产教融合持续发展长效机制，将学生浸润在全周期、全过程、全场景的产业运作环境以及项目开发流程中，达成思维训练的螺旋递进式提升。

关键词： 产教融合　新工科　计算机类专业　北京城市学院

---

[*] 王辉，北京城市学院，副教授；郭红霞，北京城市学院，副教授；李丹丹，北京城市学院，教授；程葳，北京城市学院，教授。

一 基于产业学院培养计算机类新工科人才的意义

随着世界范围内新一轮科技革命和产业变革加速进行，全球进入以信息产业等新科技为推动和主导的新经济发展时期。从《全球数字经济白皮书（2024年）》等报告可知，数字经济发展速度之快、辐射范围之广、影响程度之深前所未有，对计算机类新工科人才需求呈现快速迭代、行业引领、交叉复合、智能思维等特点。新经济、新科技、新人才三者间互动促进、相互需求，产学融合成为链构三者的必然选择。

为积极响应国家创新驱动发展战略，服务首都科技创新中心建设需要，切实落实教育部新工科建设的各项要求，北京城市学院紧密围绕首都经济社会发展和产业技术创新的实际需求，致力于培养计算机类新工科应用创新人才，携手行业领军企业共建产业型学院，创新性地探索实践了基于产业学院的循环迭代、螺旋递进式计算机类新工科人才培养模式。该模式以学生思维培养和训练为核心和主线，以产业需求的动态变化为驱动力，带动课程体系的持续循环迭代。通过产业型学院高效运转平台，为学生搭建了基于产业环境的教与学的两大系统，将学生浸润在全周期、全过程、全场景的产业运作环境以及项目开发流程中，从而实现思维训练的螺旋递进式提升。

二 学校的实践探索

（一）确定计算机类新工科人才培养四个核心思维

深度调研产业对新工科人才需求，并结合国内外学术界对新工科人才思维的界定，总结提炼了计算机类新工科人才须具备的四个核心思维：计算思维、设计思维、数据思维和系统思维。计算思维是计算机学科国家标准中的核心能力之一，具有学科横向价值，它和系统思维一同被MIT

新工科教育转型计划明确界定为新工科人才必备的思维方式；设计思维是斯坦福大学提出的计算机类专业学生系统设计时应遵循的科学方法和理论基础，已在敏捷开发实践中得到广泛应用；数据思维是大数据时代认知智能行为的新手段和新方法。四大思维课程群也是课程体系搭建的基石。

（二）构建"循环迭代，螺旋递进"的三阶层课程体系

基于课程群构建，以数理类知识为基础层，以语言工具、算法建模、数据处理、工程管理等专业知识为核心层，以框架、工具、平台等前沿技术为应用层的三阶层课程体系，具有循环迭代、螺旋递进的特点（见图1）。

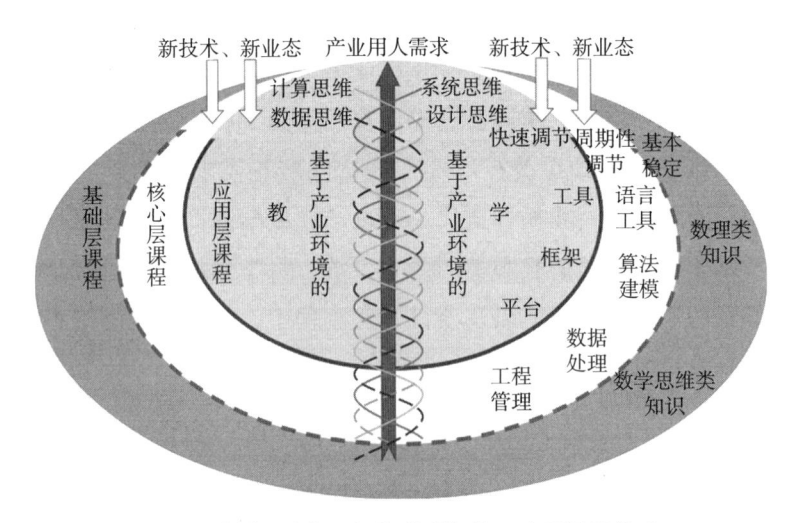

图1 "循环迭代，螺旋递进"的三阶层课程体系

"循环迭代"即三阶层课程模块依据内容迭代周期划分为三种状态：基本稳态、周期性调节和快速调节。基础层的数理类知识处于相对稳定状态；核心层随应用层技术的变化进行内容的周期性调节，应用层课程根据技术发展快速调节。以前沿技术课程带动专业知识内容更新，实现课程知识体系和内容的周期性循环迭代，形成了课程体系整体稳定和局部灵活的动态调整

办法。

"螺旋递进"是指每个课程群的思维培养过程首先通过数理知识学习训练学生基本的抽象、建模等逻辑思维能力，搭建思维训练的根基。然后通过具体问题，应用专业知识训练提升逻辑抽象能力。最后依托产业真实场景解决复杂问题，形成解决复杂工程问题的思路方法，将专业知识内化为IT前沿技术的综合应用，实现思维由低阶到高阶的进阶训练，达到思维从线性到非线性的飞跃。

（三）构建基于产业环境的新型"教-学"系统

1. 打造基于产业环境的立体化师资团队

建设产校融合的专业教学团队，明确产业师资、产校联合师资及校园师资分别负责应用层、核心层及基础层课程的分工教学任务，确保课程内容周期性循环迭代。建设行校项目导师团队，分工实现企业真实项目导入，项目需求分析筛选和标准化以及共同指导的作用，为PBL教学提供项目资源保障。建设职业素养培育团队，设立专职企业班主任岗位，通过引入企业文化和职业氛围，开展一系列职业素养培育活动，以个性化辅导方式助力学生的实习与就业（见图2）。

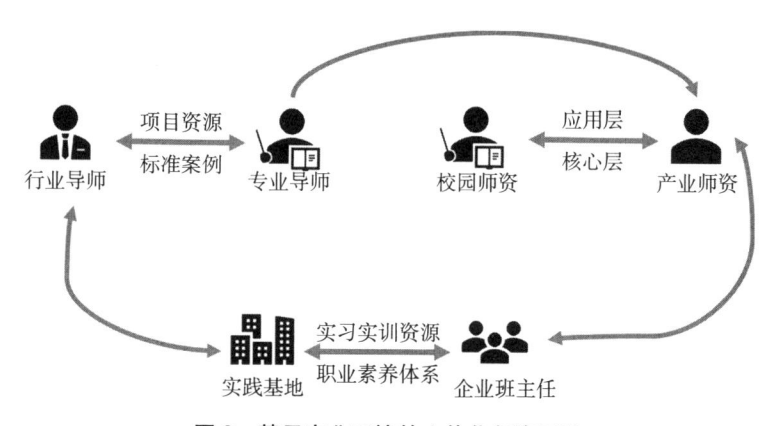

图 2 基于产业环境的立体化师资团队

2. 推行项目制教学方法，将"思维训练"贯穿人才培养全链条

搭建层层进阶的思维培养项目体系，形成以虚拟项目案例为基础的认知型实验项目，以基于企业真实需求的项目案例为主的模拟型实训项目，以公司化运营管理模式承接的实战型项目的三层项目体系。逐步引入"全场景"企业化项目管理流程，为学生提供"全周期"企业化项目运作环境，让学生在真实项目中体验职场，获得高强度、高复杂度的工程应用能力和思维递进式训练（见图3）。

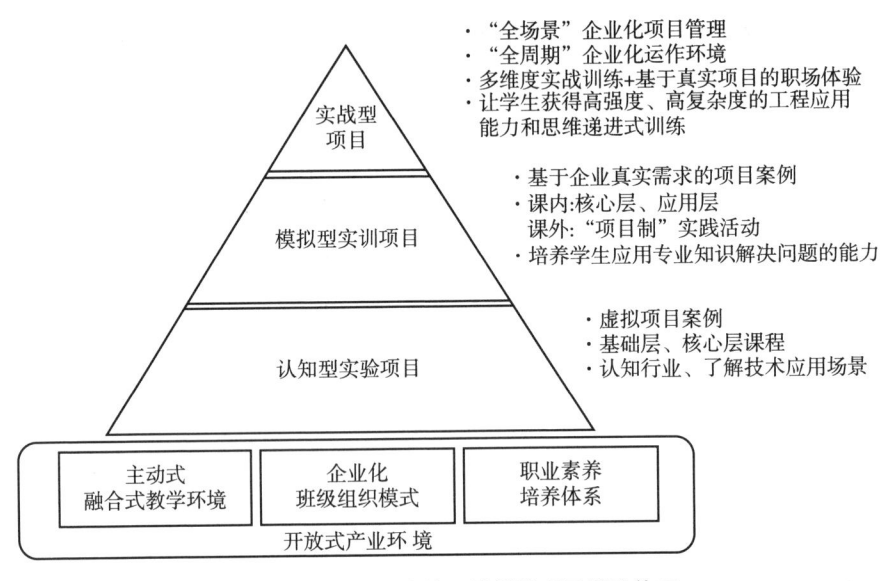

图3 基于产业环境的思维训练项目进阶体系

3. 搭建开放式产业环境，将"思维训练"融入全过程学习中

搭建由主动式学习空间、企业化班级组织模式和职业素质培养体系组成的"开放式产业环境"，将企业端的实际业务流程、岗位职责、工作场景与教学活动深度融合，并融入企业内训内容，从而确保学生能够获得既全面又实用的专业能力，并同步提升其思维素养。

一是主动式学习空间。遵循4C（Community Share, Collaborative Work, Creative Idea, Crowd Infrastructure）理念建设1200平方米的支持学习、共

享、实践、创新等教学活动的主动式学习空间，包括7个支持混合式教学的一体化智慧教室，2个导师教研与学生创客相结合的学习中心。

二是企业化班级组织模式。引入头部IT企业文化和管理模式，创建特色企业化班级组织模式。配置来自企业的班主任，引导学生构建创新、务实、积极向上的班级文化和学习氛围，组织学生形成若干个项目小组和创新团队，参与到各类企业实践和项目创新中。通过周期性的班级活动，帮助学生开展以成长为核心的"绩效"制定与评估，帮助学生树立目标，审视成长。

三是职业素质培养体系。按照学生的认知和成长规律，建立职业素质培养体系。大一阶段，以"行业启蒙"为核心目标，借助专业启蒙讲座、企业访谈、参观等活动提升学生对行业、企业和自我的认知；大二阶段，以"技术入门"为重心，通过专题讲座、数据科学训练营、项目制等系列职业素养活动，激发学生对技术的热爱，培养科学精神，提升实践创新能力和勇于探索的品质。大三阶段，聚焦"技术突破"，通过学科竞赛、企业实践、生涯规划等主题活动，全力助推学生实现个人能力的飞跃；大四阶段，以"跨越"为目标，通过全职实习、真题真做的毕业设计等助力学生稳健地实现从学生到职业人的跨越。

（四）建设创新模式的支撑保障平台——产业型学院

为深入推进产教融合协同育人，学校与阿里、慧科共建了"阿里云大数据学院"，有效保障创新人才培养模式的落地实施。

1. 搭建"一会两委四中心"的产业学院校企融合型组织结构

"一会"即理事会，由合作方高层领导组成，是学院的决策机构。"两委"，即专业建设委员会和课程建设委员会，是学院的专家指导和咨询机构，由校、行、企专家组成，科学指导和监督学院专业建设和课程建设事宜。"四中心"是学院教育教学执行部门，由校企共同组建和运营。教师教研中心负责师资团队建设与管理，重点开展专题课程建设与研究工作；项目与资源开发中心对接产业需求导入企业项目和实习资源，重点开展基于企业需求的项目案例研发工作；教学服务中心和学生支持中心分别承担教学运行管理、教学质量监督、学生职业素养教育等工作（见图4）。

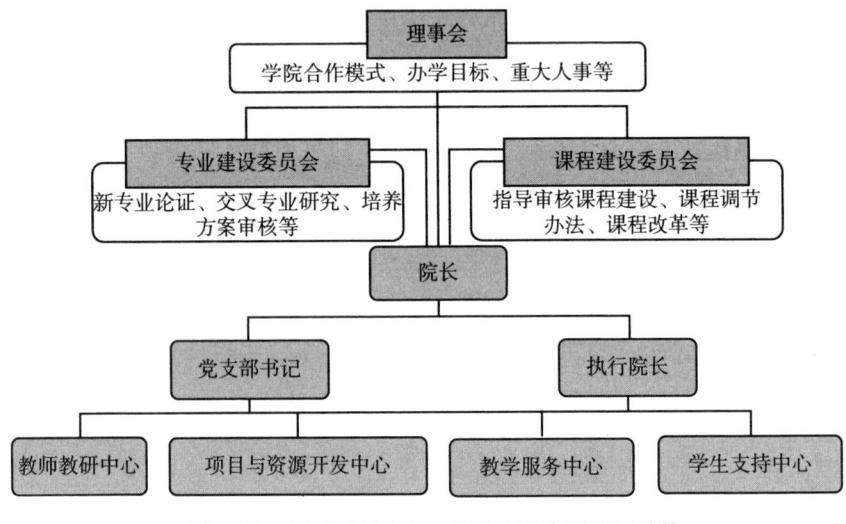

图4 "一会两委四中心"的校企融合型组织结构

2.建立健全多维度管理制度

学院就"一会两委四中心"制定了多维度管理制度，保证决策、专家咨询以及具体实施层面各项工作的有效落实。制定理事会章程等校企融合管理机制，约束校企双方，保障合作企业对办学资源的投入；制定两委会章程，为专家治校治教提供保障；建立"立体化师资团队培养""工作室管理""教学管理与服务""企业班主任职责"等30余项制度，规范中心运营。

三 取得的主要成效

（一）人才培养质量不断提升，生源质量、就业竞争力全面增强

生源质量稳步提升，校企合作专业凭借其独特优势，已成为广大考生的首选。学生在校期间，参与学科竞赛、高水平项目及实际工程项目的积极性显著提高，参与比例大幅攀升。近三年学生获发明专利及软件著作权6项，

200余人次获各级各类学科竞赛奖项40余项，完成北京市实培项目4项，大创项目40余项。毕业生的综合素质明显提升，其能力与产业需求高度契合，就业率和就业质量始终保持较高水平，对口率超过80%，约30%的学生进入业内知名企业就业，为首都移动云计算软件行业与数字化经济转型做出积极贡献。

（二）专业建设取得新突破，师资队伍建设成效显著

经过改革与创新，软件工程服务区域经济发展的专业定位和特色更加清晰，综合实力明显提高，2019年获批了"北京市一流本科建设专业"。教师积极投入产学合作教改创新，成果显著。获教育部、北京市教改项目17项及北京市优质本科课程2门，多名教师荣获市级教学名师、优秀教师、师德榜样等称号。双师型教师队伍的建设取得了丰硕成果，其科研与社会服务能力显著提升。教师积极参与行业技术培训，承接工程实践项目，双师比例达100%。近三年与企业合作主持了近30项科研与社会服务项目，研究成果100%融入教育教学。

（三）首创的校企共研课程建设思路被广泛推广应用

学院各专业勇于先行先试，提出的"平台+模块+课程"设计思想在全校培养方案修订过程中被广泛推广，40余个专业在此基础上进行了课程体系再研究再建设。大数据专业的课程建设思路及部分课程内容被北京市经信局采纳，学校获批"北京市大数据人才培训基地"。学院首创的基于项目的数据科学训练营的教学模式、课程内容在国内高校广泛推广，北京师范大学、北京航空航天大学、上海交通大学等85所院校参照学校模式开设了跨学科人才培养训练营100余场，培训近千人次。

（四）基于产业学院的新工科人才培养模式受到社会各界广泛关注

学院多次受邀参加云栖大会、教育部产学合作大会、GET教育科技大会、阿里开发者大会等，并做主题发言，分享产业型学院建设模式、应用型

人才培养探索与实践等。2018年党支部入选教育部首批样板党支部，2019年被评为全国教育系统先进集体，先进的人才培养模式受到国内外关注，共接待阿富汗大使、塔吉克斯坦大使、北京市政协委员、市委领导及京内外高校同行等参观学习交流近百人次，被北京电视台、"学习强国"等多家主流媒体报道。国内多所应用型大学的大数据学院（专业）借鉴了学校的运营模式。

四 基于产业学院的人才培养模式改革面临的困难

基于产业学院的人才培养模式是近年来教育改革的重要方向，旨在通过产教融合，实现教育与产业需求的无缝对接。然而，在实际操作过程中，这一模式面临着诸多困难。

首先，产教深度融合是核心，但实际操作中存在诸多障碍。产业界与教育界在目标导向、文化背景、运行机制等多个维度上存在较大差异。企业追求经济效益，而教育机构注重人才培养质量，这种目标上的差异使得双方合作的逻辑起点存在分歧。此外，产教融合需要双方深度参与人才培养全过程，在课程设置、实习实训、技术研发等方面进行深度合作，但现实中往往缺乏有效的沟通机制和合作平台，对于产业需求、人才标准的导入不够，导致合作流于形式，难以确保有效性。

其次，高水平的双师队伍是产业学院人才培养模式的重要保障。产业学院的教师不仅要具备扎实的理论知识，还需要丰富的实践经验。然而，当前高校教师实践经验相对匮乏。同时，企业中优秀的技术人员常因缺乏教学经验，难以直接承担教学任务。因此，培养兼具教学能力与产业知识的双师型教师成为亟待解决的问题。此外，通过产业学院校企共建双师团队，也会面临团队稳定和沟通协调的问题。企业工程师的频繁变动与学校教学要求的稳定性存在矛盾，确保教师队伍稳定及教学改革的持续推进，是产业学院建设中的一大挑战。

最后，可持续发展是产业学院人才培养模式面临的重要问题。产业学院的建设和发展需要大量的资金投入，包括实训设备的购置、实习基地的建设、师资培养等。然而，目前产业学院的经费来源相对单一，缺乏稳定的资金保障。此外，产业学院的发展需要紧跟产业发展的步伐，不断更新课程内容，升级技术手段，这对产业学院的持续投入提出了更高的要求。同时教育需要的稳定和可持续发展与企业发展需要的快速更新和迭代之间天然地存在矛盾。

五 基于产业学院的人才培养模式改革建议

（一）创新人才培养理念

产业变革加速，原有的以知识习得与认知能力训练为重心的工程教育受到挑战，未来产业界将更加注重工程人才的学习能力和思维等方面的表现，即通过能力迭代建立思考框架和方法，从而形成较为稳定的思维模式。高校只有创新性地从思维角度审视培养目标，才能更好地与产业对齐人才标准，进而全面提升面向产业需求的人才培养质量，保证育人实效。

（二）创新课程体系建设和教学环境

课程体系和教学环境既是保证教学内容的相对稳定和可持续更新迭代的机制，也是培养双师型教师、确保教学质量的重要基础。对此，要以产业需求为引领，通过产业需求驱动课程体系内容持续更新迭代、灵活调整。同时围绕产业需求，构建以产业环境为主线教与学相辅相成系统。将教学环境、教学资源、教学场景与产业环境、项目资源、真实场景相融合，通过以项目为载体的PBL教学模式、真实项目资源库、主动式学习空间、企业化团队组织模式等为教与学两大系统营造产业环境氛围。

（三）创新产教融合持续发展长效机制

为保证产教深度融合的可持续发展，必须选好合作伙伴，将实体性产业学院作为人才培养模式落实的支撑平台，通过建立校企融合型组织决策与管理模式，从体制机制上保证校企资源的持续稳定投入。同时，建立持续支持校企师资共研共教共享的绩效激励制度，有效保障前沿技术快速导入教学并形成标准化课程建设办法输出给企业，实现利益共享；建立企业教师教学服务管理机制和学校教师行业认证与工程实践能力提升的激励机制，全面提升双师型教师比例和水平；建立项目制课程教学研发与企业项目工作室，充分调动师生主动性、参与性，以实际工程项目共研共创共享保障项目资源库的持续更新迭代。

沉浸式经典阅读在老年大学中的应用与实践

——以"品读红楼,再现经典"社区读书活动为例

武 玉[*]

摘 要: 北京东方老年研修学院联合中国人民大学老年学博士,开展"品读红楼,再现经典"活动。通过解"读"红楼原著、"赏"析红楼经典片段、"演"绎红楼梦中人物、畅"谈"心得感悟,有效增强了老年学员的学习兴趣、促进了老年学员的社交互动、丰富了老年学员的精神世界。但由于老年人自身生理结构的退行性改变,目前沉浸式经典阅读在推广中还存在课程设计缺乏适老化探索,未充分考虑老年人的需求和兴趣;专业师资队伍相对匮乏,教学方法和评估标准亟待优化;活动组织形式比较单一,未形成经典阅读品牌效应的问题。对此,应完善阅读课程设计,提供适老化技术帮扶;加大专业教师培养力度,优化教学环境和评估标准;不断丰富阅读教学形式,努力培育经典阅读品牌,从而提升老年教育教学质量。

关键词: 老年教育 老年大学 沉浸式经典阅读

我国人口老龄化发展速度较快,保障老年人基本阅读权益,满足老年人不断丰富的阅读需求,既是全民阅读的应有之义,也是贯彻落实积极应对人

---

[*] 武玉,北京东方老年研修学院特聘教师、首都经济贸易大学《人口与经济》期刊编辑。

口老龄化国家战略、推进中国式现代化进程的必要举措。2024年，民政部等十四部门联合发布了《关于推进老年阅读工作的指导意见》，指出要通过阅读引导老年人安享幸福晚年，树立积极、健康老龄观、构建老年友好型社会。老年大学作为老年人继续教育的重要载体，承担着满足老年人精神文化需求、提升老年人生活品质的责任，通过引入经典阅读类课程，可以为老年人提供更高质量的文学交流与学习平台。

沉浸式经典阅读是一种结合多媒体元素和交互性技术来理解阅读内容的新型阅读模式，它将经典名家名作通过多种感官体验进行整合，以促进读者的情感共鸣，提升阅读效果，力图为读者带来身临其境的全新阅读感受。将沉浸式经典阅读纳入老年大学的教育体系有着重要的现实意义和时代价值。

一 沉浸式经典阅读应用于老年大学的价值意义

（一）有助于提升老年学员的认知能力和阅读体验

沉浸式经典阅读是一种通过深入体验文学作品来提高阅读理解和感悟能力的阅读方式。它鼓励老年人全身心地投入文学作品的世界中，通过情感共鸣和思维互动，达到对作品深层次的理解。这种阅读方式能够激发老年学员的学习兴趣，增强他们的阅读体验，多感官调动，提升老年人的文学素养和审美能力，从而促进老年人认知能力和情感交流能力的双向提升。

（二）有助于营造老年大学的书香校园文化

新颖的阅读课程设计是书香校园文化建设的关键。沉浸式经典阅读作为一种创新的阅读教育形式，旨在鼓励教师利用全媒体交互技术，通过对作品人物性格的分析、精彩剧本的演绎、思维导图的设计等方式，将文学典籍"掰开揉碎"，细细品读古典名著的馨香韵味，领略中华文化的独有魅力，真正做到让老年人从玩中学，从学中思。这不仅是提升老年教育质量、建设书香校园文化的重要举措，也是推动社会文明进步的重要途径。

(三)有助于推动新时代老年文化教育事业发展

通过沉浸式经典阅读课程,对经典作品深入解读学习,老年学员能够更好地理解历史脉络,认识到个人生活与社会发展的联系。这种思考不仅有助于个人智慧的增长,也有助于社会经验的传承;不仅能够拓展老年学员的视野,还能够增强其对多元文化的认知和尊重。

二 沉浸式经典阅读在老年大学中的实践探索

北京东方老年研修学院特邀中国人民大学老年学博士,为朝阳区观湖国际社区的居民组织了一场"品读红楼,再现经典"的沉浸式读书活动。此次活动以"身临其境、品读红楼、感悟历史、结交契友"为宗旨,从"读、赏、演、谈"四个维度展开,引导居民全方位品读经典、赏析经典、体验经典、交流经典,感悟中华文化的博大精深和迷人魅力,不断增强文化自信和民族自豪感。本文以此次活动为例,全面梳理沉浸式经典阅读在老年大学中的应用与实践。

(一)解"读"红楼原著

授课教师通过对《红楼梦》历史地位、创作背景、主要人物特点的导读,引导学员们加深对中国历史和传统文化的理解,提升学习和阅读经典的兴趣。一是向社区老年学员介绍了"世界读书日"的由来,知晓节日设立的意义。二是重申《红楼梦》的重要历史价值。它是中国古典四大名著之首,是一部从各个角度展现中国古代社会百态的史诗级著作,被称为中国封建社会的百科全书、传统文化的集大成者。通过解读原著,了解小说的架构、主题和精髓,让老年学员们理解了中国封建社会的组织结构和特色文化,在字里行间感受这部巨作的深厚底蕴和独特魅力。

（二）"赏"析红楼经典片段

在解读原著的历史背景和人物形象后，学员们对《红楼梦》有了初步了解，进而通过视频赏析经典片段，进一步深入体会作品中的文化与美学价值。此次读书活动，授课教师特意节选剧中经典的芦雪庵联诗和《红楼梦》第五十四回喜上眉梢令片段，这两个片段既体现了红楼家族高格调的文化消遣，同时元宵佳节中笑话的引入又十分接地气，契合了老年人内心深处活泼、外在却羞于表达的特点。通过对电视剧片段的回放和赏析，将学员们瞬间拉入《红楼梦》当时的创作环境中，引发学员热议。

（三）"演"绎红楼梦中人物

通过多媒体教学手段，授课教师向老年学员们展示了《红楼梦》中人物的经典剧照及主题曲《枉凝眉》，同时普及了该剧演员与服饰设计的相关知识。随后，学院教师根据剧中人物的性格特点，为学员们提供个性化造型搭配建议，老年学员们身着1987年版《红楼梦》中人物的服饰，重现了剧中飞花令的精彩场景。这种教学方式有效地将教育与娱乐相结合，实现了教学内容趣味性与知识性的统一。

（四）畅"谈"心得感悟

在活动过程中，老年学员通过与角色的互动，主动参与经典片段的讨论与表演，不仅提升了学习兴趣，还激发了对《红楼梦》深刻文化内涵的共鸣。调查结果显示，此次沉浸式经典阅读活动的学员参与率达到了100%，老年学员满意度达到95%以上，表演环节尤为受到欢迎。活动结束后，学院教师与部分老年居民进行了学习交流和反馈，大家一致表示此次读书活动形式丰富，既获得了知识又开阔了眼界，同时通过切身参与活动，更加深刻地感悟到传承和发扬中华优秀传统文化的必要性。

三 沉浸式经典阅读应用于老年大学的主要成效

总体上看,沉浸式经典阅读对于老年大学的效用是多方面的,不仅显著提升了参与度,还能通过经典文学作品的美学和思想,引导学员学会阅读、享受阅读、爱上阅读。

(一)增强老年学员的学习兴趣,提升学习效果

沉浸式阅读通过模拟真实的学习环境,让老年人能够在学习过程中更加专注和投入,这种高度参与的学习方式有助于提升他们的学习效果。同时,打破传统课堂的局限,通过生动有趣的互动体验激发老年人的学习兴趣。比如在本次学院举办的品读红楼的角色扮演中,老人们通过亲身体验剧中人物的服装造型、吟诗作对,更直观地掌握文学作品的相关知识,并加深对知识的理解和记忆。

(二)促进老年学员的社交互动,有益心理健康

沉浸式经典阅读不仅关注个体学习,还强调社交互动的重要性。通过共同参与沉浸式学习活动,老年人能够建立起紧密的学习共同体,在活动中相互鼓励支持,相互分享与合作,形成积极向上的学习氛围。同时还能够帮助老年人在活动中找到志同道合的朋友,扩大自己的社交圈,丰富日常生活,这有益于老年人身心健康,保持阳光心态和愉悦心情。

(三)丰富老年学员的精神世界,提高生活品质

通过阅读各种书籍,尤其是高质量的经典文学作品,可以提高老年学员的个人修养,传承中华优秀传统文化,培养人文精神等。观看文学相关影视作品、参与文学经典互动体验等活动,能促进老年人拓宽视野、增长见识、陶冶情操。这种丰富的精神文化生活有助于提升老年学员的生活品质和幸福感,让他们的生活更加充实。

四 沉浸式经典阅读在老年大学推广中的困境

尽管这一全新的阅读教育方式在老年大学的实践中取得了一定成效,但由于老年人自身生理结构的退行性改变,其对阅读的需求和热情远不及少年儿童和中青年。因此,沉浸式经典阅读在老年大学的推广中面临老年人学习精力有限、反应速度偏慢、记忆力衰退等诸多困难。

(一)课程设计缺乏适老化探索,未充分考虑老年人的需求和兴趣

一方面,对于阅读教材的选择仍然是传统的名家名著,未能充分考虑老年人的兴趣和需求。如果选择过于复杂或不符合他们生活经历的阅读材料,会导致老年人在学习过程中感到困难重重,难以跟上教学进度,甚至产生抵触情绪;阅读内容如果太过简单或重复性过高,会让老年人感到枯燥乏味,缺乏学习动力。另一方面,阅读课程的设计缺少适老化探索,难以保证教学质量。部分老年大学一味利用多媒体技术,追求沉浸式阅读的体验效果,虽然这可以为老年人提供更加生动、直观的阅读体验,但如果使用不当或过度依赖,可能会分散老年人的注意力,影响阅读效果。例如过多的动画和视频可能会让老年人感到眼花缭乱,无法专注于内容本身。

(二)专业师资队伍相对匮乏,教学方法和评估标准亟待优化

实施沉浸式经典阅读并非易事,它需要教师具备深厚的文学素养并且掌握最新的技术手段。一方面,老年大学的专业教师大多是教育系统、社会团体、各类协会等兼职教育人员或退休人员,这些教师缺乏专门针对老年人的教学经验和专业知识,也可能缺乏与老年人沟通的技巧和方法,难以与老年人建立良好的师生关系。另一方面,针对沉浸式经典阅读的教学方法可能过于单一或传统。例如,过度依赖讲授而忽视互动和实践环节,会让老年人感到被动和无聊;授课字体过小、颜色对比度低、语速过快等都可能影响老年人的学习效果。此外,学校未能定期对老年人的沉浸式经典阅读情况进行评

估反馈，这会导致老年人无法了解到自己的学习进度和困难点，从而也无法得到及时的帮助和指导。

（三）活动组织形式比较单一，未形成经典阅读品牌效应

一方面，沉浸式经典阅读在老年大学中的应用模式局限于举办读书活动和文学公益讲座等，活动形式比较单一；互动环节缺乏专门针对老年人的设计，一些创新的互动形式如"一老一小"亲子牵手阅读、银龄领读服务、图书情景剧等项目还没完全普及开，这会导致老年人在阅读过程中常常感到孤独和无聊，难以激发其学习动力和参与热情。另一方面，随着老年人健康预期寿命的延长和文化教育素养的提升，老年人对于高质量文化供给的需求也在不断提高，未来老年人可能更青睐于经典阅读课程所衍生的系列服务，如阅读+康养、阅读+游学、阅读+美食、阅读+艺术创作等，然而目前这些活动模式尚处在开发的初期阶段，还没有形成品牌效应，在老年学员中的知晓度还不高。

五 沉浸式经典阅读应用于老年大学的创新路径

老年大学中沉浸式经典阅读的应用能够极大地丰富老年学员的精神生活，提高他们的文化素养。为此，需探索创新路径，将沉浸式经典阅读与老年大学的教学特点相结合，为老年人提供更加优质的阅读体验。

（一）完善阅读课程设计，提供适老化技术帮扶

沉浸式阅读课程的目标应与老年人的实际需求和兴趣相结合，确保课程内容的实用性和针对性。一方面，要精心设计符合老年人需求和兴趣的阅读材料。选择更加贴近老年人生活的经典文学作品、历史传记、科普读物等，也可考虑引入现代文学作品和网络文学，这些作品应具有深厚的文化底蕴和广泛的社会影响力，能够满足老年人多元化的阅读需求。同时，老年大学在沉浸式经典阅读的课程规划中还需根据不同老人的学习特点和兴趣制定个性

化的教学方案，避免教学效果不佳。另一方面，要为老年人提供适老化的技术培训，帮助其更好地适应多媒体阅读工具。确保多媒体阅读工具的界面使用大字体和高对比度，方便老年人阅读；可制作简短、清晰的视频教程，或提供详细、分步的指导手册来帮助老年人逐步学习和掌握操作。

（二）加大专业教师培养力度，优化教学环境和评估标准

一是应加强沉浸式阅读课程的专业教师队伍建设，定期为教师进行专业素养和沟通能力的培训。培训内容可以包括经典文学作品解读、阅读教学方法、老年心理学知识等；此外，应定期组织教师开展教学研讨活动，分享阅读教学经验和心得体会，共同探讨沉浸式阅读教学的有效方法和策略。二是老年大学应结合多种技术手段，为学员创造更加生动、立体的阅读教学环境和氛围。可以通过海报、宣传手册、社交媒体等多种渠道宣传沉浸式经典阅读活动，吸引更多老年人参与其中；也可以邀请知名作家或学者来校举办讲座或签名售书等，提高活动的知名度和影响力。三是，老年大学要定期对沉浸式阅读课程的效果以及老年人的阅读情况进行标准评估，了解课程实施中的困难点以及老年学员的学习进度，及时给予反馈和指导，并同步进行自我反馈和改进。

（三）不断丰富阅读教学形式，努力培育经典阅读品牌

一方面，丰富沉浸式经典阅读的教学形式，打破空间和时间限制，尽力扩展阅读的边界，将老年人与阅读场景有效融合，提升其感官和认知体验。如北京东方老年研修学院联合众信旅游集团股份有限公司联合开发的"游学正定、品读红楼"游学营项目，旨在满足老年朋友多元化的文化旅游和终身学习需求。目前该项目已举办3期，每期大约有30名学员参加，已成为学院"阅读+游学"的经典品牌。另一方面，在强调活动形式丰富多彩的同时，也应结合具体情况有针对性地作出灵活调整，以确保教学质量和效果。如在《红楼梦》的讲解中，关于芦雪庵联诗的经典片段，学院教师采用了视频播放回顾的形式，先让老年人对人物的文学素养有初步的印象，再

进行飞花令的猜诗互动环节，如果互动环节直接采用联诗场景，很可能导致老年人答不上来或者自信心受挫，大大打击了老年人的参与热情。

六　结论与展望

沉浸式经典阅读对老年人的益处是多方面的。北京东方老年研修学院在阅读课程上还开发出"西柏坡短剧讲述党史故事游""穿越学生时代再读《赵州桥》"等多个高品质的沉浸式康养研学课程，开发了"阅读+艺术疗愈"课程项目，先后4期举办了经典绘本+艺术创作的读书活动。未来，老年大学可以从完善阅读课程设计、提供适老化技术帮扶、加强专业教师培养、优化阅读教学环境、建立阅读评估标准、丰富阅读教学形式、培育经典阅读品牌等多个途径提升老年教育教学质量，通过更加直观、互动性更强的学习体验，帮助老年人实现终身学习、健康生活和积极参与社会活动的目标。

职场实践检促教学、产教融合"双桨划船"

——以北京现代音乐研修学院办学为例

汤晓丹　管小娜[*]

摘　要：北京现代音乐研修学院秉承"与社会接轨、与市场接轨、与国际接轨、与时代接轨"的办学理念，以"产学研创、综合运营"的立体思维为指导，扎实培养"应用型、复合型、原创性"人才。在办学中形成实践性与融合性的特色课程体系；建立个性化与多元化的"差异培养"教学机制；打造和培育协同型与双师型的教师创新团队；坚持融合性与创新性的"产学研创"运营思路，以此提升学生专业实力、增加教学研究产出和扩大学校品牌效应。同时，主动思考传统合作模式单一、运行机制、法规不健全、政府政策支持力度不足等问题，进一步提出坚持面向社会合作办学，探寻合作新模式；提升学术交流水平，加强校企之间人才流动；加大经费投入力度，夯实跨越发展基础；健全校企合作运行机制，助力打造文化产业人才梦工厂。

关键词：产学研创　产教融合　艺术教育

---

[*] 汤晓丹、管小娜，北京现代音乐研修学院。

一 背景与意义

为了实现人才培养与市场需求的精准对接，结合理论与实践，促进文化传承与创新，加速科技成果转化，提升社会服务水平，北京现代音乐研修学院（以下简称"北音"）秉承"与社会接轨、与市场接轨、与国际接轨、与时代接轨"的办学理念，扎实培养"应用型、复合型、原创性"人才，建立了以职业技能教育为主要办学定位的现代艺术教育体系，成为一所具有鲜明特色的民办非学历高等教育机构。在30余年办学过程中，北音积极洞察行业、产业发展，以"产学研创、综合运营"的立体思维为指导，参与支持大量国家大型艺术文化活动，成为首都北京的重要文化资源。并逐步探索出适应社会文化发展与产业需要的特色办学思路，通过多渠道、全方位地融合，将"以创带教，以产促学"贯彻到学院教学体系搭建、人才培养与输出、产业参与以及社会服务等方面，取得显著成效。

二 实践探索

（一）形成实践性与融合性的特色课程体系

学院注重课内课程、课外实践互动融合，注重学生协同实践能力的培养，构建实施"一条主线、两个课堂、（3+1）教学体系"的职业实践类课程方案。"一条主线"即以职业实践能力培养为教学主线，实践类课程在所有不同专业培养方案中占比60%。构建"专业拓展课程群"，理学类基础课程做到"精讲实练"；"两个课堂"即第一、第二课堂，指课上的职业、专业技能及职场的实践能力，与课下的自我练习、小组实践结合推进，充分发挥实践教学在学生原创性、复合型、应用型能力培养方面的作用；"（3+1）教学体系"中"3"为基本实践能力构建、专业实践应用能力构建、综合（复合）实践能力构建。"1"指一种"三型人才"概念的教学体系。

（二）建立个性化与多元化的"差异培养"教学机制

面对不同层次的学生群体，学院制定办学上"错位发展"、教学上"差异培养"的教学机制。具体如下。

在教学设计上，所有专业先从"学"上思考，即职场上需要学什么？学到什么程度？不同的学生群体需要怎么学？不同程度的学生该怎么学等。再按照不同学生的学习基础、能力、目标，安排"同课三标"教学，即教师面对同班、同课，零基础、有基础、程度较好三种不同学生的情况，以"理同说、技分授"的方式完成课堂技能传授。

在教学实施上，要求教师按照职业应用、熟练程度、应变能力、协作配置等，侧重强化，确立学习群体实践训练"以知晓为辅、掌握为主、应用为核"的学习目标。同时，依据夯实学生职业能力的需要，按照"四个接轨"的办学目标，开发出其他同类院校多门不开、迟开的课程，构建专业拓展课程群、跨年级跨专业方向选课制、专业前沿课程等。

在校本课程发展上，构建实施校本"一门好课"。校本"双一流"（一门好课+一个品牌专业）的课程教学，满足了不同学习群体的不同学习需求。学院设置高额奖金，奖励了"创新课程群"建设的专业，也为校本"双一流"建设的推进奠定了课程教学的发展基础。并且，学院秉持"人无我有、人有我别、国际领先"的原则，设有"北音好教材"奖项，鼓励教师研发建设校本课程。

（三）打造和培育协同型与双师型的教师创新团队

一方面，北音探索组建校企、校地、校校联合的协同育人中心，打造校内外结合的高水平教学创新团队。北音以二级学院为单位，加强教研室、课程小组、课程模块教学团队等基层教学组织建设，制定相关管理制度，开展集体备课、专业练兵、教学研究等活动。选聘高水平教授担任顾问，指导专业建设和课程建设，激发基层教学组织活力。另一方面，按照国家职业教育教师团队"双师型"构建的要求，学校专业基础课程、学养型课程、科研以内聘教师团队为主，占比70%；高薪聘请国内职业、行业的高端、顶级人才，讲授业界、职场中实用、应用、好用的"干货"课程；高薪聘请国外教授，讲授当下国际最先进的理念及技能方法。在学院的教师团队中，有多位是活跃在行业一线、具有丰富实践经验的专业人才。

（四）坚持融合性与创新性的"产学研创"运营思路

第一，以实践导向为旨归。北音各二级学院的专业设置，都秉承助力产业发展、培养产业人才的办学思路，由演艺中心或综合实验中心牵头，学院组织各类型演出活动，吸纳各院系学生参与其中，以一线实践带动理论学习。例如，北音每年都会在五月举行"夏季歌会"，在年底举办"艺术节"，从活动的策划、编创、执行到演出等各环节由教师带领学生全程参与，践行学以致用。

第二，以演出合作为平台。学院积极组建演出团队，孵化演出团队品牌，为学生搭建学习实践平台。例如，音乐教育学院在校生组成"现代之声合唱团"，先后参加了百花迎春-中国文学艺术节春节大联欢、建军90周年交响音乐会、庆祝中国共产党成立90周年红歌专场音乐会等合唱活动。北音爵士乐学院组织创建"CMA爵士大乐队"，多次受邀参加北京九门爵士音乐节、JZ上海国际爵士音乐节、深圳国际打击乐文化节、粤港澳大湾区音乐节等。

第三，以广博多闻为方法。学院积极举办各类精品课程和大师课程，邀请来自世界各地的杰出学者和行业专家进行学术交流，旨在构建一个多元、开放的学术平台，以此激发创新思维，培养具有国际视野的学术人才，并推动学科交叉与知识创新。先后邀请到多位爵士乐演奏家及音乐制作人做客学院讲授系列大师课。

第四，以原创剧目孵化为链条。近年来，北音致力于原创剧目孵化，将人才培养与项目实践、导师指导与创作提升、生活采风与作品表现力相结合，坚持艺术性、市场性、独特性、可操作性，以原创剧目的创作、制作、演出带动学院相关专业的完善与发展，充分体现"以创带教、以产促学"。

例如，2018年，首部由北音创作、制作的原创音乐剧《天地运河情》在京首演。这是首部描绘大运河的舞台艺术作品，入选2018学年国家艺术基金、2018学年北京文化艺术基金资助项目。2022年，北音推出北京市文联艺术走基层重要实践剧目——奇幻音乐剧《鹤之爱》，荣获"2023北京·天桥音乐剧学年盛典——学年学院音乐剧奖"，并入选2023学年"桃李杯"音乐剧全国展演活动。2024年，打造大型交响合唱音乐会《盛世运河》，创排原创音乐剧《再别康桥》，入选北京文化艺术基金资助项目。

第五，以社会服务为进路。建校30余年来，学院积极参与各项大型活动，如2008年北京奥运会、残奥会，国庆60周年天安门广场庆典、国庆70周年游行方阵及群众联欢，积极参与"冬奥会歌曲征集活动""歌唱北京原创歌曲征集活动"，并涌现出许多优秀作品。2021年起，与国家大剧院台湖舞美艺术中心联合发起"台湖爵士音乐节"，现已成为具有社会影响力、行业生命力的品牌活动，为北京打造成为演艺之都贡献力量。此外，"地校合作"也是学院服务社会、推动学院"产教融合"发展的重要举措。如2024年，受北京市通州区委宣传部委托，参与"大运河开漕节"演出；与学院属地——通州区梨园镇政府共同推进打造"音乐演艺一条街"。

第六，以中心建设为依托。为了能更好地发挥人才优势，集聚行业力量，推动产业发展，北音规划建设"产教融合综合实验中心"。"产教融合综合实验中心"以"北音大剧院"为核心，承担学院艺术实践和社会服务两大重要功能。大剧院总面积为5.6万平方米，由容纳1600个座位的实验剧场、黑匣子剧场、音乐现场（LiveHouse）等组成，是学院综合演出功能区。实验中心还将建成1500平方米大中小型系列录音棚，形成北京城市副中心数字音乐后期混录及大型乐队录音中心，实验中心建成后将成为城市副中心西部文化新地标。届时，实验中心的"北音剧场""北音音乐厅""北音数字音乐中心"将成为国际领先、国内一流的教学实习实训基地，持续服务地方经济社会和首都文化产业发展需求。

三 获得的成效

(一)学生专业实力过硬

"现代之声合唱团"曾获"第十四届中国国际合唱节"银奖、"歌唱北京"合唱周金奖、南充嘉陵江合唱艺术节"万卷楼杯"大奖,已成为国内知名的学生合唱团。北音录音专业自创办以来,培养了众多录音行业专业人才,北京90%的录音棚都有北音学子的身影,为北京音乐产业发展提供了强大的人才支撑。再如,北音音乐剧系,就业率高达96%,为全国音乐剧行业提供了大量的表演专业人才。学院为全国文化产业、首都演艺事业培养了众多优秀人才,有"中国娱乐产业人才梦工厂"的美誉。

(二)教学研究产出颇丰

自2009年起,学院部分重点学科带头人承担起院级立项教材的编著任务,陆续公开出版了一系列体现学院办学特色的教材及专著,涉及词曲创作、史通、音基、考级、音乐剧等多个研究方向。如《流行歌曲创作教程》《流行音乐基本乐理》《DJ技术与电音制作》《基础和声音响建构与应用教程》《Cubase Pro9实用技术指南》《流行音乐风格训练》等,这些教材多年来被学校反复订购、使用,受到广大社会音乐爱好者的支持和青睐。近两年,新一批代表学院办学特色及目标的教材选题再度申报至专业级出版社,如《流行演唱艺术》《节奏基础训练》《流行音乐和声教程》《爵士乐和声教程》等目前已陆续出版。

(三)学校品牌效应显著

作为首都北京重要的文化资源,北音受邀参加了2008年第29届奥运会和第13届残奥会、2009年国庆60周年庆典、庆祝建党90周年大型文艺晚会、"我们的四十年"改革开放40周年文艺晚会、2019年国庆70周年庆典等国家级大型文化活动,以出色的表现完成了党和国家交付的任务。北音积极参加北京乃至全国大型的演出活动，自建校以来参演了中央电视台春节联欢晚会、元旦晚会、五四晚会、共青团中央第五届网络青晚等公益晚会300余场次。2015年，国家广电总局音乐产业促进委员会正式为北音授牌"国家音乐产业人才培养基地"。经过三十余年的努力，学院已经发展成为首都北京的一面文化旗帜、一支文化产业的生力军，多次荣获全国及地方教育系统先进集体、北京市市民满意学校、北京市特色建设试点学校等称号。

四 现实困境

（一）传统合作模式单一

目前，教育机构与企业实体间建立了或长期或短期的伙伴关系，但双方在利益诉求、制度结构、合作模式等方面存在差异，导致传统合作模式往往缺乏时效性和有效性，无法充分满足当前人才培养的复杂需求。

（二）运行机制、法规不健全

尽管国家已提出校企合作的宏观指导，但缺乏具体、可操作性的政策法规和实施规则，导致校企合作中责权界定模糊。学校在合作中主要负责学生管理和策划，却缺乏与企业的有效沟通和问题解决机制。企业则因机制不健全和责权不明，缺乏参与职业教育的驱动力。

（三）政府政策支持力度不足

产教融合与校企合作是一种新型的办学模式，但教育与产业统筹融合的良性互动格局尚未根本确立，仅依赖学校与企业的自发合作会导致教育资源规划布局与产业需求不相适应，技术技能人才供需结构性矛盾凸显。此外，校企合作多处于浅层次、自发式、松散型、低水平状态，面临资源有限、制度矛盾、资金不足等问题。

五 对策建议

（一）坚持面向社会合作办学，探寻合作新模式

坚持专业建设与社会服务、专业建设与项目研究相结合，实现人才培养与科学研究相促进，立足京津冀，为地方文化产业和区域经济建设、社会发展服务。同时坚持产、学、研、创融合的实践教学模式，实现学院事业与地方经济发展相促进，实现科学研究与科技成果的利用和转化相结合。

（二）提升学术交流水平，加强校企之间人才流动

进一步加强国内外学术交流，拓展校际合作与国际合作的学术空间。主办或承办高水平的国际和国内学术会议，主办或承办艺术专业大赛，积极支持教师参加国际和国内学术会议，不断扩大学校的影响力。邀请国内外企业中知名学者来学院进行学术讲座，进一步培育学术氛围、拓宽学术视野，把握学科前沿。

（三）加大经费投入力度，夯实跨越发展基础

学院要不断加大经费投入力度，保障硬件设施和办学空间的建设与办学规模的扩大相匹配。首先，充分调动各种社会资源，加大各种渠道的专项投入，集中财力支持优势学科专业发展，打造特色品牌专业。其次，增加对科研成果的奖励，鼓励多出成果、出高质量成果，对有突出贡献的人员和在高层次立项和评奖中实现突破的人员给予奖励。再次，加大师资队伍建设专项经费的投入，保障高层次人才引进计划顺利实施、中青年师资培养有效开展，并积极争取上级主管部门的政策支持，获得与其他院校教师同等资质，参加国家组织的各类教师的职业赛事、培训、学习。最后，建立完善各类信息平台，实现大数据信息资源共享，完善智慧校园生活与服务特色功能。

（四）健全校企合作运行机制

以政府保障为后盾，以培养人才为目标，完善制度、健全机制，明确校企合作中的权责问题。建立校外实训基地和校内实训场所的管理制度，使合作项目有序开展。在政府推动、行业指导下校企双方协商合作机制，深入研究和完善机制内容、过程管理、各方责权、合作模式等。

未来，北音还将继续关注社会文化与产业发展，坚持"以创带教，以产促学"，贯彻"产学研创综合运营"的立体思维，致力于培养适应社会文化发展需求、产业发展需要的应用型、综合型人才，助推首都乃至全国的文化事业发展。

后　记

在党中央和国家号召教育强国背景下，首都民办教育正迈向高质量发展的新征程。本书通过系统、多维度的研究，全面呈现北京市民办教育的发展现状、创新实践和未来展望。通过本书的编撰，我们希望能够为政策制定者、教育工作者以及社会各界提供有价值的参考与借鉴。

本报告是北京市教委2024年委托课题"北京市民办教育发展报告蓝皮书（2023~2024）"（项目号：0601112420007）研究成果。在成书的过程中，北京市教委、区教委、北京教育科学研究院有关领导和专家给予了重要指导，广东省教育科学研究院、中山大学、苏州大学、浙江师范大学、辽宁教育学院的有关领导和民办教育专家给予了大力支持。课题的开展离不开北京市民办教育协会的大力协助，以及各级各类民办学校的积极配合。学校案例报告是在协会推荐、主题聚焦、报告撰写、专家反馈、实地调研与研讨基础上形成的，不仅是学校办学实践的理论提升，更具有较大的借鉴和推广价值。

作为一项集体研究成果，本书阐述的观点和资料的可靠性由相关研究人员负责。我们诚恳邀请相关专家和广大读者批评指正，共同推动民办教育高质量发展。

编　者

2025年6月

图书在版编目(CIP)数据

北京民办教育发展研究报告.2023-2024 / 冯洪荣,郭秀晶主编;刘熙,李曼副主编.-- 北京：社会科学文献出版社,2025.7.-- ISBN 978-7-5228-5649-0

Ⅰ.G522.74

中国国家版本馆 CIP 数据核字第 2025C1R463 号

北京民办教育发展研究报告（2023~2024）

主　　编 / 冯洪荣　郭秀晶
副 主 编 / 刘　熙　李　曼

出 版 人 / 冀祥德
责任编辑 / 陈晴钰
责任印制 / 岳　阳

出　　版 / 社会科学文献出版社
　　　　　　地址：北京市北三环中路甲29号院华龙大厦　邮编：100029
　　　　　　网址：www.ssap.com.cn
发　　行 / 社会科学文献出版社（010）59367028
印　　装 / 三河市尚艺印装有限公司

规　　格 / 开　本：787mm×1092mm　1/16
　　　　　　印　张：22.25　字　数：331千字
版　　次 / 2025年7月第1版　2025年7月第1次印刷
书　　号 / ISBN 978-7-5228-5649-0
定　　价 / 128.00元

读者服务电话：4008918866

版权所有 翻印必究